국경을 넘어선 아시아 문제와 시민사회의 역할

인간안보, 마약밀매, 인신매매, 환경, 광역질병, 테러, 이주, 빈곤, 인터넷과 연대에 대해 이야기하다

국경을 넘어선 아시아 문제와 시민사회의 역할

초판1쇄 인쇄 2010년 11월 22일
초판1쇄 발행 2010년 11월 30일
지은이 참여연대 국제연대위원회 · 경희대 인류사회재건연구원 엮음
펴낸이 조인원
펴낸곳 경희대학교 출판문화원

책임편집 이해미
편집 김성률
본문디자인 열린문화
표지디자인 이수정
행정 최선희
마케팅 박영휘
물류 장세정
인쇄 명진씨앤피

주소 서울특별시 동대문구 회기동 1번지
전화 02-961-0106~8, 팩스 02-962-8840
설립 1960년 9월 16일 제5-8호
등록 1977년 11월 8일 제6-5호
홈페이지 http://www.khupress.com
전자우편 press@khu.ac.kr

ISBN 978-89-8222-384-6(03300)

국경을 넘어선
아시아 문제와 시민사회의 역할

참여연대 국제연대위원회·경희대 인류사회재건연구원 엮음

경희대학교 출판문화원
KYUNG HEE UNIVERSITY PRESS

발간사

초국가적 문제와 아시아연대에 대한 이해

1980년대 말 냉전이 끝나갈 무렵, 한국에서는 민주화가 시작되었다. 1990년대를 넘어서며 한반도를 제외한 다른 국가들이 새로운 탈냉전기 환경과 문제들에 대응하고 있을 때, 한국은 여전히 민주화의 완성이란 내부 문제에 골몰해 있었다. 국내 문제에 갇혀 탈냉전기의 새로운 흐름에 둔감했던 우리는 한반도에 여전히 드리워진 냉전의 유산에서 한국 사회의 좁은 시각에 대한 면죄부를 찾고 있었다. 한편 한반도 밖에서는 이미 냉전기의 사고방식이 폐기되고 국제사회는 환경 오염과 기후변화 문제 등 새로운 가치관, 패러다임, 사고방식을 요구하는 난제들을 끌어안았다.

한국 사회와 한국의 시민운동이 국제 연대와 민주화라는 화두를 안고 한국 사회를 넘어 다른 사회를 바라보기 시작했을 때, 우리 주변 국가들은 민주화 외에도 훨씬 더 다양한 과제들을 안고 있었다. 한국 시민사회의 일부는 이런 새로운 과제의 영역으로 빠르게 개척해 들어갔지만, 전반적으로 한국 시민사회는 지금까지 국내 문제에 매몰되어 왔던 관성 때문에 '어떻게 국제 연대에 손을 내밀어야 하는가, 어떻게 그리고 무엇을 그들과 함께 고민할 것인가' 라는 가장 기본적인 질문 앞에서 머뭇거려야만 했다.

참여연대 국제연대위원회 역시 같은 문제에 봉착했다. 아시아연대를 주요한 국제 연대 목표 중 하나로 정했지만, 왜 아시아인가, 아시아는 무엇인가, 무엇을 할 것인가, 어떤 것을 공유할 것인가라는 첫 질문에서부터 시원한 답을 얻지 못했다. 이런 고민은 2005년부터 내부 세미나로 이어졌고, 2008년부터 고민의 외연을 확대하여 함께 답을 찾아보려는 노력으로 '아시아 포럼' 이란 장을 마련하게 되었다.

아시아 포럼이라는 장을 마련한 계기가 '아시아는 무엇이며, 우리는 아시아를 제대로 알고 있는가' 라는 질문에 대한 답을 찾기 위한 것이었다면, 2008년 한 해

아시아 포럼의 화두인 '초국가적 문제'는 민주주의, 인권이란 기본 과제를 넘어 국제 연대를 통해 아시아 시민사회와 무엇을 공유하고 무엇을 함께할 것인가에 대한 답을 찾는 것이었다. 아시아 사람들의 생존권과 인권을 위협하는 초국가적 문제들의 근원과 해결책 역시 국경을 초월한 시민사회의 연대가 요구된다. 이 문제들은 국내 문제에 제한된 좁은 시각을 가졌던 한국의 시민사회가 간과하고 있었던 부분이기도 하다.

아시아 포럼은 2008년 한 해 동안 '아시아의 초국가적 문제와 시민사회의 아시아 연대'라는 주제 하에 인간안보의 문제, 마약밀매·인신매매와 같은 초국가적 범죄 문제, 자연의 개발을 둘러싼 환경 문제, SARS와 AI 등 광역 질병의 문제, 논란의 대상인 테러리즘, 이주 문제, 그리고 이런 문제들의 근원에 자리 잡고 있는 빈곤 문제와 국제 연대의 방법론 측면에서 인터넷과 아시아연대 문제를 탐구했다.

이 책은 한 해 동안 함께 머리를 맞대고 고민했던 내용을 더 넓은 청중들에게 풀어놓고 함께 고민하기 위한 시도이다. 그리고 이런 노력이 한국 시민사회가 아시아연대, 국제 연대를 펼쳐나가는 데 하나의 작지만 탄탄한 디딤돌이 되었으면 하는 바람도 담았다.

한 해 동안 아시아 포럼을 위해 좋은 원고를 발표해주신 김이선, 라미경, 박번순, 윤민재, 이동윤, 조성권, 조영희, 조윤미, 허창덕 선생님께 감사드리며, 포럼의 준비와 성공적인 진행을 위해 노심초사 애쓴 경희대 인류사회재건연구원 관계자분들께도 아낌없는 박수를 보낸다. 또 포럼의 기획, 섭외, 진행의 전 과정에서 큰 조언과 도움을 아끼지 않은 참여연대 국제연대위원회 실행위원님들께도 고마운 마음을 전하며 원고들을 깔끔한 책으로 만들어주신 경희대학교 출판문화원 관계자 분들께도 감사드린다.

2010년 11월

참여연대 국제연대위원회

| 차 례 |

제3장 메콩강의 초국가적 환경 문제와 메콩시민사회

- 하류의 수력발전 댐 개발을 중심으로 | **조영희**

제4장 21세기 아시아 지역공동체와 광역 질병

- 현황과 시민사회의 과제 | **허창덕**

들어가는 글

인간안보의 관점에서 본 아시아연대

라미경

라미경 羅美景

2001년 충남대학교에서 정치외교학 박사 학위를 취득하고 중앙선거관리위원 정책 자문, 한국 NGO학회 이사, 국가보훈위원회 위원으로 활동하고 있다. 지은 책으로는 《국제 NGO의 이해》(2008), 《동북아 평화사상과 평화체제》(2004), 《21세기 동북아 질서와 한반도》(2003) 등이 있다.

인간안보의 관점에서 본 아시아연대

1. 탈냉전기 아시아 정세의 변화

아시아의 초국가적 기업 활동, 정보통신의 발달, 과학기술 혁명, 전 지구적 금융 체제의 형성을 기반으로 하는 세계화가 진전되면서 다른 한편으로는 빈부의 격차, 획일적인 소비 문화의 범람, 인구 폭발, 환경 오염, 자원 고갈, 인종 분규, 외국인 노동자 문제, 초국가적인 마약밀매와 범죄 등 전 지구적 차원에서 해결해야 할 문제들이 전 세계에서 특히 아시아에서 제기되고 있다.[1] 세계화와 더불어 탈냉전의 도래는 자연스럽게 비안보적 이슈를 우선적으로 해결할 중요한 문제로 떠오르게 했다. 이러한 변화를 일컬어 '국가안보'로부터 '인간안보 human security'[2]로의 전환이라고 부른다.

이에 국제사회는 국제연합을 위해 비안보적 분야를 효율적으로 다룰 수 있는

---

1 이와 같은 전 지구적 현상에 대한 사회과학적 접근이 긴급히 요구되고 있다. 그러나 산업사회와 민족국가의 형성기에 수립된 고전 사회과학 전통은 한 국가 내의 계급구조와 정책 과정, 사회문화적 변동을 그 주요 연구 대상으로 설정하였기 때문에 초국가적이고 전 지구적 현상의 등장을 적절하게 다룰 수 있는 개념적, 이론적 장치를 발전시키지 못했다. 기존 패러다임의 한계를 지적하면서 새로운 패러다임을 모색하고 있다. Frederick Buttle and Peter Taylor, "Environment Sociology and Global Environmental Change: A critical assessment", in Michael Redclift and Ted Benton(ed.), *Social Theory and the Global Environment*, London and New York: Routledge, 1994, pp.228~255.

국제기구의 역할을 강조·확대하고 있다. 나아가 국제기구들은 이러한 문제들에 대한 세계의 관심을 불러일으키고, 다양한 국가들 사이의 정치적인 절충을 쉽게 하기 위해 전통적인 실무자들 중심의 회의라는 틀에서 벗어나 일련의 정상급 또는 각료급 세계 회의를 빈번하게 개최하는 경향을 보이고 있다.[3]

그러나 아시아 지역의 중층적 안보 지형은 미국의 현실적 공세주의에 의한 패권 유지 전략, 중국의 경제력 및 군사 외교력 급부상, 일본의 보수화 경향, 동남아 안보협력 구상, 북한의 핵문제 장기화 및 벼랑 끝 전략 등과 맞물려 그 다양성이 심화되고 있다. 대테러전 시대라 할 수 있는 현 아시아 정세의 가장 두드러진 특징은 '국익의 극대화'라는 각 국가 간 개별적인 전략과 국제협력을 통한 국제적 이득을 최대한 확보하려는 이중성이다.

미국은 일방주의 외교 노선과 강력한 군사력을 바탕으로 한 세계 유일의 초강대국 지위를 영구화하려는 노력을 보이고 있고, 그 방편으로 지역 동맹국들과의 양자 관계 강화와 대량살상무기 확대 방지 전략을 펴고 있다. 중국은 지역 패권으로서의 부상과 국제 영향력을 증대시키기 위해 실용주의 외교 노선을 펴고 있고, 경제력에 부응하는 군 현대화 작업뿐만 아니라 북한 핵문제를 통해 동북아는 물론 아시아·태평양 지역에서의 영향력을 확대하고자 한다. 일본은 미·일 신안보 선언으로 미국과의 군사동맹관계를 강화하여 왔고 국내의 보수화 경향에 따

2 새로운 안보 대상에 대한 새로운 인식들은 인간안보human security와 포괄안보comprehensive security라는 개념을 제시함으로써 안보 연구의 대상으로 주목받기 시작했다. 인간안보는 1994년 유엔 인간개발보고서에 처음 등장한 개념이다. 냉전 종식 이후 사회적 불평등이 노출되고, 갈등과 마찰이 확대 재생산되고 있다는 현실 인식에 기초하여 이러한 문제의 해결 없이는 진정한 국제 평화와 안보는 불가능하다는 논지에서 기존의 안보가 국가나 영토적 안보의 의미에 국한되었으나, 이 보고서에서는 안보 개념을 사회개발에 의한 개인과 국가의 안보, 즉 인간안보로 전환해야 한다는 논리를 전개하고 있다. 포괄안보는 인간안보에서 강조되는 국내 문제뿐만 아니라 국경을 초월한 다양한 문제들, 즉 환경 문제, 마약 문제, 국제 범죄 등이 안보에 관한 논의에 포함되어야 한다는 입장에서 제시된 개념이다. David Dewitt, "Common, Comprehensive, and Cooperative Security", *The Pacific Review*, Vol.7, No.1, 1994.

3 Shin-wha Lee, "The Role of NGOs and Private Sectors in International Relations: Implications for Korea-US Relations", *Korea-US Cooperation in the Private Sectors: Prospects for the 21st Century*, The Korean Political Science Association, May, 1999, pp.16~17.

라 대외위협 인식에 상당한 변화가 일고 있어 재무장 가능성까지 보이고 있다. 러시아는 아시아에서 실리를 추구하고 국제적 위상을 회복하려는 전략을 펴고 있고, 남북한 등거리 외교를 통해 한반도 문제 해결 과정에서 적극적인 역할을 수행함으로써 동북아 지역에서 외교적 교두보를 확보하려 한다.

지역에서의 경제 협력 증대, 군비경쟁, 영토 분쟁 등 안보 구조의 변화와 더불어 드러난 새로운 이슈들과 맞물려 아시아 질서에 안정과 불안정이라는 양면성이 표출되고 있다. 안정과 불안정이 교차하는 국제질서의 변화 과정에서 비록 그 질과 성격에는 차이가 있지만 냉전 시기 아시아 질서의 구조적 특징이었던 양자 관계의 기본 틀은 아직 유지되고 있다. 더불어 한반도의 긴장 상태와 미·중 및 중·일 간의 잠재적 갈등을 포함한 군사안보적 냉전의 유산은 아직 완전히 떨쳐지지 않고 있다.

하지만 국가 중심의 전통적 안보 개념 대신 개인의 안전이 안보 준거가 되어야 한다는 인식이 확산되면서 아시아에서는 인간안보에 대한 개념의 부상과 거버넌스 역할이 필요하게 되었다. 이 글에서는 아시아의 안보환경 변화로 강조되고 있는 인간안보의 관점에서 아시아 지역 연대의 새로운 영역에 대해 모색해 보고자 한다.

2. 아시아 인간안보와 거버넌스의 이론적 배경

2.1 전통적 vs. 포괄적 안보 논의

냉전시대에 이르기까지 전통적으로 국가안보는 군사안보와 동일한 개념으로 받아들여졌다. 군사적 위협은 국가안보를 유지하는 데에 핵심 요인이 되었기 때문이다. 국제 체제의 무정부적인 속성이 변하지 않는 한 국가들은 자국의 생존과 독립을 스스로 책임져야 한다. 전쟁이나 외부의 군사적 위협은 영토, 주권, 국민의 생명과 재산 등 국가의 모든 구성 부분을 위협하기 때문에 국가의 생존을 위해서는 군사력을 증강시키는 것이 필수라는 견해가 전통적 안보 논리의 기조다.

반면 포괄적인 측면에서 접근해 보면, 탈냉전시대의 국제질서는 안보 성격 면에서도 새로운 인식과 변화를 요구하고 있다. 특히 미 · 소 데탕트 분위기가 고조되었던 시기부터 현실주의적 국제정치관에 대한 비판이 일면서 안보 분야에서도 군사력 중심의 안보에서 점차 비군사적 요소들의 중요성이 강조되는 경향이 두드러졌다. 즉 과거 냉전시대에 미국과 구소련이 세계의 권력을 독점하였던 것과는 판이한 양상으로 다층적인 상호의존형 권력 구도로 재편되고 있다. 군사력의 실제적 사용 또는 위협을 통한 국제 갈등 문제의 해결이라는 것이 점차 그 효용성을 잃어가고 있고, 그에 비해 경제력, 기술 능력, 정보화 등에 기반을 둔 21세기형 국제화 문제가 중시되고 있는 실정이다.

따라서 불이익과 고립정책과 같은 자국의 국가 의지와 군사력만으로는 상대방 국가들을 제어하기가 곤란해졌으며, 반대급부적인 자국의 이익에 대한 확신과 신념의 제공만이 상대 국가의 자발적 승복과 관계 개선을 유도해낼 수 있게 되었다. 그럼으로써 국제질서 작동 원리가 정착하게 되었고, 세계 질서 또한 크게 변화하고 있다. 그리고 국력의 척도가 변함에 따라서 기존의 강대국과 약소국에 대한 구분 자체로는 큰 의미가 상당히 퇴색하였으며, 위협 개념의 변화로 말미암아 국가 간 동맹협력과 적대 관계의 선택 문제도 근본적으로 바뀌게 되었다. 이것은 군사력에 의존한 평화와 안보 개념이 보다 다양한 개념적 형태로써 평화 유지와 안보 정립이라는 쪽으로 질적으로 변화한 것으로 볼 수 있다.

국제사회의 실상은 단순히 국가 간 갈등과 투쟁의 연속만으로 볼 수 없을 만큼 매우 복잡하게 변화하였다. 국가 간 무역과 교류가 획기적으로 증가하고 있는 상황에서 상호 협조의 필요성이 증대하게 되었으며, 국제 환경 및 자원, 인간안보, 국제 테러, 세계 평화 등의 문제는 국가 단독으로 해결할 수 없는 사안으로 떠올랐다. 국제 무대에서 비정부적 혹은 비영토적 행위자로서 비정부기구들의 활동은 오늘날 점증하는 상호 의존 국제정치시대의 두드러진 현상인 탈국가적 상호작용을 낳고 있다. 따라서 상호 의존과 협조를 통한 공동의 이익 추구를 수용하는 차원에서 국가안보 영역이 군사 문제 외에 경제, 사회, 환경, 자원 문제 등 다양하게 확대된 것이다. 즉 포괄적인 안보 개념으로 확대되었다.

이렇게 변화한 현실에 대한 반향으로 일각에서는 기존 이론의 한계를 인식하고 현실 설명 및 문제 해결을 위한 이론적 절충이 필요하다는 주장이 대두되어 왔다.[4] 이 맥락에서 국가 중심의 세력 관계(현실주의)와 국제제도(자유주의)는 물론이고 , 구성주의에 의해 새롭게 조명된 문화 내지 정체성을 모두 고려하는 절충주의적 대안 제시 방법이 시도되고 있다.[5] 절충적 대안 모색 방안은 현실주의나 자유주의와 같은 특정한 이념적 지향성을 표방하고 있지는 않지만, 이익 중심적이고 실증주의에 집착하는 양대 이론의 방법론적 문제를 지적하고 있다는 점에 주목할 필요가 있다. 특히 양대 이론에 의해 무시되어왔던 상호주관성을 내세워 국제 행위와 구조의 변화를 설명하는 데 있어서 새로운 유형의 글로벌 거버넌스 네트워크 논리를 내세운다는 점이 특징적이다.[6]

서로 경쟁하는 이론적 패러다임을 절충한다는 것은 결코 간단한 일이 아니며, 오히려 현상을 명료하게 설명하지 못하게 만드는 결과를 초래할 수도 있다. 그러나 이론적으로 간단명료하게 설명하지 못한다는 것이 반드시 현상을 제대로 파

4 기존 이론의 현실 인식과 논쟁사안에 대해서는 Andrew Moravcsik, *Liberalism and International Relations Theory*, Boston: The Center for International Affairs, Harvard University, 1992, pp.36~38; Stephen Brooks, "Dueling Realism", *International Organization* 51, Issue 03, Cambridge University Press, 1997, pp.445~477.

5 현실주의, 자유주의 및 구성주의의 방법론을 절충하여 현실을 설명하는 시도들 가운데 대표적인 논문으로는 Christopher Hemmer and Peter J. Katzenstein, "Why is There No NATO in Asia? Collective Identity, Regionalism and the Origins of Multilateralism", *International Organization* 56, Issue 03, Cambridge University Press, 2002, pp.575~607.

6 네트워크 체제는 그 구조적인 복잡성으로 말미암아 매우 불안정한 특성을 띠게 되는데 오랜 안정기를 지난 후에야 양적인 변화가 질적인 변화로 전환되어 안정적인 수준에서 네트워크화를 진행시킬 수 있다는 점이 지적되고 있다. 민병원, 〈네트워크 사회의 특성: 패러독스를 통해 본 이론적 구조와 정책적 제안〉, 《국가전략》 제9권 3호, 2003, pp.105~134.

악하지 못한다는 것을 의미하지는 않는다. 국제 문제의 실상 파악 및 해결 방안의 모색을 위해서는 오히려 다양한 이론적 시각을 참조하여 다각적으로 현실을 바라봄으로써 서로 다른 견해를 표방하는 행위 주체들 사이의 의사소통을 원활하게 하는 기반을 마련하는 노력이 필요하다. 아시아 지역의 안보 상황 또한 다양한 행위자의 출현과 국제적 이해관계의 복잡성으로 인해 포괄적 안보 개념을 적용한 절충주의적 해석이 요구된다. 이러한 해석을 바탕으로 아시아 안보 환경의 변화를 살펴보면 다음과 같다.

2.2 아시아 안보 환경의 변화

일반적으로 역내 국가들이 안보상의 변화를 이해하면서도 개별국가 간의 국가 안보 차원에서의 협력을 주된 목적으로 하고 있기 때문에 국가 간의 갈등과 대립의 가능성은 항상 존재한다. 기존의 양자 안보 체제가 이 지역의 안보 유지에 큰 구실을 해왔지만, 지역안보 상황의 변화와 불확실성으로 말미암아 기존의 안보 질서를 가지고 효율적으로 대처할 수 있느냐의 문제에 이르게 되자 새로운 안보 질서 형성의 필요성이 대두되기 시작한 것이다.[7] 냉전 후 아시아의 안보 환경은 유럽 지역에서 겪었던 혁명적인 변화에 견주어 그 속도와 범위는 미치지 못하지만 일반적으로 화해·협력 추세로 나아가고 있다.

내용을 보면 역내에서 확산되어가고 있는 정치·군사적 불확실성에 대비하기 위한 것이기 때문이다. 아시아의 변화된 안보 환경에 부응하여 군비경쟁을 바탕으로 한 세력 경쟁 등 지역 불안정 요인을 제거하고 새 평화 질서 구축에 기여할 수 있는 다자안보협력체의 구축이 강력히 요구되고 있다. 안보 협력을 통하여 서로 간에 군사적 투명성을 증대시키는 것 역시 이러한 불확실성에 대처하는 가장 유력한 방안으로 인식하기 때문이다.[8] 또한 포괄적 안보 개념으로 변하고 있는

7 송영선, 〈아 · 태 지역 다자안보체제 구상과 전망: 일본의 입장〉, 《지역연구논총》 제5집, 1993, p.190.

아시아 역내 국가 간의 상호 의존 관계가 심화하고 있는 것도 하나의 요인이다. 즉 인류의 재난, 빈곤, 환경 오염, AIDS, 마약 등이 국가안보의 또 다른 중요한 부분을 차지하고 있다.

아시아 국제 안보 질서의 구조적 특징을 좀 더 구체적으로 정리하면 다음과 같다. 첫째, 세력에 주목하는 안보적 관점에서 보면, 아시아 질서는 지역적 다극화의 경향을 보이고 있다. 기본적으로 안보 문제에 대한 미국 및 지역 국가들의 대처 방식은 기본적으로 양자 관계를 지향한다. 그러나 냉전 종식과 더불어 꾸준히 제기되어온 안보 문제에 관한 다자대화가 점진적이나마 실천될 가능성이 높아지고 있다. 특히 미국이 9.11테러 이후 '비대칭적 군사 위협' 에 대한 효율적 군사정책의 필요성에 직면하면서 더욱 그러하다.

둘째, 지역 협력에 초점을 두고 보면 아시아는 냉전 종식 이후 경제적 상호 의존이 깊어지는 가운데 국내외 정치·외교·경제 측면에서 협력의 제도화에 대한 필요성이 높아지고 있다.[9] 냉전 종식 이후 세계의 각 지역에서는 개별 국가의 이익을 극대화하려는 노력의 연장선상에서 지리적 근접성을 바탕으로 공동의 지역 협력체 형성이 적극적으로 추진되고 있다. 아시아는 경제 발전의 역동성이 매우 높은 지역으로서 1990년대 이후부터 역내 교역 및 투자가 급증하고 있다. 뿐만 아니라 중국의 세계무역기구WTO 가입 이후 세계 3대 경제권으로 자리 잡게 되었다.[10]

셋째, 지역 협력의 제도란 반드시 공식적인 기구만을 의미하는 것이 아니라 비

---

8 김유남 · 노병렬, 〈동북아 안보 레짐의 형성 및 가능성: 다자간 안보협의체와의 상호보완성 연구〉, 《국제정치논총》 제39집 1호, 1999, p.144.

9 최태욱, 〈지역주의 제도화에 끼치는 국내정치 변수의 영향력: 동아시아 중심의 이론적 고찰〉, 《국가전략》 제8권 3호, 2002, pp.109~131.

10 유현석, 〈동북아 경제 중심 실현, 추진 전략과 과제〉, 민주평통 및 한국동북아학회 합동학술회의 논문집, 2003, p.65; 강명세, 〈동아시아 지역주의는 가능할 것인가?〉, 진창수 편, 《동북아시아에서의 경제협력의 정치경제》, 성남: 세종연구소, 2002, 18~20쪽; 이호철, 〈탈냉전 동아시아 국제질서: 안보와 경제의 상호관계〉, 《국제정치경제연구》 제1집, 1997, pp.54~55.

공식적인 규칙과 규범을 포함한다. 또한 문화적 가치의 한 축은 냉전의 유산과 관련이 있다. 세계적 탈냉전에도 불구하고 동북아에는 이데올로기 갈등이 완전히 종식되지 못했다. 비록 세계화 추세 속에서 자유와 시장경제 이념이 러시아와 중국에 깊숙이 확산되고 있으며 매우 제한적이나마 심지어 북한 내부에도 영향을 미치고 있지만, 북한은 두말할 것도 없고 중국은 정치적으로 사회주의 이념을 따르고 있다. 이러한 상황은 상이한 문명권의 공존과 직결된 또 다른 문화적 가치의 축과 더불어 지역적 공동의식의 확산을 가로막고 있다. 다시 말해서 서구문명과 유교적 문화유산이 동북아 지역에 혼재하는 탓에 지역적 정체성의 확립이 어렵다는 것이다. 따라서 아시아 안보 환경의 변화는 새로운 아시아 관계 분석의 필요성, 정책 수립의 필요성이 대두되면서 안보 영역에서의 글로벌 거버넌스에 관한 논의를 하게 하였다.

2.3 인간안보 영역에서의 글로벌 거버넌스와 NGO

국제정치 패러다임의 변화에 따라 나타난 글로벌 거버넌스 논의는 기존에 국가 차원에서 다루어지던 많은 정책과 문제들이 〈표1〉에서 나타나듯이 지역적, 세계적 차원에서 다루어지게 되고, 정부의 권능이 도전받거나 혹은 정부에 의한 관리가 바람직하지 않다는 인식이 확산됨에 따라 본격적으로 진행되고 있다.[11] NGO, 다양한 국제레짐, 국제기구의 중요성이 부각되고, 새로운 형태의 통치를 밝히려는 노력이 진행되고 있다. 글로벌 차원에서 공동 노력으로 다양한 분야에

---

11 세계화의 물결과 함께 거버넌스는 첫째, 전 세계적인 수준의 국가 간 협력과 문제 해결을 지향하는 글로벌 거버넌스global governance 둘째, 유럽공동체, 아시아공동체, 아프리카공동체 등과 같이 인접국가간 지역공동체를 중심으로 또는 그러한 지정학적 한계를 초월하여 현안 문제들을 해결하고자 하는 리저널 거버넌스regional governance 셋째, 개별 국가 단위에서의 전국적 규모의 문제들에 대한 보다 효율적인 해결 방안을 찾기 위한 내셔널 거버넌스national governance 넷째, 지방 정부와 지역 사회에서의 시민 참여와 지역 발전을 모색하는 로컬 거버넌스local governance 다섯째, 이상의 물리적 범위와 수준을 초월하여 가상 공간을 통해 형성되고 운영되는 사이버 거버넌스cyber governance 등으로 나누어 볼 수 있다. 김석준 외, 《뉴거버넌스 연구》, 서울: 대영문화사, 2000, p.134.

서 다양한 행위자들과 연관되어 나타나는 문제에 대응하고자 하는 시도는 1995년 UN 글로벌거버넌스위원회UN Commission on Global Governance의 창설을 계기로 글로벌 거버넌스에 대한 주목으로 전환되었다. 글로벌 거버넌스는 국경을 초월한 이슈들을 단일 주권에 기반을 둔 통치 권위 없이 통치하는 형태다. 초국가적 이슈에 대한 공동 대응을 목적으로 국가 간 협력 기구에서 출발하여 국가 이외의 다양한 사회적 행위자들로 참여 수준을 넓히고 있다.[12]

표 1 거버넌스의 주요 이슈와 그 적용 차원의 예

	인권	빈곤	안보	민족	환경	복지	여성
global governance	●	●	●	●	●		●
regional governance		●	●	●			
national governance	●	●	●	●	●	●	●
local governance		●			●	●	●

출처: 곽진영, 김석준 외, 〈뉴거버넌스와 주요 이슈〉, 《뉴 거버넌스 연구》, 대영문화사, 2000.

글로벌 거버넌스 개념은 사람들마다 다양한 입장에서 다른 수준으로 정의되고 있다. 개념 정의의 수준에 따라 글로벌 거버넌스는 협의와 광의로 구분할 수 있다.[13] 협의의 거버넌스는 최근 새롭게 등장한 것이라기보다는 오래전부터 국가나 시장 기제와는 별도로 존재해왔던 자연스러운 조정 양식의 원형이다. 이는 기존에 존재했던 국가 중심의 위계적 조정 양식이 한계를 드러내는 국면에서 다시 주목받고 있는 것이라고 볼 수 있다. 의미는 '공식적 권위 없이도 다양한 행위자들이 자율적으로 호혜적인 상호 의존성에 기반을 두어 협력하도록 하는 제도 및

12 M. C. Smouts, "The Proper Use of Governance in International Relations", *International Social Science Journal*, Vol.155, 1998, p.82.

13 B. Jessop, "The Changing Governance Welfare: Recent Trends in Its Primary Functions, Scale, and Modes of Coordination", *Social Policy and Administration*, Vol.33, No.4, 1999, p.351.

조종 형태'로 정의하고 있다.[14]

이러한 협의의 거버넌스는 논의의 초점을 시민사회에 두고 있는 것이 특징이라 할 수 있다. 광의의 거버넌스 개념은 정부 중심의 공적 조직과 사적 조직의 경계가 무너지면서 나타난 새로운 상호 협력적인 조정 양식을 의미하는 것으로, 여기에는 국제사회의 다양한 행위자들이 포함되어 있다. 이러한 광의의 거버넌스 개념은 주로 파트너십을 강조하면서 다양한 행위자들 사이의 새로운 협력 형태를 의미한다. 따라서 이러한 의미로 정의되는 거버넌스는 전례 없는 새로운 현상으로 이해할 수 있을 것이다.

앞에서 설명했듯이 글로벌 거버넌스에 대한 통일된 개념 정의는 아직까지 없다. 한 가지 분명한 것은 한 국가가 타국과의 협력 없이 자국의 힘으로만 해결할 수 있는 문제의 범위가 갈수록 좁아지고 있다는 현실과 밀접한 관련이 있다. 그리고 이때 적절한 분석틀로 등장한 것이 글로벌 거버넌스다. 세계화와 더불어 글로벌 거버넌스 현상에 대한 분석은 설명적, 규범적 시각에서 매우 다양한 견해를 보이고 있는데 이를 몇 가지 갈래로 나누어 살펴볼 수 있다.

첫째, 국제관계는 세계화와 동시에 지방화, 국지화하는 양면적 운동의 소용돌이 속에 놓여 있으며, 그 속에서 인간의 삶은 단지 군사, 정치뿐만 아니라 사회, 문화적으로 다양하게 영향을 받고 있다는 것이다. 이렇게 변화한 인간의 삶을 통제하는 권위의 소재는 단순히 국민국가일 수 없으며, 다차원적인 행위 주체에 분산되어 소유된다.

둘째, 세계화와 글로벌 거버넌스의 논의를 초국가적 시민사회의 출현으로 이해하는 논의를 들 수 있다. 일국에 국한된 정치적, 사회적 이슈보다는 초국경적으로 등장한 이슈들의 중요성을 기반으로 진행되는 논의로, 세계적 차원의 인권 및 민주주의, 환경, 교육 등의 주제를 중시한다. 이른바 인간안보와 관련된 문제

14 J. Kooiman and Van M. Vliet, "Governance and Public Management", in K. A. Eliassen and J. Kooiman (eds.), *Managing Public Organization*, London: Sage Publisher, 1993, p.64

들로서 초국가적으로 형성된 인식공동체를 중심으로 각계의 전문가, 과학자 등이 세계적 차원의 여론을 주도하고 각각의 문제 영역에서 이슈를 제기하여 개별 국가들이 정책에 반영하도록 압력을 넣기도 한다.[15]

셋째, 국가 간의 규범과 원칙, 규칙과 집합적 의사결정 절차를 규정하여 참가 단위들의 행동을 규제하고 구성하는 국제레짐의 출현에 초점을 맞추는 논의를 들 수 있다.[16] 다양한 이슈 영역에서 레짐이 출현하여 확산된 규범을 기초로 국가들과 비국가행위자들의 행위를 규제하고 있다고 논한다.

인간안보 영역에서 글로벌 거버넌스를 생각해 보면, 국제레짐이론과 국제기구이론에 기반을 둔 글로벌 거버넌스론과 초국가적 시민사회 및 NGO의 역할 증대로 인한 정체성 및 가치관의 변화를 중시하는 논의가 있다. 즉 글로벌 거버넌스론자들은 안보 영역에서 집단 안보, 협력 안보 등 일국의 지리적, 권위적 경계를 초월하는 제도들이 등장하고 있으며, 또 그것이 바람직하다는 견해를 피력하고 있다. 더불어 초국가적 인식 공동체의 출현에 의해 폭력의 사용 양태가 바뀌고 있는데 국익 추구를 극복한 인도주의적 개입 정책과 같은 것이 그 예다.

3. 아시아 인간안보 문제

3.1 아시아적 가치와 시민사회 성장

아시아적 가치라는 개념은 말 그대로 아시아 문화권에서 간직하고 있는 독특한 가치 체계를 말한다. 이 개념을 다시 말해보면 아시아 문화권에는 아시아 나름의 고유한 문화적 전통과 가치 체계가 존재한다는 것이다. 쉽게 생각하면 쟁점

15 Richard A. Falk, *On Humane Governance*, University Park, PA: Penn State Press, 1995; David Held, *Democracy and the Global Order*, Stanford: Stanford University Press, 1995.

16 전재성, 〈안보와 거버넌스〉, 《거버넌스의 정치학》, 서울: 법문서, 2002, pp.281~282.

이 될 필요도 없어보이는 당연한 말이지만, 1970~1980년대 아시아의 급속한 성장과 1990년대 말 아시아의 갑작스러운 경제 위기를 통하여 이 아시아적 가치관 자체가 세계적인 논의의 초점으로 부상했다. 이런 아시아적 가치에 대한 논쟁은 정치 · 경제 · 문화 등 모든 영역에서 이루어지고 있다. 아시아적 가치에 대한 논의의 출발은 한국, 싱가포르, 홍콩 등 아시아의 몇몇 신흥공업국이 빠른 시일에 걸쳐 이룩한 경제 기적의 원인을 설명하는 과정에서 나타난 것이다.[17]

첫째, 경제 영역을 살펴보면 1970~1980년대에 비약적 으로 성장한 아시아 신흥공업국의 경제 기적에서 서구 학자들은 유교적 가치가 이 지역 경제 발전의 원동력이 되었다는 해석을 이끌어냈다. 그러나 1990년대 말 갑자기 아시아에 경제 위기가 불어 닥치자, 아시아 지역의 문화에 내재한 정실인사, 부패, 뇌물, 기업 운영의 불투명성, 연고주의, 정경 유착 등을 경제 위기의 주범으로 지목하였다. 한때는 아시아의 경제 기적을 설명하기 위하여 동원되었던 아시아적 가치의 개념을 경제 위기의 원인으로 지목한 것이다.

두 번째, 정치 영역에서 보자면, 자본주의적 근대화를 시작한 이래 아시아 개발 독재국의 정치 지도자들은 "국가의 경제 성장을 위해서라면 개인의 자유와 인권은 유보할 수 있다"라는 태도를 보여왔는데, 이에 대한 아시아적 가치에 대한 평가는 긍정을 이끌기도 하고, 반대로 비판을 이끌기도 한다. 이처럼 아시아적 가치는 정치 영역에서도 상당한 논의의 초점이 되고 있다.

세 번째, 아시아의 기적적인 경제 발전에 작용한 내부적인 요인이면서 아시아적 가치로 이해되는 국가의 선도적인 역할, 국민들의 높은 질서 의식에서 비롯되는 사회적 안정, 국민들의 높은 성취 의욕과 노동윤리, 그리고 이를 뒷받침하는 교육열, 강력한 가족주의를 바탕으로 하는 공동체 의식 등이 경제 발전의 순기능으로 작용했다는 것이다.

---

17 조효제 · 박은홍, 《한국, 아시아 시민사회를 말하다》, 서울: 아르케, 2005, pp.9~20

그러나 1990년대 후반 일어난 아시아의 외환 위기로 말미암아 아시아의 경제적 위상이 변하면서 국가의 경제 개입, 부정부패, 연고주의, 가족주의 등이 아시아의 경제 위기를 초래했다는 아시아적 가치의 역기능에 대한 논의가 시작되었다. 그러나 아시아 국가들이 외환 위기를 성공적으로 극복하면서, 아시아적 가치에 대한 유용성에 대한 논쟁은 경제적 측면을 넘어 '아시아적 가치가 과연 서구적 민주주의 이행에 적용될 수 있는가' 라는 정치 · 문화적인 측면에서도 이루어지고 있다.

아시아에서 시민사회의 성장은 세계 흐름에 맞추어 진행되었다. 세계 각국의 시민사회의 성장, 인터넷으로 대표되는 정보혁명, 초국가적 시민사회의 응집력을 증대시킬 수 있는 각종 국제기구와 국제회의 및 협상의 증가, 초국가적 시민사회 네트워크 간 학습 효과 등은 초국가적 시민사회의 역할과 영향력이 증가할 것이라는 예상을 가능하게 했다. 비록 아시아의 NGO가 절대 수에 있어 서구 선진국 수에 미치지 못하지만, 절대 성장률은 앞서고 있다는 것을 알 수 있다. 〈그림1〉에 나타나듯이 일본은 물론 심지어 중국의 경우도 최근 급격히 늘어나고 있다. 물론 그림에 나와 있는 중국은 티베트 자료가 포함되어 나와 있기는 하지만, NGO들이 제2의 문화혁명을 일으키고 있다는 기사까지 나오고 있다. 더욱 주목해야 할 것은 아시아 INGO 부문이 급격하게 성장하고 있다는 것이다.

나아가 아시아 각국 NGO들의 증가에 따라 이들 NGO들 간 네트워크 또한 증가하고 있는 추세다. 지역 NGO 네트워크는 주로 일국 차원의 NGO 네트워크와 타국의 유사 네트워크와의 연대, 지역적 성향의 NGO 국가 지부들 간의 네트워크, UN과 같은 국제기구의 주도와 권고에 따라 형성된 NGO 네트워크, 지역의 개별 NGO들 간의 네트워크 등의 형태를 띠고 있다. 이러한 네트워크의 등장은 지역 NGO들이 자신들의 역량을 강화하기 위한 수단으로 연대를 모색하는 한편 글로벌 차원과 지역적 차원에서 직면하고 있는 새로운 공동의 이슈들 즉, 개발, 빈곤, 인권, 여성, 환경, 이주 노동자, 난민, 에이즈 확산, 인구 증가 등에 대

그림1 동아시아 INGO 수 비교

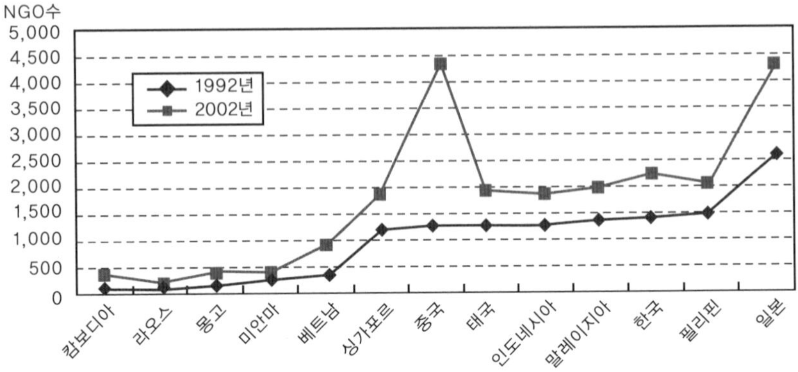

처하기 위해 시민사회 차원에서 나타나는 협력의 필요성을 배경으로 하고 있다.[18]

그러나 아시아의 많은 국가는 근대화와 민주화의 두 개의 터널을 지나 성숙한 시민사회를 형성한 곳도 있지만 대부분 저개발 상태를 극복하지 못하고 있다. 이러한 개발도상국의 빈곤 문제는 국민의식 면에서 국민이 역사적 과정에서 식민지 지배를 당하였거나, 사회주의를 경험함으로써 나타난 자립 의지의 결여, 열등의식, 의타성, 근로 의욕의 미흡 등이다.

3.2 아시아 지역 빈곤 현황

아시아 지역은 OECD/DAC 수원국 리스트 145개국 중 34개국을 차지하고 있으며, 세계 최고의 인구과밀 지역이자 세계 빈곤층의 3분의 2가 살고 있는 빈곤층 인구의 최대 거주 지역이다. 최근 타 지역에 견주어 높은 경제 성장과 빈곤 퇴치 성과를 거두었으며, 앞으로 밀레니엄개발목표 MDGs: Millennium Develop-

18 Tadashi Yamamoto, *Emerging Civil Society in the Asia Pacific Community*, University of Washington Press, 1996, pp.19~22.

ment Goals의 달성 가능성이 높을 것으로 전망하고 있다.[19]

개발과 관련된 주요 지표를 살펴보면 아시아의 경우 인간개발지수는 0.768(2005년)로 타 지역에 비해 높은 편이며, 평균 수명은 70년대에는 60.5세에서 70.4세로 개선되었고, 성인문자 해독률은 1990년 79.7%에서 2003년 90.4%로 향상되었다. 연평균 GDP 성장률은 1990~2003년간 5.6%를 기록했고 1인당 GDP 평균은 1,512달러로 중저소득국 수준을 기록했다. 아시아 지역은 빈곤 퇴치 및 초등교육 등의 분야에서 MDGs 달성이 가능할 것으로 예측된다. 다만 보건 분야에서 발전이 저조하여, 유아사망률의 경우 목표 달성을 위해 좀 더 집중된 노력이 필요하다. 다만 국가개발 격차가 커서 중저소득국의 목표 달성 가능성은 높은 반면, 저소득국의 MDGs 달성에는 집중 지원이 필요하다.

한편 서남아시아의 주요 개발지표를 살펴보면, 인간개발지수는 0.628(2005년) 로 동아시아보다는 낮으나 세계 평균 수준에 견주어서는 양호한 편이다. 평균 수명은 70년대의 51.1세에서 63.4세로 개선되었고, 성인문자 해독률은 1990년 47.7%에서 2003년 58.9%로 향상되었다. 연평균 GDP 성장률은 1990~2003년 5.3%를 기록했고 1인당 GDP 평균은 617달러로 평균적으로 저소득국 수준을 나타낸다. MDGs 달성을 위한 서남아시아 지역의 최대 난제는 빈곤 퇴치다. 서남아시아에는 1일 1달러 미만으로 생계를 유지하는 전 세계 빈곤층의 40%가 거주하고 있다. 1990년대 이후 높은 경제성장률을 실현하여 빈곤 퇴치에 상당한 성공을 거두고 있다. 유아사망률이나 초등학교 등록률 등 여타 분야에서도 많은 진전이 있었으나 아동 결핍, 모성 보건, 초·중등학교 졸업률, 여성 분야 등은 지속적인 관심이 필요한 부문이다. 이 지역의 MDGs 달성 현황은 비교적 양호한 편이나 역내 국가 간 뿐 아니라 각국 내에서도 지방별, 인종별, 계층별, 성별 발전 격차가 매우 크므로 현지 상황에 대한 심층 조사를 통해 소외 계층 및 지역별

---

19 한국국제협력단, 《한국국제협력단 2005년 연보》, 서울: 한국국제협력단 정책연구실, 2005.

로 차별화한 지원이 필요한 실정이다.

이러한 다양한 문제점에 대비하여 국제사회에서는 조기경보시스템에 대한 연구가 이루어지고 있다. 사회경제적 조기경보[20] 모델이 현재 세계 각처에서 벌어지고 있는 정치, 종교 및 인종 갈등을 예방하는 목적으로 쓰이기 시작한 것은 겨우 몇 년 사이의 일이다. 유엔은 예방 외교라는 조기경보의 임무를 유엔기구의 세 가지 기존 과제들, 즉 평화조성peace-making, 평화유지peace-keeping, 전후 평화구축 post-conflict peace-building에 추가했다.

조기경보란 적절한 증거를 수집 · 분석하고 이에 근거하여 내린 여러 가지 결과들을 상호 교환한 후 합의된 결론을 정책 입안자나 결정자들에게 주지시키고 그들로 하여금 특정 사태에 대한 전략적 선택을 할 수 있게 하는 것이다. 여러 가지 과제 중 가장 우선시되는 조기경보 대상으로는 ① 난민을 대량 유출시키는 전쟁, ② 군부 쿠데타, ③ 임박한 박해나 학살과 같이 예방 외교, 평화 수립 노력 및 인도주의적인 국제사회의 도움을 절실히 필요로 하는 인류재난을 지적할 수 있다.

이 인류재난 예방의 근본 개념은 홍수, 폭풍우, 가뭄 같은 자연재해를 예측 · 대비하는 것과 그 맥락을 같이 하지만, 그 재해가 자연생태적인 것에 연루된 것이 아니라 정치적 · 인종적 갈등 및 파괴가 빚어낸, 즉 '인간이 만든human-made' 비극의 씨앗이라는 데 초점을 두고 있다.[21] 따라서 자연재해가 일어날 경우 피난처를 마련하고 구호물자를 제공하는 등 그 피해를 줄이기 위한 대비책만이 강구되는 한편, 인류재난은 두 가지 방법을 고려할 수 있다. 자연피해 시와 마찬가지

---

20 조기경보early warning라는 용어는 1987년 유엔 사무총장 직속의 연구 및 정보 수집을 위한 사무소UN Office for Research and the Collection of Information: ORCI가 설립되면서 널리 알려지기 시작했다. 즉, ORCI는 환경 파괴, 자연재해, 인구의 대량 이동, 기아와 질병 확대의 위협, 핵 관련 사고 발발의 위기 등을 미리 방지하기 위한 조기경보 체제망을 발달시키는 데 주목적을 두고 설립하였다. 그러나 ORCI의 조기경보를 위한 임무는 별로 수확하지 못한 채 1992년 초에 해체되고 말았다. 이신화, 〈인종분쟁과 난민위기 예방을 위한 조기경보〉, 《국제정치논총》 제35권 2호, 1995, p.80.

21 이신화, 앞의 책, p.82.

로 피난민 구제 사업을 벌이는 동시에 임박한 재난의 원인, 역학 및 조기경보 신호를 제대로 파악하여 갈등이 일어날 소지를 줄이거나 비극이 닥치기 전에 외교적 노력, 경제 제재 및 여타 국제사회의 간섭을 통한 예방 노력을 하는 것이다.

인류재난이 있을 경우 주권 국가나 정부 간 기구IGO: Inter-Governmental Organization의 행정 절차의 '지연slowness'이 종종 문제가 되고 있다. 이는 국가의 주권을 침해하지 않는 범위 내에서 간섭해야 한다는 제약 때문만이 아니다. 유엔 안전보장이사회의 결정 과정에서도 볼 수 있듯이, 한 국가 내의 위기 상황이 국제평화와 안보에 위협이 되고 있다고 판단한 후에야 비로소 대응 조치를 취하기 때문이다.

또한 유엔은 구성 국가들의 동의나 합의가 있은 다음에야 행동을 취할 수 있는데, 각각의 이해관계가 다르고 자국 내의 문제가 산적해 있는 국가들로부터 적잖은 재정 부담과 군사원조를 요하는 사태에 대해 인류애 차원의 대응을 위한 합의를 얻어낸다는 것은 쉽지 않은 일이다. 국가 간의 합의가 이루어졌다 할지라도 합의된 사항을 실제로 이행하는 데에는 상당한 시간이 소요된다. 이것은 주권 문제 외에도 예산 책정이나 군대 파견 문제 등 실행에 필요한 구체적인 사항들의 처리가 선결되어야 하기 때문이다.

따라서 NGO는 현장에서 일하고 지역사회와 밀접하게 접촉하고 있기 때문에 조기경보를 할 수 있는 좋은 위치에 있으므로 적절한 국제 NGO와 연대하여 조기경보체제를 구축해야 한다.

4. 아시아를 위한 연대 활동 모색

4.1 정부차원(TrackⅠ): ARF

아세안지역포럼은 1994년 공식 출범 후 짧은 기간에도 불구하고 회원국 간 역내 안보 정세에 대한 인식 교환과 각종 신뢰 구축 조치의 이행을 통해 지역 내의 유일한 공식 안보협력체로서 위상을 신속히 확립해가고 있다. 아세안지역포럼의 구조는 좀 더 효율적이며 연속적인 활동을 위하여 정부 간 활동을 중심으로 하는 TrackI 과 각국의 비정부기구를 중심으로 하는 TrackII의 두 가지 방식을 병행하고 있다.[22] 아세안지역포럼의 궁극적인 목적은 안보 대화를 통해 상호 간의 이해를 증진하고 공동의 안보 이익에 대한 인식을 같이하자는 것이다. 즉 신뢰 구축 조치 증진, 예방 외교 개발,[23] 분쟁 해결 접근 방안 개발 등이다. 그러나 이러한 추진 원칙을 천명함에도 불구하고 구체적인 실행방안 마련은 미흡한 실정이다.

ARF가 비록 아·태 지역에서 정부 차원의 다자간 안보협력체제이지만, 해당 국가의 안보에 침해되거나 위협이 될 수 있는 실질적인 군비통제나 대만 문제, 한반도 문제와 같은 지역분쟁의 평화적 해결에는 별다른 구실을 하지 못하는 명목상의 다자간 안보협력체제라고 할 수 있다. 더욱이 ARF 내에서는 아세안 ASEAN: Association of Southeast Asian Nation 회원국들이 주도권 유지를 하고 있기 때문에 동북아 국가들의 관점에서 보면 한반도 문제와 같은 안보 이슈를 남중국해 문제와 같은 동남아 지역에서의 안보 이슈보다 우선해서 다루기가 어렵다.[24] 왜냐하면 한반도의 전략적 변화에 대한 직접적 이해가 없는 국가들이 의사

---

22 Track I 은 크게 네 가지로 나누어지는데 첫째, 신뢰 구축에 관한 회기간 지원 그룹 회의로 각종 ARF 회기간 회의의 핵심으로 아·태 안보정세 평가/국방정책 정보 교환 등이고, 둘째, 수색 및 구조에 관한 회의로 역내 수색 분야 정보 교환 및 협력 방안 모색, 셋째, 평화유지 활동에 관한 회기간 회의로 참가국들의 PKO 경험 교환 및 협조 체제 강화 방안 강구, 넷째, 재난 구호 회의로 참가국의 대규모 재난에 대한 협력과 훈련시설 공동 이용방안 등을 다룬다. Track II 에서는 아·태 안보 원칙에 관한 세미나(평화, 안정에 관한 원칙과 규범 논의), 예방외교 세미나(분쟁의 평화적 해결, 갈등방지 수단 강구), 비핵확산 세미나(동남아 비핵지대, 미사일·대량살상무기 비확산 등) 등이 이루어진다. 이서항, 〈동북아 다자간 안보·협력의 모색과 전망〉, 《통일문제연구》 제5권 3호, 1993, p.124.

23 예방외교 메커니즘 개발development of a preventive diplomacy mechanism은 '분규의 발생소지를 사전에 예방하고, 기존 분규가 더 큰 분쟁으로 발전되는 것을 막는 한편, 분쟁이 이미 발생한 경우 이의 확산을 막기 위한 외교적 행동들' 을 말하며, 전통적 외교와는 달리 분쟁발생 이전 단체 및 분쟁발생 초기 단체에 중점을 두고 있는 것이 특징이다.

24 Patrick M. Cronin and Emily T. Metzgar, "ASEAN and Regional Security", *Strategic Forum* No. 85, National Defense Univ, 1996.

결정 과정에 참여하고 있다는 점을 제외하더라도, 총 22개국으로 구성된 ARF 다수 국가들의 이해를 모두 만족시키면서 상호 이해가 밀접하게 대립되는 문제에 대해 합의하기 어렵기 때문이다.

4.2 비정부 차원(TrackⅡ): CACSP, NEACD

아시아 지역에서 이루어지는 비정부 차원의 다자 안보협력에는 대표적으로 아·태안보협력이사회와 동북아협력대화가 있다. 먼저, 아·태안보협력이사회는 아·태 지역의 10개 주요 민간연구기관(말레이시아 국제전략 문제연구소, 호주 국립대 전략 및 방위연구센터, 일본 국제문제연구소, 미국 Pacific Forum/CSIS, 한국 서울국제포럼 등) 대표들이 모여 1993년 비정부 차원으로 결성하여 정기적으로 지역안보 정세 평가 및 적용 가능한 신뢰 구축 조치 개발 등 정부 간 역내 안보 대화 논의를 지원하고 있다. CACSP는 비정부 차원 협의체로서 안보 문제에 대한 연구와 정책 건의를 통해 TrackI의 안보 협의를 촉진하고 지원하는 역할을 하고 있다. CACSP는 아·태 지역 내의 신뢰 구축 조치, 해양 협력, 북태평양 안보 협력, 협력 안보, 국제범죄연구 등의 실무 작업반을 운영하고 있으며 신뢰 안보 구축 조치 분야에서는 ARF의 정책적 싱크탱크로서의 소임을 하고 있다.

그러나 아·태 지역 차원의 정치·안보 문제에 대한 정책 지향의 연구를 수행하려는 모든 국가에게 개방되어 있다는 점에서 위에서 언급한 ARF와 같이 이해 대립적 문제에 대한 합의 불가능성이라는 한계를 가지고 있다. 더구나 CACAP는 아·태 지역의 해상 협력, 협력 및 포괄 안보의 개념, 신뢰와 안보 구축 방안, 예방 외교, 북태평양 지역의 안보 협력 증진, 재난 구제 등과 같은 주제를 연구하는 실무진들에 의하여 주요 활동이 이루어지기 때문에 다자간 안보협력체제가 제 기능을 수행해야 하는 군사 부문에서 정부의 정책으로 현실화하기에는 어렵다는 것이다.

두 번째 비정부 차원에서 활동하고 있는 동북아협력 대화는 미국 캘리포니아

대학 샌디에이고분교부설 세계분쟁 및 협력연구소IGCC: Institute on Global Conflict Cooperation가 주관하고 있는 동북아 다자간 안보 대화포럼이다. 참가국은 한국, 북한, 미국, 일본, 러시아 6개국이며 북한은 1993년 준비 회의에 참석하여 동북아 지역의 군사적 대결을 방지하고 긴장 해소를 위해 다자간 안보 협력체 구성에 찬성을 한다는 입장을 표명했지만, 본회의는 계속 불참하고 있다.[25] 1993년 미국무부의 후원을 받아 회의를 개최하여 비정부 간 안보 협력 대화를 동북아 국가 간의 상호 이해, 신뢰 구축 및 협력 증진을 추구하고 있다. 민간 전문가들과 함께 관련 정부 관료들이 개인 자격으로 참가하는 민관협동회의인 NEACD는 순수한 비정부 차원의 대화 기구라기보다는 CACSP와 마찬가지로 반민간 · 반정부 형태를 띠고 있다.[26]

NEACD는 비정부 차원의 회의이나 실질적으로 정부 인사가 개인 자격으로 다수 참가하는 준정부 간 회의라는 점이 특징이다. 정부 인사가 다수 참여한다는 사실은 동북아 지역 국가 간 상호 이해, 신뢰 구축, 협력 증진이 단순히 말로만 논의되는 것이 아니라 각국의 실제 정책으로 나타날 수 있다는 것을 의미하기도 한다. 2004년 회의에는 북한 대표가 참석하여 자국의 입장을 표명하는 등 동북아 안보 상황에 대한 참가 국가들의 의견 교환을 위한 매우 유용한 장으로 활용되고 있다. 2005년 제16차 회의는 서울 외교안보연구원에서 북한을 제외한 국가들이 참석하여 개최하였다.

최근 들어 이 회의체를 정부 간 대화로 격상시키자는 논의가 거론될 정도로 대화가 활발히 이루어지면서 무역, 투자, 기술 등 경제협력 증진, 환경보호, 테러, 마약, 조직 범죄 및 불법이민 방지 등과 같은 비전통적인 안보 문제에도 관심을 두고 있다. 그러나 NEACD는 역내의 다른 안보 대화 협의체의 경우와 마찬가지로 실행력이 없는 단순한 대화의 장으로 전락하고 있다. 또한 동북아의 다양한

---

25 외무부, 《외교백서》, 2005, pp.210~211.

26 차두현 · 이명철, 《동북아협력대화NEACD의 전망과 대책》, 서울: 국방연구원, 1995.

신뢰안보 구축방안과 국가 간의 상호이해 필요성이 제시되었으나 실제적으로 이행된 것은 거의 없다.[27]

그밖에 비정부 차원에서 활동하고 있는 아시아 비전그룹EAVG: East Asia Vision Group이 있다. 2001년 11월에 브루나이에서 개최된 ASEAN+3 정상회의에서, 13개 회원국의 학자 등 각각 두 명의 비정부 대표들로 이루어진 EAVG는 '동아시아 공동체를 위하여'라는 보고서를 제출하였다. 이 보고서는 아시아 공동체 설립을 위해서는 경제, 정치, 안보, 환경, 문화, 교육을 포함하는 모든 사회 영역에서 지역 협력을 달성하는 것이 필수 조건임을 강조하고 있다. 협력을 향한 국가들의 이러한 다자적 수준의 노력은 국민 개개인의 권리, 안보, 복지를 보장하는 단계적 발전을 의미한다.

4.3 NGO 차원(Track Ⅲ)

아시아 안보 질서를 위해 활동하고 있는 NGO는 앞서 언급했듯이 아시아 지역의 특수한 상황으로 다른 분야의 NGO보다는 정책 결정 행위자로서의 역할이 미약하다. 그러나 종교 · 문화 · 이념적 토대가 다른 아시아 지역의 안보 질서에 신뢰를 구축할 수 있는 중요한 역할을 하고 있다. 역내 개별 국가의 여러 갈래 평화운동은 다양한 이념적, 정파적 성향을 띠고 있고 완전한 균질성을 보이지 않으므로 이들을 총괄해서 일반화하기에는 무리가 따른다. 그러나 힘의 논리가 지배하는 현실을 수용하기보다는 평화라는 목표를 추구하는 이상주의에 바탕을 두고 있고, 정부 주도가 아니라 자발적 조직인 NGOs의 시위, 풀뿌리운동, 압력 활동을 통한 정책 개혁을 모색한다는 데에서 공통점을 찾을 수 있다.

국내 및 국제 NGO들과 사회운동의 번창 혹은 초국가적 시민사회의 번성으로, 초국가적 시민사회는 시민행동의 범위를 주권국가의 제도적 한계를 뛰어넘는 영

27 박종철 외 다수, 《동북아협력의 인프라 실태: 국가 및 지역 차원》, 서울: 통일연구원, 2005, pp.336~337.

역으로 확대시켜 놓았다. 초국가적 네트워크를 통한 캠페인은 평화, 반핵, 인권, 여성 권익, 환경, 난민 등 다양한 영역에서 자주 사용되어왔으며 지금까지 많은 성공 사례들을 만들어 왔다.[28] 그러나 초국가적 네트워크를 구성하기 위해서는 민족주의 언어와 문화의 다양성 등을 극복해야 하고 실제로 통신비와 교통비 등 경제적 부담도 크다는 어려움이 있다.

사회자본은 개인 또는 집단 간의 다양한 측면을 의미하기 때문에 학자마다 강조하는 측면에 차이가 있다.[29] 그러나 사회 자본은 행위자 간의 관계 구조에 내재하는 것으로 인식될 수 있다. 즉 사회 자본은 여러 사람들 간의 관계에서 사람들이 공통의 목적을 위해 조직 내에서 결속하고 함께 일할 수 있는 능력이다. 또한 사회 효율성을 높이는 신뢰, 규범, 네트워크와 같은 사회 조직의 특성을 사회 자본으로 인식한다. 아시아에서 활동하고 있는 초국가적 NGO 연대는 아시아 안보에 관한 공통의 목적을 위해 조직 내에서 결속과 신뢰를 구축하는 역할을 하고 있다.

4.4 아시아 국제 NGO의 연대 활동과 과제

아시아 시민사회의 잠재력을 보여주는 다양한 NGO들의 활동은, 초기 단계이

28 한국의 국제 연대 활동의 대표적인 성공 사례는 정신대문제대책협의회이다. 1990년 국내적으로는 37개의 여성 단체가 결집되었고 국외적으로는 군위안부와 같은 피해를 입은 필리핀, 대만, 홍콩, 태국, 인도네시아 그리고 일본 NGO와 더불어 공동으로 아시아연대 활동을 하였다. 이는 범아시아 차원의 연대를 성공적으로 만들어 내고, 국제적으로 군 위안부 문제의 본질을 정확히 알리고, 한국 여성운동의 저력도 과시할 수 있는 계기를 마련하였다. 비록 일본 정부의 사죄와 배상을 얻어내지는 못했지만, 군위안부 문제나 과거청산 그리고 여성이 전쟁이나 성범죄에 연루되는 문제에 대해 경종을 울린 점에서 운동으로서의 기여도는 매우 크다고 할 수 있다. 정현백, 〈국제 반전평화운동과 시민사회의 과제〉, 《전쟁 방지와 평화를 위한 한국사회의 과제》, 서울: 평화네크워크, 2001, pp.14~17.

29 사회자본은 긍정적인 측면과 부정적인 측면을 같이 갖고 있다. 개인 또는 조직 간의 신뢰와 협력을 통한 공동체 형성이 전자에 속한다면 마피아 집단이나 연고 집단 내의 독특한 구조와 행동 양식에 의한 사적 이익 추구는 후자에 속한다. Robert Putnam, *Making Democracy Work: Civic Traditions in Modern Italy*, Princeton: Princeton University Press, 1994, p.167; James Coleman, *Foundations of Social Theory*, Cambridge: Belkanp-Harvard University Press, 1994, pp.300~321.

나마 아시아 지역 거버넌스에 있어서 시민사회의 참여와 저변과 가능성이 확대되어 가고 있는 양상을 보여주고 있다. 앞에서 언급했듯이 아시아에 활동하고 있는 NGO들의 연대 활동과 협력은 비록 초기 단계이고 해결해야 할 과제가 많기는 하지만, 탈이데올로기적인 측면에서 아시아의 협력과 평화를 창출해내는 데 역할을 하고 있다.

반핵을 주장하는 국제 NGO의 연대는 미약하다. 하지만 세계 각국의 반핵·평화운동가들이 한자리에 모여 '핵 없는 아시아를 향하여'라는 주제로 반핵아시아포럼 2001을 서울 탑골공원에서 열었다. 반핵아시아포럼은 국경을 넘어 반핵운동의 사안들에 대해 정보를 공유하고 전파하며 아시아 차원에서의 적극적인 공동대응을 이루어내는 데에 중추적인 구실을 해오고 있다.[30]

반핵을 비롯한 안보 문제에 대한 국제 연대가 가능한 협의체는 ARF, CSCAP, NEACD 등이다. 이러한 국제안보 협의체를 통해 상호 간의 이해를 증진하고 공동의 안보 이익에 대한 인식을 같이 하며, 신뢰 구축 조치 증진, 예방 외교 개발, 분쟁 해결 접근 방안 등을 협의할 수 있다. 또한 비정부 차원의 회의나 실질적으로 정부인사가 개인 자격으로 다수 참가하는 준정부 간 회의라는 점에서 아시아 지역 국가 간 상호 이해, 신뢰 구축, 협력 증진이 단순히 말로만 논의되는 것이 아니라 각국의 실제 정책으로도 나타날 수 있다.

비교적 다른 이슈에 견주어 아시아에서 환경 NGO들의 활동은 환경 이슈의 국제적 동일성이라는 측면에서 비슷한 특성을 보이고 있다. 환경 문제에서 아시아는 각국마다 갖고 있는 특이성, 역사성, 그리고 상황 조건이 분명히 다른 지역

30 올해로 13년째를 맞이한 반핵아시아 포럼은 첫 개최지인 일본에 이어 한국, 대만, 인도네시아, 필리핀, 태국, 인도를 돌며 각국의 상황을 공유하며 그동안 반핵연대의 기틀을 다져왔다. '지구적으로 생각하고 지역적으로 행동하라'는 슬로건에 따라 반핵아시아 포럼은 다른 국제회의와는 달리 도시에서만 집회를 하고 회의를 여는 것이 아니라 각 나라의 핵발전소와 핵 관련 시설이 있는 지역을 돌며 핵관련 시설을 반대하는 집회를 벌여왔다. 윤기돈, "생명의 바람은 아시아로부터-반핵아시아 포럼 2000(No Nukes Asia Forum 2000)을 다녀와서", Http://www.green korea.org, 2006.8.5.

이기도 하다. 그러나 모든 NGO들이 그렇듯이 아시아 환경 NGO들은 국가의 개발 지향적 드라이브와 그 폐해로부터 환경을 보존하는 1차적인 역할을 해왔고, 그러한 노력의 결과 정부가 하지 못하는 환경 영역의 교육과 홍보 등 대중 계몽을 수행함으로써 시민사회의 견인차 구실을 해왔다.

1993년 빈에서 개최된 제2회 세계인권회의에서 아태 지역의 NGO들은 이 지역 국가의 인권문제를 논의해 공동 의견을 표명하기 위한 준비 회의를 열었다. 이 과정에서 아시아에서 활동하는 인권 NGO들은 아시아태평양 NGO 네트워크를 형성하게 되었다.[31] NGO는 해당국의 국가인권기관 설립과 활동에 중요한 구실을 하였다. 국가인권기구의 독립성을 확보하기 위해서 NGO 대표가 함께 참여하고 있었으며, 아시아 지역 인권 협력이 증대됨에 따라 아시아 주요국인 일본과 중국의 인권 NGO 참여도 늘어나고 있다. 좀처럼 연대하기 힘든 아시아 국가들이 아시아 인권헌장 선포식에 일본과 중국의 NGO가 참여한 것도 아시아 지역 내 인권 NGO 협력 체제의 미래를 밝게 해준다.

하지만 국제대화협의체에서 동아시아 국제 NGO 연대 움직임은 상당히 뒤떨어진다. 국제 NGO의 위상과 역할이 확대되었음에도 불구하고 국가 간의 공식적인 기구를 대체할 만큼 조직적, 신뢰적, 전문적인 단체는 아니라는 것이 중론이다.[32] 왜냐하면 무정형의 시민사회에 기반을 둔 만큼 NGO 역시 천차만별이고 따라서 국가를 초월한 협력에는 상당한 어려움이 따르기 때문이다. 특히 단일 국가의 이익과 지구촌의 이익 면에서도 개도국과 선진국 간의 안보에 대한 견해 차이는 NGO간 협력의 장애물로 놓여 있다. 따라서 초국가적 시민네트워크가 지속적으로 지구촌 시민들의 동참을 유도해가면서 책임 있게 이슈를 관리하고 대안을 제시하는 활동은 향후 NGO들의 새로운 과제이자 극복해 나가야 할 과제다.

첫째, 아시아 평화운동 NGO의 대응과 관련하여 시급한 과제는 평화 관련

31 김동훈, 〈아시아 · 태평양 지역의 인권: 현황과 과제〉, 김중섭 외 2인 엮음, 《세계화와 인권 발전》, 서울: 도서출판 오름, 2004, p.47.

NGO의 집중화다. 자본의 전 지구적 이윤 추구나 초국가 집단의 전쟁 위협에 대처하기 위해서는 집중화된 평화연대 네트워크가 필요하다. 곳곳에 산재해 있는 평화 NGO가 다양한 방식으로 다양하게 움직이다 보니 인력 소모도 크고 한 목소리로 상황에 대처하는 것도 쉽지 않다.

둘째, 아시아에서 평화연대를 추진하는 데 장애 요인은 몇몇 나라를 제외한다면 시민사회의 발전이 상대적으로 제자리에 머물러 있다는 점이다. 따라서 역내 개도국 NGO의 향후 발전에 있어 자금 조달 문제, 조직의 제도적 취약성, NGO 활동에 대한 정부의 부정적인 반응 등의 문제는 선진국기구나 국제기구 종사자들이 서로 경제적·문화적 차이를 극복하는 데 도움을 줌으로써 해결해야 한다.

셋째, 국제 NGO는 국내 NGO와 지역 NGO에 새로운 아이디어를 제공하는 한편, 정책 결정자들에게 논의되고 있는 이슈에 어울리고 수혜자의 입장을 보다 잘 고려한 정보를 제공해야 한다. 아울러 정보 공유 체제와 전문 인력을 확보하는 방안도 마련해야 한다.

5. 국제사회와 NGO 활동

탈냉전과 세계화가 가속화됨에 따라 아시아의 정세는 변하였다. 개별 국가의 안전과 지역 안전은 별개로 인식될 수 없으며, 협력을 위한 주체는 국가에 한정되기보다 다양한 행위자의 역할로서 확대되었다. 즉 국제사회에서 정부의 역할과 견줄 수 있는 NGO의 역할은 첫째, 정부는 국가안보를 최우선으로 해서 복합적인 기능을 수행해야 하지만 NGO는 단일 현안 혹은 당면 문제에 대해 집중하

32 라미경, 〈비정부기구와 정부의 상호작용을 통한 남북한관계 개선방향〉, 《21세기 정치학회보》 제11집, 2001, pp.353~373; 이신화, 〈국제기구의 동반자: 탈냉전시대 국제 NGO의 위상과 역할〉, 《세계화와 한국 NGO의 발전방안》, 서울: 경실련연구보고서, 1997, p.92.

여 보다 효과적인 성과를 거둘 수 있다는 것이다. 둘째, 원칙에 기초하는 현안에 대해서 정부는 정책 우선 순위에서 다른 외교 정책 사안에 종속시키거나 무시하는 경우가 있는데 NGO는 행동으로 옮겨 실천한다는 근본적인 차이가 있다. 셋째, 다양하며 경쟁적인 정책 현안들을 다루는 정부의 입장과는 달리 단일 또는 소수 현안에 전문적 활동을 펴는 NGO가 보다 치밀한 실적을 올리고 있다는 것이다.[33]

구체적으로 UN은 전 지구적 문제에 대한 인식의 심화와 해결책 모색을 위해 노력하고 있다. 이미 1977년에 결성된 브란트위원회Brandt Commission는 제3세계의 발전과 빈곤 문제에 대한 대책을 논의하였다. 그 결과 1980년의 '남-북, 생존을 위한 프로그램North-South, a Programme for Survival'과 1983년의 '공동의 위기Common Crisis'라는 두 개의 보고서가 출판되었다. 군비 축소와 안보 문제를 논의하기 위해서 팔메위원회Palme Commission가 만들어진 것은 1978년이다. 이 위원회는 2년 뒤인 1980년 '공동의 안보: 군축을 위한 프로그램'이라는 보고서를 발표하였다. 1984년에는 환경과 발전 문제를 연구하기 위하여 브룬트란드위원회가 만들어졌고, 그 결과 1987년에는 '우리 공동의 미래Our Common Future'라는 보고서가 출판되었다.

각종 UN위원회의 보고서들은 기존의 국가 간 체제 안에서 문제의 해결책을 찾으면서 아래로부터 올라오는 풀뿌리운동을 기초로 하는 문제 해결의 가능성을 충분히 모색하지 못했다. 또한 각종 위원회가 제시하는 지구적 문제들에 대한 해결책도 각 나라 수준에서 일관성 있는 정책으로 실시되지 않고 있다. 위로부터 결정된 행동 프로그램들이 아래에서 실시되지 않고 있는 것이다. 빈곤, 안보, 인구, 전쟁, 환경 등 인류 차원에서의 문제를 정부들 간의 합의로 해결할 수 없다면 국경을 넘어선 전 지구적 시민 행동의 형성 가능성을 모색해 볼 필요가 있다. 이

33 주성수, 《글로벌 거버넌스와 NGO》, 서울: 아르케, 2000, pp.181~182.

러한 상황 때문에 UN이 주관하는 리우환경회의, 코펜하겐 사회개발회의, 베이징 여성회의 등이 정부대표회의와 함께 NGO들의 회의를 조직하게 되었다.

이러한 흐름에 따라 글로벌 거버넌스와 NGO의 역할이 다양해지고 있으며 인권, 환경, 여성 등 다양한 분야에서 초국가적 주창 활동과 네트워크들의 영향력이 커지고 있다. 이제 정부는 기업과 함께 제3세력으로서 명실공히 다자주의적 글로벌 거버넌스의 한 축을 구성하고 있다. 국제 NGO들의 아시아 활동이 보여주는 가장 커다란 시사점은 효과적인 국제적 NGO 활동을 위해서는 무엇보다도 먼저 모든 NGO들이 공유할 수 있는 공통 의제를 선정하는 데 있다. 오늘날 다양한 영역에서 활동하고 있는 NGO들이 추구하는 의제가 서로 동일하지 않고 또한 그 우선순위가 분명하지도 않을 경우, NGO들이 서로 장기적인 공동 활동을 유지하는 것은 불가능하다.

아시아 국가 간 위협인식의 차이, 문화 · 역사 · 이념적 다양성에 따른 다자간 협력 전통의 결여와 역내 국가들 간의 부정적이고 소극적인 태도가 아시아 다자간 안보 대화의 진전을 가로막는 장애 요인이다. 주요 평화 NGO들은 아시아 평화 구축에 관한 실무 활동에서 역할을 수행하고 있다. 국제사회의 의사 결정에 있어 NGO가 자신의 견해를 투입하는 경로는 두 가지가 있다. 하나는 자신이 속한 국가의 정부에 대해 압력을 행사하여 정부로 하여금 국제기구 등의 국제적 의사 결정 과정에서 자신의 요구를 반영해 활동하도록 하는 것이고, 다른 하나는 국제적 여론 형성에 영향력을 갖고 있는 NGO들이 국제기구의 의사결정 과정에 압력과 로비를 행사해서 보다 직접적으로 자신의 요구를 투입하는 방식이다.[34] NGO의 개별적인 활동뿐만 아니라, 인적 교류, 보고서 공동 제작, 정보 교류, 성명서, 항의 방문 등을 통한 NGO간의 연대는 안보의 글로벌 거버넌스를 확산해 나가고 있다. 이는 또한 국제사회의 주요 관심사가 되는 문제에 대한 국제 여론의 조성 혹은 공론화의 과정이라고 말할 수 있다. 국제 연대에 있어 국제 안보에 대한 접근이 용이하고 전문적인 지식과 경험을 축적하고 있는 서구 비정부기구의 지배적 지위와 리더십은 당분간 불가피할 전망이다.

사회 자본이 민주적 거버넌스를 위한 기본적 동인이 된다는 사회 자본 이론가들의 주장을 받아들인다면 지역 국가와 지역 NGO의 거버넌스 발전 방향은 수평적인 의사소통과 관계 형성, 합리성에 의해 자발적으로 발생하는 사회 자본으로 이루어질 것이다. 초기 발전국가모델의 국가-사회라는 이분법적이고 수직적인 분리의 문제점을 극복하고, 국가와 사회를 매개하는 연결고리로 네트워크를 도입하여 발전국가가 문제점을 보완하려고 했다. 에반스 Peter B. Evans는 아시아의 발전국가는 사회에 기능적인 연결을 가지고 있으며, 국가가 시민사회를 통제하는 수직적 관계는 사회로부터 협의와 동의를 이끌어내는 수평 관계에 의해 보완되었다고 주장한다. 국가는 이런 수평적 네트워크를 통해 강압에 의한 자율성보다는 사회 자체에 배태된 자율성embedded autonomy을 획득할 수 있을 것이다.

34 주성수·서영진, 《UN, NGO, 글로벌 시민사회》, 서울: 한양대출판부, 2000, p.29.

참고문헌

국내문헌

곽진영·김석준 외, 〈뉴거버넌스와 주요 이슈〉, 《뉴 거버넌스 연구》, 서울: 대영문화사, 2000.

김동훈, 〈아시아·태평양 지역의 인권: 현황과 과제〉, 김중섭 외 2인 엮음, 《세계화와 인권 발전》, 서울: 도서출판 오름, 2004.

김석준 외, 《뉴거버넌스 연구》, 서울: 대영문화사, 2000.

라미경, 〈비정부기구와 정부의 상호작용을 통한 남북한관계 개선방향〉, 《21세기 정치학회보》 제11집, 2001.

민병원, 〈네트워크 사회의 특성: 패러독스를 통해 본 이론적 구조와 정책적 제안〉, 《국가전략》 제9권 3호, 2003.

송영선, 〈아·태지역 다자안보체제 구상과 전망: 일본의 입장〉, 《지역연구논총》 제5집, 1993.

유현석, 〈동북아 경제중심 실현, 추진전략과 과제〉, 민주평통 및 한국동북아학회 합동학술회의 논문집, 2003.

이서항, 〈동북아 다자간 안보·협력의 모색과 전망〉, 《통일문제연구》 제5권 3호, 1993.

이호철, 〈탈냉전 동아시아 국제질서: 안보와 경제의 상호관계〉, 《국제정치경제연구》 제1집, 1997.

전재성, 〈안보와 거버넌스〉, 《거버넌스의 정치학》, 서울: 법문서, 2002.

정현백, 〈남남갈등해소와 평화를 위한 비정부기구의 역할〉, 경남대 북한대학원 경실련 통일협회 및 한국 NGO학회 공동주최 학술세미나 논문집, 2002.

주성수, 《글로벌 거버넌스와 NGO》, 서울: 아르케, 2000.

주성수·서영진, 《UN, NGO, 글로벌 시민사회》, 서울: 한양대출판부, 2000.

차두현·이명철, 《동북아협력대화NEACD의 전망과 대책》, 서울: 국방연구원, 1995.

최태욱, 〈지역주의 제도화에 끼치는 국내정치 변수의 영향력: 동아시아 중심의 이론적 고찰〉, 《국가전략》 제8권 3호, 2002.

한국국제협력단, 《한국국제협력단 2005년 연보》, 서울: 한국국제협력단 정책연구실, 2005.

해외문헌

Brooks Stephen. "Dueling Realism". *International Organization* 51. 3, 1997.

Buttle, Frederick and Taylor, Peter. "Environment Sociology and Global Environmental Change". Michael Redclift and Ted Benton(ed.). *Social Theory and the Global Environment.* London and New York: Routledge, 1994.

Buzan, Barry. *People, States and Fear: An Agenda for International Security Studies in the Post-Cold War Era.* Harvester Wheatsheaf, 1991.

Coleman, James. *Foundations of Social Theory.* Cambridge: Belknap Press, 1994.

Dewitt, David. "Common, Comprehensive and Cooperative Security". *The Pacific Review*, Vol.7, No.1, 1997.

Falk, Richard A. *On Humane Governance.* University Park. PA: Penn State Press, 1995.

Gordenker, Leon and Weiss, Thomas G. "Pluralizing Global Governance: Analytical Approaches and Dimensions". Leon Gordenker and Thomas G. Weiss (eds.). *NGOs, the UN, and Global Governance.* Boulder, CO: Lynne Rienner Publishers, 1996.

Hemmer, Christopher and Katzenstein, Peter J. "Why is There No NATO in Asia? Collective Identity, Regionalism and the Origins of Multilateralism". *International Organization* 56. Issue 03, Cambridge University Press, 2002.

Jessop, Bob. "The Rice of Governance and the Risk of Failure: The Case of Economic Development". *International Social Science Journal,* Vol.155, 1998.

Kooiman, J and Vliet, Van M. "Governance and Public Management". in K. A. Eliassen and J. Kooiman(eds.). *Managing Public Organization.* London: Sage Publisher, 1993.

Lee, Shin-wha. "The Role of NGOs and Private Sectors in International Relations: Implications for Korea-US Relations". *Korea-US Cooperation in the Private Sectors: Prospects for the 21st Century.* The Korea Political Science Association, May, 1999.

Moravcsik, Andrew. "*Liberalism and International Relations Theory*". Boston: The Center for International Affairs. Harvard University, 1992.

Putnam, Robert. *Making Democracy Work: Civic Traditions in Modern Italy.* Princeton, NJ: Princeton University Press, 1994.

———, "Diplomacy and Domestic Politics: The Logic of Two-Level Games". *International Organization.* Vol.42, 1988.

Rodan, Garry. "Civil Society and Other Political Possibilities in Southeast Asia". *Journal of Contemporary Asia.* 27, 2, 1997.

UNDP, *Human Development Report.* 1999.

Walt, Stephen M. "The Renaissance of Security Studies". *International Studies Quarterly.* Vol.35, No.2, 1991.

Yamamoto, Tadashi. *Emerging Civil Society in the Asia Pacific Community.* University of Washington Press, 1996.

기타 자료

http://www.peacekorea.org/자료집 (검색일: 2008.3.20)

http://www.greenkorea.org (검색일: 2006.8.5)

http://www.greenpeace.org/features (검색일: 2008.3.15)

제1장

아시아에서 초국가적 범죄로서의 마약밀매와 시민사회의 역할

조성권

조성권 趙成權

1994년 University of New Mexico에서 정치학 박사 학위를 취득하고 2003년부터 현재까지 한성대학교 행정대학원 마약학과 교수로 재직 중이다. 지은 책으로는 《한국조직범죄사》(2006), 《마약학의 이해》(편저, 2007) 등이 있다.

아시아에서 초국가적 범죄로서의 마약밀매와 시민사회의 역할

-아프간과 미얀마의 사례연구를 중심으로-[1]

1. 세계화와 마약밀매의 확대

현재 인류는 정도의 차이는 있을지언정 대내외적으로 세계화 과정에 살고 있다고 해도 지나친 말이 아닐 것이다. 비록 '세계화'라는 용어가 1960년대에 등장했지만 그것이 꽃을 피운 것은 1990년대 이후다. 미소냉전의 국제 체제가 세계화의 진행을 가로막았던 것이다. 물론 이 과정에서 기술 및 정보혁명이 세계화의 중요한 요인이 된 것은 말할 필요가 없다. 세계화가 도대체 무엇이냐고 질문한다면 아마도 그것에 대해 정확하게 대답하는 학자는 존재하지 않을 것이다. 왜냐하면 맨후레드 스티거Manfred B. Steger가 정확하게 지적한 것처럼 대부분의 학자들은 세계화의 일부분만을 묘사하고 설명하기 때문이다.[2] 이에 대한 중요 원인의 하나는 세계화의 중요한 속성 가운데 하나인 다차원성 때문이다.[3] 다시 말하면 세계화는 정치, 경제, 사회, 문화, 이데올로기, 미디어 등 다양한 측면에서 파생되고 있다.

---

1 이 글은 《국제지역연구》 제13권 제4호, 2009년 겨울호에 게재된 논문을 발췌한 것이다.

2 Manfred B. Steger, "*Globalization: A Very Short Introduction*", Oxford University Press, 2003, p.9.

3 Steger, 위의 책., p.13.

1990년대 이후 세계화 과정에서 크게 두 가지 현상이 나타났다. 첫째, 새로운 질서를 표방하면서 등장한 자본주의와 제국주의다. 전자의 예는 이데올로기적으로 세계주의globalism를 표방하는 상품과 시장의 개방을 강조하는 신자유주의로 나타났으며, 후자의 극단적인 예는 팩스 아메리카로 대변되는 미군의 글로벌 차원의 확장이다. 둘째, 세계화는 또 다른 무질서 현상들을 양산하고 있다. 무질서 현상은 현실 세계의 이면에 공존하면서 현실 세계의 안정과 질서를 위협하거나 파괴하는 비공식 현실 세계다. 이런 무질서 현상을 홀든-로디스J. F. Holden-Rhodes와 럽샤Peter A. Lupsha는 '회색지대현상Gray Area Phenomenon'으로 명명했다.[4] 그 전형적인 사례가 마약밀매다. 더욱 중요한 것은 새로운 질서를 추구하는 자본주의와 제국주의도 직간접적으로 마약밀매를 부추긴다는 사실이다.

문제는 세계화의 과정이 긍정적이든 부정적이든 전 세계적으로 마약밀매를 확장시켰다는 사실이다. 한마디로 '마약밀매의 세계화'다. 마약밀매의 세계화는 전형적인 초국가적 범죄다. 냉전시대의 마약밀매가 냉전이라는 국제정치의 틀 내에서 활동하는 종속 변수 역할에 불과했다면, 탈냉전시대의 마약밀매는 오히려 국제정치의 변화를 유도하면서 독립 변수의 역할을 하고 있다. 이런 맥락에서 냉전시대에 마약밀매 행위가 일정 지역에서 활동하는 지역성을 크게 벗어나지 않는 측면이 있다면 탈냉전 이후 이들 행위들은 상대적으로 지역성을 벗어나 전 세계로 확산되는 세계성을 지녔다고 말할 수 있다. 다시 말하면 지역성을 기반으로 활동한 마약 조직들에 대한 통제가 냉전 동안 상대적으로 용이했다면 탈냉전 이후에는 이들에 대한 통제가 거의 불가능함을 의미한다.[5]

이 글에서 논의하는 세계화의 과정에서 새롭게 등장한 초국가적 범죄로서의

---

4 J. F. Holden-Rhodes & Peter A. Lupsha, "Horsemen of the Apocalypse: Grey Area Phenomenon and the New World Disorder", *Low Intensity Conflict & Law Enforcement,* Vol.2 No.2, 1993, p.212.

5 조성권 · 강문구, 〈탈냉전 이후 국제정치의 무질서에 대한 분석과 전망: 테러리즘과 마약밀매를 중심으로〉, 《국가전략》 제9권 2호, 2003, pp.132~134.

마약밀매의 확산 과정에서 시민사회의 역할은 무엇인가라는 주제를 고찰할 때 가장 중요한 논쟁점의 하나는 마약밀매와 같은 무질서 현상을 어떻게 통제하느냐 하는 문제이다. 왜냐하면 현재의 마약밀매는 일국의 법집행기관이 통제할 수 있는 전통적 범죄학의 수준을 넘어섰고, 세계화 자체가 개인, 정부, 혹은 제도에 의해 통제되지 않고 있기 때문이다.[6] 마약밀매에서 나타나는 이런 한계로 인해 세계화 시대에 마약통제를 위한 초국가적 시민사회의 연대는 시민사회가 새로운 역할을 부여받도록 할 수 있다. 이런 논의를 위해 이 글은 우선 세계화 과정에서 나타나는 마약밀매의 초국가성을 간단히 탐구한다. 둘째, 아시아에서 발생하는 마약밀매의 현황을 간단히 고찰할 것이다. 특히 헤로인 생산지인 동남아시아 '황금의 삼각지대'와 서남아시아 '황금의 초승달 지대'를 살펴볼 것이다. 셋째, 이들 지역에서 등장하는 마약밀매의 현상이 어떻게 이들 지역 사회에 정치, 경제, 사회문화적으로 영향을 주는가를 연구한다. 끝으로 하나의 대안으로 이에 대한 시민사회의 역할을 제시한다.

2. 마약밀매의 초국가성

그림1 마약밀매의 일반적 4단계(생산-운송-소비-재투자) 구조

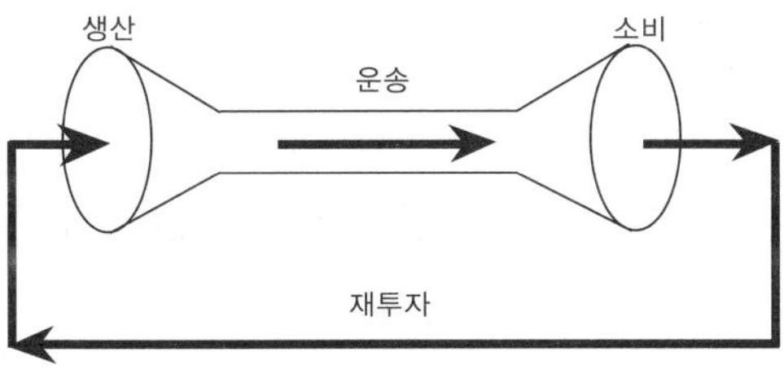

출처: Lupsha's model: Peter A. Lupsha, "Transnational Organized Crime versus the Nation-State", *Transna- tional Organized Crime,* 1996, p.39.

---

6 Steger, 앞의 책, p.102에서 재인용.

〈그림1〉의 럽샤 모델은 마약밀매의 일반적 4단계 구조를 단순화한 것이다. 마약밀매의 경제적 특성은 '불법'이라는 것을 제외하고는 하나의 제품에 대해 생산→분배→소비→재생산이라는 합법적 경제 활동과 매우 유사한 순환 과정을 거치면서 확대 재생산된다. 첫째, 마약의 생산 단계다. 대체로 이 단계는 지구의 남반부에 위치한 저발전 국가들에서 이루어진다. 이 단계는 헤로인이나 코카인과 같은 천연합성마약의 경우 재배→정제→생산 단계로 세분된다. 둘째, 마약의 운송 단계다. 이 단계는 개인을 통한 소량에서부터 항공기를 이용한 대량의 마약을 특정 지역에서 다른 지역으로 또는 특정 국가에서 다른 국가로 유통시키는 단계다. 셋째, 마약의 소비 단계다. 이 단계는 주로 미국, 유럽, 일본과 같은 선진국들에서 이루어진다. 이 단계는 또한 분배→판매→소비 단계로 세분된다. 끝으로 마약의 재투자 단계다. 이 단계는 소비 단계에서 회수되는 마약 자금의 일부분이 마약의 재생산 단계에 재투자되면서 순환된다.[7] 이때 자금 세탁과 마약 정제에 사용되는 필수화학물이 유입된다.[8]

마약의 생산 단계에서 양귀비나 코카나무와 같은 마약 식물의 재배 단계는 주로 생산국의 농민들이 담당하여 노동집약적이다. 고도의 화학적 기술이 필요한 정제 단계에는 주로 생산국 출신의 전문 마약 조직이 개입한다. 운송 단계는 대량 운송의 경우 제한된 마약밀매의 루트를 이용하기 때문에 중국계 삼합회, 러시아 마피아, 일본 야쿠자, 멕시코 및 콜롬비아 카르텔 등 초국가적 범죄 조직이 개입한다. 소비 단계에서 분배 및 판매 부분은 주로 소비국 내의 범죄 조직들이 개입한다. 중요한 사실은 위의 순환 과정에서 각 단계가 고정적이지 않고 끊임없이 변하는 '역동성'을 지녔다는 사실이다. 소위 '풍선효과ballon effect'다.

---

7 조성권, 〈21세기 국가 反마약정책의 새로운 패러다임〉, 《21세기 한국 마약정책의 새방향》, 서울: 한성대학교 국제대학원, 2002.

8 코카인 정제에 필요한 필수화학물은 과망간산칼륨Potassium Permanganate이고, 헤로인 정제에는 무수초산Acetic Anhydride이다. 이들은 주로 선진국으로부터 수입된다. 국가정보원, 《마약류 용어해설》, 2003.

구체적으로 마약 생산 단계의 역동성은 재배 지역에 대한 단속과 마약 재배의 수익성에 따라 재배 지역이나 마약의 종류가 바뀌고, 마약 생산 조직도 새로운 경쟁 조직에 의해 바뀐다. 마약 운송 단계의 역동성은 단속의 강도나 경로에 따라 수시로 변하는 마약밀매 루트와 새로운 루트의 개발에서 비롯된다. 이러한 운송 단계의 변화가 마약 소비자의 태도와 선호 마약에 대한 인식을 변화시키고, 이것은 다시 마약 생산자의 마약 재배 내지는 생산 마약의 종류를 변화시키며 소비 단계를 역동적으로 만든다. 한마디로 마약밀매의 역사를 회고할 때 마약에 대한 강도 높은 단속은 마약의 생산과 마약 조직의 역동성을 오히려 극대화하고 마약 운송, 소비, 자금 세탁을 더욱 교묘하게 만들면서 법집행기관과 끊임없는 줄다리기 게임을 만들고 있다.

아시아에서 마약 유통을 오랫동안 연구해온 멕코이Alfred McCoy는 1920년대 이래 마약의 불법화가 현대적 의미의 조직 범죄 형성에 중요한 공헌을 해왔음을 강조한다.[9] 마약밀매가 계속되는 가장 중요한 원인은 마약의 불법 유통 과정에서 단속 위험 부담이 있음에도 불구하고 마약밀매에서 파생되는 높은 수익성이 그것을 상쇄하기에 충분하기 때문이다. 또한 멕코이는 2차 대전 후 냉전 체제에서 미국 주도의 반공 정책이 마약밀매의 국제 성장에 중요한 토대를 형성했다고 강조한다. 한마디로 미국(특히 CIA)은 동남아시아 황금의 삼각 지대에서 활동하는 반공 게릴라들이 조직 활동을 위해 마약밀매에 개입하는 것을 묵인하거나 조장했다.[10] 그러나 냉전 해체와 세계화는 마약 조직에게도 '마약밀매의 세계화'라는 새로운 변화를 강요하고 있다.

첫째, 생산 단계에서 마약밀매의 초국가성은 특히 마약 생산국이 정치적으로 불안정하거나 경제적으로 후진국일 경우 더욱 심하다. 예를 들면 세계 최대의 아편생산국인 아프간의 경우 아편 재배와 생산은 비록 가난한 농민들이 담당하지

9 Alfred W. McCoy, *The Politics of Heroin*, Chicaho, IL: Lawrence HIll Books, 1991, pp.4~15.

10 Alfred W. McCoy, 위의 책, 1991, chapter 4.

만 그것을 실질적으로 통제하는 것은 탈레반이다. 이것은 북부 지역보다 아프간 정부의 통제력에 한계가 있는 탈레반의 근거지인 남부 및 서남부 지역에서 아편 재배와 생산이 압도적으로 많은 것을 보면 알 수 있다. 아프간에서의 아편 재배와 생산 급증은 아편 판매 가격의 하락을 유도했고, 아프간 아편 가격에 비해 수지 타산이 맞지 않아 동남아시아 황금의 삼각 지대인 미얀마와 라오스에서의 아편 재배와 생산성 하락을 유도했다. 그 까닭은 이런 이유로 동남아시아 지역의 아편 생산국들은 새로운 마약인 메스암페타민(속칭 필로폰)으로 생산 방향을 선회했다.[11]

둘째, 운송 단계에서 마약밀매의 초국가성은 〈표1〉에서 보듯 범죄 조직들 사이, 혹은 테러 조직과 범죄 조직 사이의 초국가적 연계다. 이것은 정치 부패가 만연한 마약 생산국에서 권력과 범죄의 공생 관계가 지속적으로 이루어지는 주요 요인이며, 마약 소비국에서 점차 마약 관련 부패가 증가하는 요인이다. 또한 각국의 단속 강화에 따라 마약 조직들이 체포 위험률을 낮추기 위해 생산과 판매를 분리하는 소위 '마약밀매의 분업화'가 나타난다. 특히 범죄 조직들은 체포 위험을 피하기 위해 인터넷을 통한 개별 운송의 통로를 점차적으로 확대하고 있다.

표1 아시아에서의 마약밀매에서 마약 조직과 범죄 조직의 초국가적 연계

미국으로 향하는 동남아시아 헤로인 밀매의 경우	서유럽으로 향하는 서남아시아 헤로인 밀매의 경우
미얀마(Wa족)→동남아시아(삼합회)→미국(삼합회: 黨)	아프간(탈레반)→중앙아시아/터키→러시아 및 동유럽 마피아 →유럽(삼합회)

셋째, 소비 단계에서 마약밀매의 초국가성은 국내외 마약 가격의 변동에 따

11 2000년 생산지에서 야바(필로폰) 한 알이 8센트인데 반해 방콕에서는 3달러였다. BBC News, "Burma's powerful drug industry", 2000.6.6; Bureau for International Narcotics and Law Enforcement Affairs, Unhited States Department of State, *International Narcoties Control Strategy Report*, Vol.1, 2008, p.278.

변화에서 나타난다. 일국에서 마약밀매에 대한 단속이 강화되면 일시적으로 마약 소비가 감소할 수 있으나 마약 가격은 폭등하는 경향이 있다. 그러나 주변국에 비해 마약 가격의 상승은 상대적으로 높은 불법 수익을 창출할 수 있기 때문에 새로운 마약 유입을 유도하는 경향이 있다.

넷째, 재투자 단계에서 마약밀매의 초국가성은 마약 관련 자금 세탁과 필수화학물의 밀매 과정에서 나타난다. 비록 최근에는 마약 관련 자금 세탁과 필수화학물의 수출입에 대한 통제 강화가 이루어지고 있지만 신자본주의의 세계화로 인해 일정한 한계를 가진다.[12] 마약 조직들은 정치·경제적으로 불안정한 국가들을 통해 자금 세탁이나 필수화학물의 밀매를 변화시키고 있다.

3. 마약밀매의 현황과 농민들의 삶: 아프간과 미얀마의 사례

2차 대전 이후 아시아 마약밀매의 역사를 간략히 정리할 때 프렌치 커넥션을 빼놓을 수 없다. 이것은 1930년대부터 1960년대까지 지속된 국제 헤로인 밀매 커넥션이다. 20세기 초반 이래 지정학적으로 동서 무역의 교통지였던 터키는 전통적으로 아편 생산국이었다. 터키 마약 조직이 아편을 생산하면 이를 프랑스 코르시칸 조직이 헤로인으로 정제하여 유럽과 미국으로 유통시키는 패턴이다. 1960년 말에 미국과 프랑스는 합동 단속으로 이 커넥션을 붕괴시킨다. 터키에서의 아편 생산 붕괴는 동남아시아를 새로운 아편 생산국으로 부상하게 만드는 중요한 요인이 되었다.

한편 1949년 중국이 공산화된 후 국민당군의 잔당들은 버마(現미얀마)로 피신하면서 본토 수복을 노리는 반공 게릴라 활동을 전개했다. 그들은 활동 자금을

12 2000년 초국가적 조직 범죄 억제를 위한 UN 협약UN Convention against Transnational Organized Crime.

마련하기 위해 아편과 헤로인 밀매의 하부 구조를 형성하면서 서서히 동남아시아의 '황금의 삼각 지대(미얀마, 타이, 라오스)'를 구축했다. 이와 함께 위에서 지적한 프렌치 커넥션의 붕괴는 공급 부족에 따른 국제 헤로인 수요를 증폭시키면서 동남아시아를 새로운 헤로인 생산기지로 만들었다. 당시 미국의 CIA 버마지부(지부장: John K. Singlaub)는 반공이라는 미명 하에 동남아시아 반공게릴라들의 마약밀매를 묵인했다.[13] 이것이 동남아시아 커넥션이다. 이런 커넥션은 1973년 미국이 베트남에서 철수한 후에도 미국으로 향하는 헤로인 공급의 3분의 1을 차지했다.

냉전 체제에서 미국의 반공 정책에 의한 마약밀매 묵인은 1980년대 아프간에서도 발생했다. 1979년 소련의 아프간 침공을 시작으로 형성된 아프간 친소 정권과 그에 대항하는 친미 반군의 10년 전쟁은 어떤 의미에서 미소美蘇라는 국제 냉전의 '대리전surrogate warfare'이었다. 그러나 대리전의 또 다른 불행은 헤로인 밀매의 확산이었다. 아프간 반군들은 반소 투쟁을 위해 무기가 필요했고 그러한 무기를 구입하기 위해 마약밀매에 개입했다. 미국의 CIA는 이를 알고도 묵인했고 오히려 그것을 부추기기까지 했다. 특히 1981년 레이건 행정부가 등장하면서 이러한 패턴은 가속화됐다. 이를 위해 아프간 주둔 마약단속국DEA 요원들은 동남아시아로 축출됐고 CIA요원으로 대체됐다.[14] 이것이 아프간 커넥션이다.

〈표2〉에서 보듯 1988년 아프간 반군의 對소련 항쟁이 막바지에 이를 무렵 아프간의 아편 생산량은 이미 세계 총 생산량의 약 30%를 차지하면서 미얀마 다음으로 세계 2위의 아편 생산국으로 부상했다. 그후 꾸준히 생산량이 증가하면서 10년 후인 1998년에는 미얀마를 제치고 아편 생산량 세계 1위에 등극했으며,

---

13 Sheehan Daniel, "A Professional Investigative Report on the interface between U.S. Covert Operations from 1938 to 1988 & International Narcotics Trafficking", *Conference Paper*, held at the University of Wisconsin at Madison, 1990, pp.12~13.

14 상세한 내용은 John K. Cooley, *Unholy Wars: Afghanistan, American and International Terrorism*, Pluto Press, 2000, chapter 7.

표2 아프간과 미얀마에서 불법 아편 생산 추정치 (1986~2007)

단위: 톤

	1996	1995	1994	1993	1992	1991	1990	1989	1988	1987	1986
아프간	2,174	1,250	950	685	640	570	415	585	750	600	400
버마(現 미얀마)	2,560	2,340	2,030	2,575	2,280	2,350	2,255	2,430	1,280	835	770
세계 총량	5,229	4,165	3,417	3.675	3,389	3,486	3,247	3,698	2,590	2,242	1,595

	2007	2006	2005	2004	2003	2002	2001	2000	1999	1998	1997
아프간	8,000	5,644	4,475	4,950	2,865	1,278	74	3,656	2,861	2,340	2,184
버마(現 미얀마)	270	230	380	330	484	630	865	1,085	1,090	1,750	2,365
세계 총량	8,276	6,64	4,990	5,445	3,757	2,237	1,256	5,004	4,263	4,453	5,056

출처: 1986~1991년까지 INCSR (1996), 1992~2001년까지 INCSR (2007), 2002~2007년까지 INCSR (2008) 참고.

2007년에는 세계 생산량의 97%를 차지했다. 2007년 아프간에서 아편 생산의 50%는 탈레반이 장악하고 있는 서남부 지방Helmand에서 이루어졌으며, 이렇게 생산된 아편은 중앙아시아 국가들과 파키스탄, 이란, 시리아를 거쳐 페르시아만으로 밀매되고 각각 터키와 러시아를 거쳐 궁극적으로 유럽과 미국으로 유입된다. 아편을 헤로인으로 정제하기 위한 필수화학물의 아프간 유입은 중앙아시아 국가, 중국, 인도 등에서 이루어진다.[15]

이처럼 아프간이 1990년대 최대의 아편 생산국이 된 것은 1980년대 전쟁, 1990년대 내전, 9.11이후에는 전쟁과 내전에 휩쓸리면서 수많은 국민들이 부상을 입었고 적절한 치료제가 없는 상태에서 개인적 고통을 잊기 위한 아편 사용에 대해 탈레반 반군이나 아프간 정부 역시 적절한 묘안이 없었기 때문이다. 더구나 1990년대 이래 탈레반 반군의 경우 북부동맹군 및 아프간 정부군과 내전을 벌이

15 INCSR, 앞의 글, 2008, p.87.

고 있었기 때문에 아편 재배와 생산으로부터 수입되는 재원으로 무기를 구입하기 위해서는 선택의 여지가 없었다. 또한 아프간 정부의 경우 농민으로 하여금 아편 재배와 생산을 금지시키면 이들이 탈레반 반군으로 가입할 가능성이 있기 때문에 뾰족한 정책을 세울 수 없었다.[16] 이런 맥락에서 아프간에서의 아편 재배와 생산은 탈레반에 의해 조장되고 정부에 의해 묵인되면서 통제 불능의 상태에 빠진 것이다. 아프간 전쟁 당시 영국에서 소비된 헤로인의 약 90%가 아프간産이다. 결국 아프간전에서 탈레반이 사용했던 무기와 탄약은 영국시민들이 아프간 헤로인을 사용하면서 지불한 마약 값으로 구입한 것이다.[17]

아프간 분쟁 지역에서 아편 재배와 생산의 급성장은 상대적으로 전통적인 아편 및 헤로인 생산 지역인 동남아 지역의 마약 재배와 생산을 감소시키는 결과를 가져왔다. 〈표2〉에서 보듯 미얀마는 1988년 세계 생산량의 40%에서 2007년 3%로 급락했다. 물론 1989년 이래 미얀마에서 아편 생산의 지속적인 감소는 미얀마 정부의 단속 노력이 주요 요인이었다. 아편 생산의 감소는 미얀마 산지 가격 farm-gate price에서 아편 가격의 증가로 나타났다. 2004~2007년 동안 kg당 아편 가격은 각각 15만 3,187달러, 23만 265달러로 증가했다. 미얀마에서 아편 생산 관련 총 수익은 2006년 7,200만 달러이며 2007년의 경우 1억 2,000만 달러로 추정된다.[18] 이는 미얀마 아편 재배 농가의 연평균 수입의 약 50%를 차지하는 액수이며 2007년의 경우 산주the Shan State 농가의 연평균 수입(501달러)의 45%를 차지했다.[19]

미얀마에서 아편 생산은 전통적으로 쿤사(Shan United Army→Mong Tai

16 Norton-Taylor, 2007. 아프간 농민들이 탈레반으로 편입되는 것을 막을 고육책으로 아편 재배를 허용하려는 영국군과 불허하려는 미국군과의 논쟁이 있을 정도다, Walker, 2008.

17 아프간 전쟁 당시 영국에서 소비된 헤로인의 약 90%가 아프간産이다. 결국 아프간전에서 탈레반이 사용했던 무기와 탄약은 영국시민들이 아프간産 헤로인을 사용하면서 지불한 마약 값으로 구입한 것이다. BBC News, 2001.10.6, http://news.bbc.co.uk/ hi/english/uk/ newsid_1575000/1575510.stm

18 INCSR, 앞의 글, p.279.

19 INCSR, 앞의 글, p.279.

Army→Shan State Army)조직이 장악했다. 그러나 1996년 쿤사가 정부에 투항한 후에는 미얀마 중북부에 위치한 호전적인 와Wa조직이 새로운 아편 밀매 조직으로 부상하고 있다.[20] 이외에도 북부의 카친주the Kachin State와 중서부의 산주에서도 여전히 아편을 재배하고 있다. 문제는 아편 재배와 생산의 감소는 미얀마가 새로운 화학합성 마약들ATS: amphetamine-type stimulants(메스암페타민, Ice, 케타민 등)의 주요 생산지로 부상했다는 것이다. 미얀마 정부는 2006년 1,950만 정 그리고 2007년 150만 정의 메스암페타민을 압수했다.[21] 2005년 6월 이래 와족UWSA: the United Wa State Army은 아편 재배와 생산을 금지한다고 선언했다.[22] 이것이 미얀마에서 아편 생산의 감소에 공헌했으나 대신 그들은 중국계 삼합회와 연계하여 암페타민류 마약을 생산하고 밀매했다.[23] 이런 연유로 동남아시아 아편 생산의 '황금의 삼각 지대'가 '아이스 삼각 지대Ice Triangle'로 변하고 있다.

한편 마약밀매가 농민들의 삶에 끼친 영향은 크게 다섯 가지로 분류될 수 있다. 첫째, 마약밀매는 20세기 중반까지 합법적인 작물을 경작하면서 살아왔던 전통적인 농업 생산국 농민들의 삶을 완전히 변질시켰다. 전통적으로 마약은 경제적으로 발전이 더딘 국가들의 농민들이 생활 보조수단으로 재배하여 왔다. 그러나 현재 마약생산국의 농민들은 〈그림1〉에서 보여준 글로벌 차원의 거대한 마약밀매의 구조에서 벗어나기 힘든 최말단에 위치한 존재가 됐다. 왜냐하면 현재 마약의 종류와 생산에 관한 마약밀매 구조는 불법 조직들(마약 조직이나 게릴라

20 미얀마를 중심으로 동남아 황금의 삼각 지대에 펼쳐진 복잡한 민족분쟁과 마약밀매의 상관 관계에 대한 대표적 저서는 Alfred W. McCoy, 앞의 책, 1991. 간단한 이해를 위한 논문은 Bertil Lintner, "Heroin and Highland: Insurgency in the Golden Triangle", *War On Drugs: Studies in the Failure of U.S. Narcotics Policy*, edited by Alfred W. McCoy and Alan A. Block, Westview Press, 1992.

21 INCSR, 앞의 글, p.279.

22 이것은 5년간 UNODC가 1,200만 달러를 지원한 공급 감소 프로그램인 와프로젝트Wa Project이다.

23 이런 패턴은 90년대 말 아프간의 탈레반이 아편 재배를 금지했지만 실질적 이유는 탈레반의 경쟁 조직인 북부 동맹의 경제적 기반을 박탈하기 위한 고육책과 매우 유사하다. INCSR, 앞의 책 2008, p.280.

조직)에 의해 마약의 종류와 생산이 통제되어가고 있기 때문이다. 중국 운남성 농민들은 마약 조직에 의해 가족들이 인질로 붙잡힌 상태에서 강제 마약 운반책으로 악용되는 경우도 있다.[24] 이것은 마약 재배가 중앙 법집행기관의 감시와 단속이 사실상 어려운 밀림 지대에서 실행되면서 고착화되어가는 현상에서 파생됐다. 결국 절대 다수가 빈곤층인 농민들은 이제 마약 재배가 싫든 좋든 생활의 보조수단이 아닌 필수수단으로 살아가고 있다.

아프간의 경우 양귀비 재배 지역들이 농업적으로 비옥하여 전통적으로 밀과 같은 합법작물을 생산한 서남부 지역으로 확산됐다. 2006년에 아프간 34개 주 중에서 21개 주에서 양귀비 재배가 이루어졌는데 2007년엔 28개 주로 증가했다. 양귀비 재배 밀도의 증가와 함께 재배 면적의 증가는 재배 농민의 증가로 이어져 2006년에 290만 명에서 2007년엔 330만 명으로 증가했다. 전체 인구의 14%가 마약 재배에 개입하고 있다. 유엔 마약 및 범죄사무소UNODC에 의하면 전체 인구의 14.3%가 양귀비 재배에 개입한 것으로 추정됐다.[25] 재배 면적이 확대되면서 현재 양귀비 재배는 아프간 농민들의 가장 큰 수입원이고 삶의 일부가 되고 있다.[26]

아편의 산지 가격은 2005년의 경우 kg당 100달러 이상이었다. 당시 아프간 농민들은 아편 생산을 통해 연간 약 6억 달러의 수입을 얻었다. 이 금액은 아프간 GNP의 약 3분의 1이 넘는 금액이다.[27] 2006년의 경우 아프간 GNP의 2분의 1까지 차지했다.[28] 2007년의 경우 115억 달러의 GDP의 3분의 1인 40억 달러가 아편 수출로 벌어들인 수익이고, 이중에서 10억 달러가 농민들에게 돌아가고 나머지는 마약 조직의 손에 들어간다.[29] 아프간 양귀비 재배 농가의 평균 소득은

24 New York Times, 1995.11.15, p.A6.
25 INCSR, 앞의 책, p.240.
26 최혜림, "아프가니스탄, 아편 재배 40% 증가", 미션투데이, 2004.9.7.
27 지은경, "아프가니스탄, 마약 근절 작전 중 총격전", 미션투데이, 2006.5.17.
28 김현진, "마약과 반군으로 위험에 처한 아프가니스탄", 미션투데이, 2007.7.24.

2003년의 경우 3,900달러였다. 그러나 2004년에는 아편 생산의 증가로 가격이 하락하여 1,700달러를 벌었다.[30] 한마디로 농민들의 아편 생산은 수십만 아프간 농민들의 생계 유지의 주요 수단이 됐다.

둘째, 현실적으로 마약 생산국 농민들은 마약 생산 대신 합법적 대체 작물crop substitution로의 전환이 쉽지 않다. 가장 중요한 이유는 상대적으로 높은 수익성이다. 미얀마에서 농민들은 양귀비를 재배하여 아편을 생산할 경우 커피와 사탕수수보다 세 배의 이익을 얻을 수 있다. 아프간의 경우는 양귀비 재배가 일반 농사보다 열 배가 넘는 이익을 보고 있다.[31] 더구나 아편은 관리와 기후에 따라 1년에 최대 세 번까지 수확이 가능하다. 이와 같이 상대적으로 높은 수익성 외에도 대체작물을 재배할 경우 아편에 비해 노동력이 더 많이 소모되고, 관개시설이 필수며, 또한 수확했을 경우 판매망을 확보하기가 쉽지 않다.

아프간의 사례를 보면 2005년 아프간 정부는 아편 생산을 억제하기 위한 수단의 하나로 미국의 원조를 통해 28억 달러의 예산을 책정했다. 이 예산의 대부분은 아프간의 전통 향신료인 사프론Saffron, 커민cumin 그리고 포도씨유 등 식물성 기름 등의 대체작물 생산으로 책정되었다. 그러나 농민들에 의하면 양귀비는 재배하기가 쉽지만 대체 작물은 재배 관리가 상대적으로 매우 어렵다고 말한다. 또한 대체 작물을 수확하기 위해서는 용수 및 전력과 같은 관개 시설, 도로 개선, 보관 시설, 시장 형성 등 인프라가 반드시 필요한데 현재 아프간에서 이와 같은 인프라 구축은 반군활동과 예산 부족으로 엄두가 나지 않는 실정이다. 비록 정부나 NGO단체가 대체 작물을 보급하지만 외국산 값싼 농산물을 수입할 경우 아프간産 대체 작물의 가격은 폭락한다. 이런 이유로 농민들은 대체 농산물을 기피한다.

---

29 INCSR, 앞의 책, p.21.

30 박문정, "아프간, 합법적인 아편 재배 요청 거절", 미션투데이, 2005.10.6.

31 전호진, "아프간, 마약생산 통제 불능상태", 미션투데이, 2007.8.27.

셋째, 마약 생산국 국민들 사이에서 마약중독이 급격히 증가하고 있다. 이것은 해당 정부의 자국 단속과 상당히 관계가 깊다. 미얀마 정부는 1999년 이래 '마약과의 전쟁'을 선포하고 15년간 지속적인 마약 단속 프로그램을 실시 중이다.[32] 프로그램의 효과로 아편 생산은 급격히 줄었지만 상대적으로 정제가 용이하고 가격도 저렴한 암페타민류의 새로운 대체 마약이 급격히 증가하고 있다. 이들 마약은 아편에 비해 상대적으로 중독성이 매우 강하다. 왜냐하면 이들 순수 화학합성 마약들은 화학적 정제 기술의 발전으로 마약 순도(99%)를 급격히 상승시켰기 때문이다. 높은 순도는 결국 소비자에게 판매되는 순도를 상대적으로 높이는 경향이 있다. 이는 부유한 소비국은 물론 빈곤한 생산국의 마약 소비자에게 더욱 심각한 중독의 폐해를 야기한다.[33] 더구나 생산국의 국민들은 고가의 순도 높은 마약은 구매할 수 없기 때문에 저가의 순도 낮은 불량 마약을 구매하는 경우가 많다. 특히 태국처럼 매매춘이 성행하는 지역에서는 불량 마약의 판매가 늘면서 AIDS와 함께 새로운 문제가 발생한다.

아프간의 경우 2005년에 20~35세 사이의 마약중독자들은 수도인 카불에서만 6만 명이 넘는다. 더구나 이들이 더러운 헤로인 주사기를 사용하면서 주사기를 통한 AIDS 감염자가 급격히 증가하고 있다.[34] 미얀마의 경우도 성인 아편 중독자는 2006년의 경우 각각 전체 인구의 0.97% 카친주Kachin State, 0.83% 와주Wa State, 1.27% 산주Shan State로 추정되는 매우 높은 수치를 보여주고 있다.[35] 미얀마에서 아편 중독자가 점차적으로 헤로인 중독자로 변하는 중인데 더욱 심각한 문

32 미얀마와 함께 라오스는 1998년 그리고 태국은 2003년 '마약과의 전쟁'을 선포하면서 2006년 동남아시아 '황금의 삼각 지대'에서 생산하는 아편 밀매는 급격히 줄어들었다.

33 Roger D. Weiss et al, *Cocaine*, Washington DC: American Psychiatric Press, 1994, p.11; Jonathan P. Caulkins, "Developing Price series for Cocaine", *Rand*, 1994, p.25.

34 이정식 연출, "양귀비의 나라: 아프가니스탄", 《세계와 나 W》, MBC, 2005.7.22.

35 마약 사용지수는 인구 10만 명을 기준으로 하는데 가장 높은 미국의 경우 약 800이고 한국은 약 20정도다. 미얀마의 경우는 중독자만을 볼 때 주요 아편 재배 지역에서 지수가 평균 1,000으로 세계 최고 수준이다. INCSR, 앞의 글, p.280.

제는 약 30%가 더러운 주사기를 사용하여 헤로인을 투약하면서 AIDS 환자가 증가하는 현상이다.[36] 2007년 WHO는 미얀마에서 주사기를 사용하는 마약 사용자가 6만~9만 명일 것으로 추산하고 있다. 미얀마의 국가 AIDS 프로그램the National AIDS Program의 공식 보고에 의하면 AIDS 환자의 약 3분의 1이 마약 사용자로 추정되고 있다.[37]

넷째, '마약과의 전쟁'이 잉태한 부정적 부산물이다. 하나는 중남미 코카나무 재배 지역에서 미국의 지원에 의한 제초제의 공중 살포다. 최근 아프간에서 미국이 시도하려는 이와 같은 무차별 화학약품의 공중 살포는 작물이나 동물은 물론 사람을 중독시킬 수 있다.[38] 이럴 경우 마약 생산국에서 농민들은 마약 재배가 선택이 아닌 생존의 문제기 때문에 콜롬비아의 경우처럼 이들 농민이 반정부데모 혹은 게릴라 조직원으로 변신할 가능성이 있다. 라오스의 경우 '마약과의 전쟁'에 의해 양귀비 재배와 아편 생산이 주요 생계 수단이었던 6만 5,000여 명의 아카족Akha, 몽족Hmong 등의 고산족이 정부가 지정한 새로운 정착촌으로 강제 이주되어 질병과 영양실조로 죽어가고 있다. 이주 고산족들의 사망률은 라오스 전체 평균의 약 4배나 되었다. 더구나 고산족 여성들의 빈곤이 늘면서 여성들의 인신매매와 AIDS 확산이라는 부정적 결과를 초래하고 있다.[39]

다섯째, 아시아에서 마약 생산 및 밀매의 영향은 시민사회는 물론 정치 사회에도 영향을 주고 있다. 마약밀매로 얻은 엄청난 불법 수익은 마약 조직의 핵심적인 권력 메커니즘이며 각종 부정적 부산물의 근원이다. 마약 관련 정치 부패, 정치 폭력, 외교 분쟁 등의 정치적 측면 외에도 국내외적으로 합법적 경제 발전에

36 Daniel Wolfe and Kasia Malinowska-Sempruch, *Illicit Drug Policies and the Global HIV Epidemic*, New York: Open Society Institute, 2004, p.15.

37 미얀마의 경우 AIDS 환자는 국가에 등록하고 치료를 받을 수 있으나 등록하지 않으면 처벌받는다. 1994~2002년의 경우 약 2만 1,000명이 처벌받았다. INCSR, 앞의 글, p.283.

38 "美, 아프간 양귀비 근절 新전략 추진", 연합뉴스, 2007.8.10.

39 조영신, "소수민족 핍박에 NGO들이 돕고 있다", 미션투데이, 2007.11.29.

대한 위협, 마약 관련 자금 세탁에 의한 국내외 경제 구조의 왜곡, 마약의 남용, 단속, 치료에서 오는 사회비용, 마약 박멸에 사용하는 독성의 화학물질은 생산국에 환경파괴를 가져오는 등 다양한 영역에서의 피해 규모는 헤아릴 수 없다.[40] 이런 막대한 피해는 순환 과정을 거치면서 고스란히 시민사회 특히 농민들의 삶에 직간접적으로 부정적 영향을 제공한다. 또한 글로벌 차원의 미국의 '마약 전쟁의 군사화'는 마약 생산국의 군부를 자극하여 오히려 민주화를 방해할 수도 있다. 그리고 그것은 생산국의 국민들에게 새로운 형태의 미제국주의의 형태로 받아들여지고 있다. 아프간과 태국이 전형적인 사례들이다.

4. 시민사회의 역할

이 글은 아시아에서 마약밀매의 확산에 따른 시민사회의 역할을 심층 분석하고 상세한 대안을 제안하기보다는 마약밀매의 억제를 위해 왜 국제적 공조가 필요한지를 강조한다. 왜냐하면 글로벌 차원의 마약밀매 현상에 대응하기 위해서는 마찬가지로 글로벌 차원의 대응이 필요하기 때문이다.

〈그림2〉는 세계화시대의 국제사회를 국가(A)와 국가(B)로 단순화시킨 것이다. 초국가적 범죄 조직들이 통제하는 회색지대는 특히 1990년대 세계화시대 이후 정치사회와 시민사회 모두에게 영향을 미치면서 국경 없는 영토를 확장하는 추세다. 1990년대 중반 헝가리 부다페스트에서 있었던 주요 국제 범죄 조직들 사이의 회동은 불필요한 상호 갈등과 투쟁보다는 상호 협력을 통해 경제적 이익의 극대화를 노린 불법 조직들 사이의 공조가 이미 시작되었음을 의미한다. 이러한 경향은 상당 기간 지속될 것이다.

---

40 John M. Martin and Anne T. Romano, *Multinational Crime: Terrorism, Espionage, Drug & Arms Trafficking*, Newbury Park, CA: sage, 1992, pp.60~64.

그림2 세계화시대 초국가적 범죄의 예방을 위한 정치사회-시민사회의 상호협력 모델

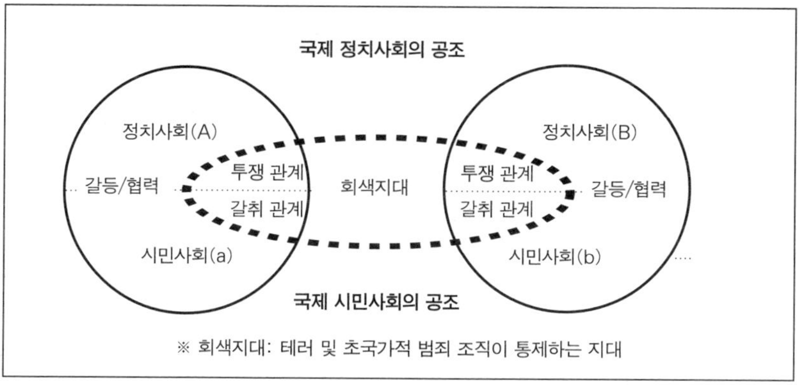

출처: 조성권, 〈국제조직범죄와 정치부패의 유형에 관한 연구〉, 《국제지역연구》 제5권 3호, 2001, p.123.

따라서 이러한 더러운 공조는 각국의 법 집행기관으로 하여금 단속과 통제를 더욱 어렵게 만든다. 2000년 제정된 부패방지와 자금 세탁 방지를 기초로 한 '초국가적 조직 범죄 억제를 위한 UN협약'은 바로 이러한 시대 상황에서 등장한 것이다. 이와 함께 범죄인인도협정과 국제형사사법공조와 같은 국제 정치사회의 공조는 법 집행기관을 위해 반드시 필요한 사법적 무기다. 〈그림2〉에서 보여주듯 정치사회와 범죄 조직은 피상적으로 적대 및 투쟁 관계이지만 부패한 정치사회에서는 범죄 조직과 공생 관계를 형성할 수 있다. 이 때문에 각국의 정치사회는 2000년 UN협약에 따라 강력한 부패방지법과 자금세탁방지법의 제정을 모든 국가들의 법 집행기관들이 갖추어야 할 최소한의 법적 도구임을 강조하고 있다. 〈그림2〉의 회색지대를 최소화하기 위해서는 관련 국제레짐을 통한 국제 정치사회의 공조가 필수다.

서구 근대국가의 형성 이래 국가와 시민사회는 기본적으로 갈등과 협력 관계였다. 한편 제3세계에서 권위주의적 국가를 경험한 나라들 대부분의 시민사회는 국가기구의 민주화를 목표로 하는 갈등과 투쟁 관계에서 상호 대립 관계를 형성

했다.[41] 그러나 세계화시대의 초국가적 범죄 조직의 부상에 따른 글로벌 차원의 마약밀매 확산은 이제 더 이상 국가와 시민사회의 관계를 갈등과 투쟁 관계가 아닌 상호협력을 모색하는 새로운 길을 강요한다. 왜냐하면 초국가적 범죄 조직은 마약밀매와 자금세탁과 같은 비공식 경제 활동을 통해 지하 경제를 활성화시킴으로써 일국의 공식 경제 활동을 무력화시키고 있기 때문이다. 이는 국가의 건전한 경제 활동을 위축시키고 나아가 국가의 안정과 질서를 파괴하여 국가와는 필연적으로 투쟁 관계로 발전한다. 또한 초국가적 범죄 조직은 시민사회의 테두리에서 활동하는 관계로 양자는 기본적으로 갈취 관계를 형성하여 건전한 시민사회를 파괴한다. 이런 맥락에서 회색지대에서 활동하는 초국가적 범죄 조직은 국가와 시민사회 모두에게 위해를 가하는 '공동의 적'인 것이다.

국제정치사회의 공조라는 공식적 상호 협력으로 범죄 조직을 무력화시키는 데는 마약밀매에 대한 각국의 견해 차이에 따라 일정한 한계가 있다. 이런 한계를 최소화하기 위해 글로벌 차원의 국제 시민사회의 연대가 필요하다.[42]

제3세계 특히 마약 생산국에서 종종 발생하는 정치 권력과 범죄 조직의 부패한 공생 관계를 감시할 시민단체 주도의 NGO 활동을 활성화해야 한다. 이처럼 시민사회 역할의 정치적 측면 외에도 마약 생산의 감소를 위한 전략을 위해 국제적 혹은 국가적 수준의 마약 정책의 개혁을 위한 국제시민사회의 연대가 필요하다.[43] 마약 단속 전략에는 크게 공급감소 전략supply-reduction strategy과 수요감소 전략demand-reduction strategy이 있다. 두 가지 전략 중에서 국제시민사회의 연대를 통해 할 수 있는 것은 전자의 전략에서 대체 작물 재배이며 후자의 전략에는 사전 예방 교육, 사후 치료 재활, 직업 교육 등이 있다.

---

41 이정옥, 〈글로벌리제이션 시대에 아시아 시민사회의 역할〉, 서강대학교: 한국 NGO학회 국제학술회의, 2007.9.7.

42 2006년 2월 아시아시민사회연대회의 Solidarity for Asian People's Solidarity의 출범과 2007년 11월 ASEAN 헌장의 채택으로 동아시아에서 국제 시민사회의 연대는 이제 걸음마 단계를 시작했다. 상세한 내용은 이성훈, 〈동아시아 시민연대: ASEAN 헌장과 시민사회운동의 대응〉, 《동아시아 브리프》 3권 1호, pp.109~115.

그러나 이를 위해서 인적 자원은 차치하더라도 막대한 외부자금이 필요하다. 2006년 라오스정부의 1년 예산 중 약 50%가 외국 원조이며 그 원조의 약 50%가 일본에서 지원되고 있다.[44] 또한 미국 정부는 라오스-미국 협력프로젝트의 일환으로 라오스의 아편 중독자들의 재활 치료, 직업 교육, 그리고 대체 농작물 재배 교육을 위해 약 50만 달러를 기부했다.[45] 1997년 베트남에서 헤로인 중독자들의 재활을 위해 허브치료를 통한 새로운 방법이 도입됐다. 이 프로그램은 당시 UN 사무총장이었던 코피아난Kofi Annan과 미국의 존스 홉킨스 대학의 의학리서치센터 및 버지니아의대 마약의존센터와 공동으로 추진됐다.[46] 이처럼 아시아에서 국제시민사회의 공조를 정착시키기 위해서는 우선 UN과 같은 공식적 국제기구 혹은 '국경없는의사회'와 같은 비공식적 기구와 함께 추진하는 것이 필요하다. 이를 토대로 이들의 재활과 직업 창출을 위한 방법에서 진정한 국제시민사회의 연대가 필요한 것이다.

일례로 UNODC는 2003년에 미얀마 정부의 공식 치료 프로그램이 아닌 커뮤니티기반 치료 프로그램community-based treatment program을 도입하여 2004~2007년 동안 약 1만 명의 중독자를 치료했다.[47] 미얀마 정부는 NGO(Care Myanmar, World Concern, Population Services International)와 상호 협력하여 AIDS 확산을 방지하기 위해 마약 사용자의 주사기 사용을 억제했다. 또한 미얀마 정부는 UN은 물론 지역 및 국제 NGO의 지원 하에 헤로인 중독자들에게 메사돈 유지 프로그램methadon maintenance program을 지원했다.[48]

---

43 처벌 위주가 아닌 치료 위주의 주요 마약 정책으로 비범죄화de-criminalization, 해악 감소harm-reduction, 주사기 교환needle exchange, 마약 유지drug maintenance, 의학용 마리화나medical marihuan 등이 있다. 미국의 경우 1990년대 초 애리조나와 캘리포니아가 처음으로 의학용 마리화나를 허용했다.

44 조영신, "라오스-EU 마약근절 및 산업발전 지원 논의", 미션투데이, 2006.2.18.

45 조영신, "라오스, 아편중독자 재활치료", 미션투데이, 2006.9.22.

46 BBC News, "Vietnam's new approach to drugs", 1997.11.7.

47 INCSR, 앞의 글, p.283.

48 INCSR, 앞의 글, p.284.

5. 아시아 마약밀매의 개선 방안

이 글은 세계화라는 세계적인 상호 의존과 상호 연계의 과정에서 부정적 부산물로 부상한 글로벌 차원의 마약밀매의 초국가성을 간단히 살펴보았다. 전통적으로 국내 수준에서 통제할 수 있는 마약 관련 범죄성이 점차 일국의 국경을 초월하고 있다는 의미다. 그리고 그와 같은 마약밀매의 초국가성이 아시아에서 나타난 현황과 농민들에의 영향에 대해서도 탐구했다. 그에 따라 시민사회의 역할, 특히 가능하면 시민사회의 아시아연대에 대한 필요성의 담론을 간단히 언급했다. 왜냐하면 마약밀매의 초국가적 범죄성이 국민의 건강과 생명을 위협하고 나아가 마약 문제로 사회의 가장 기초 단위인 가정을 파괴하는 폐해를 최소화할 필요가 있기 때문이다. 한마디로 '국제마약밀매의 세계화'에 따라 그에 대한 대책 역시 '국제시민사회 공조의 세계화'로 나아갈 필요가 있음을 강조한다.

결론적으로 아프간과 미얀마에서 일어나는 마약밀매의 해결은 장기 과제다. 아프간의 경우 탈레반과 친미적인 카르자이Karzai 정부와의 상생은 현실적으로 거의 불가능하다. 더욱 우려스러운 현실은 장래 카르자이 정부에 대한 미국의 군사적 지원이 없을 경우 양측의 내전은 악화될 것이고, 이는 아프간의 마약밀매를 더욱 부추길 것이다. 장래 탈레반 측이든 카르자이 정부 측이든 아프간의 통일이 이루어져도 외부의 전폭적인 지원이 없을 경우 아프간의 마약밀매는 지속될 것이다. 한마디로 아프간의 내전이 종식될 때까지는 아프간 마약밀매를 종식시킬 수 있는 뾰족한 방법이 없다는 것이다. 미얀마의 상황은 아프간과는 조금 다르다. 군사독재정권이 장악하고 있는 미얀마 역시 아프간처럼 분쟁 지역이지만 아프간이 기본적으로 종교와 종족 분쟁이 뒤섞인 양상을 보이는 반면 미얀마의 경우 종족 분쟁의 성격이 강하고 내전의 양상이 아프간에서처럼 강하지 않다. 따라서 아프간과는 달리 미얀마 지역에서 시민사회의 역할이 반독재 및 반정부와 같은 정치적 성격만 띠지 않는다면 마약 재배가 이루어지고 있는 북부 지역에서의 시민사회 활동이 나름대로 의미있을 것이다.

특히 미얀마의 경우 본문에서 지적한 것처럼 시민사회가 마약밀매 및 마약 재배 문제보다는 마약 사용에서 파생되는 AIDS 문제에 더 심혈을 기울일 필요가 있다. 70년대 중반에 서구(특히 네덜란드)에서 나타난 마약 사용과 AIDS의 관계가 물질 만능의 부정적 산물이라면 미얀마의 경우 그 문제의 근원은 가난이다. 물론 이런 가난의 근원 또한 거시적으로 볼 때 독재정권이라는 사회의 구조적 문제에서 나타나지만 이는 장기 과제다. 미얀마에서 마약 사용과 AIDS를 최소화하는 단기 전략은 시민사회가 가난을 극복할 대안을 마련하는 것이다. 이를 위해 미얀마 시민사회와의 연계가 필요하다. 그리고 미얀마에서 활동 영역을 확보하기 위해서는 탈정치적인 단체와의 연대가 우선적으로 필요하다. 그들과의 공조를 통해 교육 활동과 계몽을 통한 직업 창출이 최우선 과제다. 이를 위해 지원 국가에서는 해외개발원조자금ODA을 해외에서 활동하는 시민사회에 간접적으로 제공하는 방안이 필요하다.

참고문헌

국내문헌

국가정보원, 《마약류 용어해설》, 2003.

이성훈, 〈동아시아 시민연대: ASEAN 현장과 시민사회운동의 대응〉, 《동아시아 브리프》 3권 1호, 2008.

이정옥, 〈글로벌리제이션 시대에 아시아 시민사회의 역할〉, 서강대학교: 한국NGO학회 국제학술회의, 서강대학교, 2007.9.7.

조성권, 〈국제조직범죄와 정치부패의 유형에 관한 연구〉, 《국제 지역연구》 5권 3호, 2001.

_____, 〈21세기 국가 反마약정책의 새로운 패러다임〉, 《21세기 한국 마약정책의 새 방향》, 서울: 한성대학교 국제대학원, 2002.

_____, 강문구, 〈탈냉전이후 국제정치의 무질서에 대한 분석과 전망: 테러리즘과 마약밀매를 중심으로〉, 《국가전략》 제 9권 2호, 2003.

해외문헌

BBC News. "Vietnam's new approach to drugs". 1997.11.7.

_____, "Burma's powerful drug industry". 2000.6.6.

Caulkins, Jonathan P. "Developing Price Series for Cocaine". *Rand.* 1994.

Cooley, John K. "Unholy Wars: Afghanistan". *American and International Terrorism.* Pluto Press, 2000.

Holden-Rhodes, J. F., and Lupsha, Peter A. "Horsemen of the Apocalypse: Gray Area Phenomenon and the New World Disorder". *Low Intensity Conflict & Law Enforcement,* Vol.2, No.2, 1993.

International Narcotics Control Strategy Report, 1996 · 2007 · 2008.

Lintner, Bertil. *Territory Briefing: Cross-Border Drug Trade in the Golden Triangle (S.E. Asia).* Boundaries Research Press, 1991.

_____, "Heroin and Highland: Insurgency in the Golden Triangle". Alfred W. McCoy & Alan A. Block(ed.). *War On Drugs: Studies in the Failure of U.S. Narcotics Policy.* Westview Press, 1992.

Lupsha, Peter A. "Transnational Organized Crime versus the Nation-State". *Transnational Organized Crime.* London: A Frank Cass Journal, Spring, 1996.

Martin, John M. and Romano, Anne T. "Multinational Crime: Terrorism". Espionage, *Drug & Arms Trafficking.* Newbury Park, CA: Sage, 1992.

McCoy, Alfred W. "The Politics of Heroin". Chicago, IL: Lawrence Hill Books, 1991.

New York Times. 1995.11.15. p.A6.

Shank, Michael and Dellawar, Shukria. "An Opium Alternative for Afghanistan", Foreign Policy in Focus Commentary. 2007.10.25.

Sheehan, Daniel. "A Professional Investigative Report on the Interface between U.S. Covert Operations from 1938 to 1988 & International Narcotics Trafficking". Conference Paper, held at the University of Wisconsin at Madison, 1990.

Steger, Manfred B. *Globalization: A Very Short Introduction*. Oxford University Press, 2003.

Wolfe, Daniel and Malinowska-Sempruch, Kasia. *Illicit Drug Policies and the Global HIV Epidemic*. New York: Open Society Institute, 2004.

Weiss, Roger D. et al. *Cocaine*. Washington, DC: American Psychiatric Press, 1994.

기타 자료

김현진, "마약과 반군으로 위험에 처한 아프가니스탄", 미션투데이, 2007.7.24

박문정, "아프간, 합법적인 아편 재배 요청 거절", 미션투데이, http://www.mission-today. co.kr/, 2005.10.6.

연합뉴스, "美, 아프간 양귀비 근절 新전략 추진", 2007.8.10.

이정식 연출, "양귀비의 나라: 아프가니스탄", 《세계와 나 W》, MBC, 2005.7.22.

전호진, "아프간, 마약생산 통제 불능상태", 미션투데이, 2007.6.27.

조영신, "라오스, 아편중독자 재활치료", 미션투데이, 2006.9.26.

______, "라오스-EU 마약근절 및 산업발전 지원 논의", 미션투데이, 2006.2.8.

______, "소수민족 핍박에 NGO들이 돕고 있다." 미션투데이, 2007.11.29.

지은경, "아프가니스탄, 마약 근절 작전 중 총격전", 미션투데이, 2006.5.17.

최혜림, "아프가니스탄, 아편 재배 40% 증가", 미션투데이, 2004.9.7.

BBC News. http://news.bbc.co.uk/hi/english/uk/newsid_1575000/ 1575510.stm, 2001.10.6.

Norton-Taylor, Richard. "The Poppy: Helmand's biggest problem". http://www. Guardian.co.uk. 2007.12.11

Walker, Richard. "Coalition Generals Splint on Afghan War". Http:// American Free Press.net/, 2008.1.28

제2장

동아시아의 빈곤과 시민사회

박번순

박번순 朴繁洵

한국외국어대학교 대학원 무역학과를 졸업(경영학 박사)하고, 현재 삼성경제연구소 동남아 및 동아시아 경제통합 연구소에서 재직 중이다. 지은 책으로는 《동남아 기업의 위기와 구조조정》(2005), 《아시아 경제 공존의 모색》(2005), 《아시아경제 힘의 이동》(2006) 등이 있다.

동아시아의 빈곤과 시민사회

1. 동아시아사회와 빈곤

한국 속담에 "가난 구제는 나라도 못 한다"는 말이 있다. 국가조차도 빈곤 문제를 해결하기 어렵다는 말이다. 현재 동아시아는 절대 빈곤뿐만 아니라 상대 빈곤까지 다양한 형태의 빈곤 문제를 갖고 있고, 빈곤의 발생 원인도 부존 자원의 부족, 정치·경제적으로 경제 발전 모델 선택의 문제, 그리고 개방과 관련한 문제 등으로 복합적이기 때문에 이 말은 더욱 적합한 것 같다. 분명한 것은 현재 동아시아가 개방을 통해서 경제성장을 하고 있기 때문에 빈곤 문제 또한 국제적으로 연결되어 있으며 이의 구제를 위해서 '나라'가 아닌 '국제적 공조'가 필요해졌다.

빈곤Poverty은 다양한 측면을 갖고 있다. 그래서 세계은행은 "빈곤은 굶주림이요, 빈곤은 살 집이 부족한 것이고, 빈곤은 병든 것이며, 의사를 볼 수 없는 것이고, 빈곤은 학교에 가기 어려운 것이며 읽을 수 없는 것이다. 또한 빈곤은 직업이 없는 것이고, 미래가 두려운 것이며, 오염된 물에 기인한 병으로 아이를 잃는 것이고, 빈곤은 권력이 없는 것이며, 자신을 대표할 사람이 없는 것이며 자유가 결핍된 것이다"[1]라고 정의한다. 이처럼 빈곤은 많은 얼굴을 하고 있으며 장소와 시간에 따라 그리고 많은 방법으로 표현되고 정의된다. 가장 흔하게 빈곤은 사람이 도피하기를 원하는 상황이다.

동아시아는 1970년대 이후 공업화를 통해 고도성장을 달성하는 과정에서 빈곤 문제를 국제 문제로 인식하지는 않았다.[2] 경제 성장으로 빈곤이 해소되는 것 같았기 때문이고 동아시아 내에서 제도적·정서적 협력이 강하지 않았기 때문이다. 그러나 1990년대 중반 이후 동아시아는 빈곤 문제에 대해 새로운 인식을 하기 시작했다. 먼저 베트남, 미얀마, 라오스, 캄보디아 등 소위 CLMV국가가 아세안에 가입하면서 계획경제에서 시장경제시스템을 완전히 수용하기 시작한 것이다. 물론 베트남 등이 1980년대 후반부터 개방과 개혁을 시작했으나 아세안 가입으로 이들은 세계에 체제 전환을 완료했음을 선언한 것이다. 동아시아에서 중요한 발언권을 가진 아세안은 역내의 무역 자유화를 목표로 한 아세안자유무역지대AFTA를 추진하고 있었으나 저소득 국가군인 CLMV가 가입하면서 AFTA는 당초와는 달리 경제 발전 수준에 따라 순차적으로 관세 철폐 시기를 설정하기로 했다. 즉 국가 간 경제 발전의 격차, 소득 격차가 중요한 변수로 등장한 것이다. 또 하나는 1997년 외환 위기였다. 태국에서 시작된 외환 위기는 인도네시아와 홍콩을 거쳐 한국에까지 이르러 동남아와 동북아 경제가 예상보다 훨씬 깊은 수준으로 통합되어 있다는 것을 알려주었다. 더욱 중요한 것은 외환 위기로 말미암아 그동안의 경제 성장으로 빈곤에서 탈출했던 저소득층의 상당수가 다시 빈곤 인구로 전락했으며 양극화의 진전으로 소득 격차 문제도 확대되었다는 것이다.

이러한 배경으로 동아시아의 빈곤 문제는 개별 국가 차원의 문제에서 국제 차

---

1 세계은행 홈페이지 Poverty의 Overview, http://web.worldbank.org/WBSITE/EXTERNAL/TOPICS/EXTPOVERTY/0,,contentMDK:20153855~menuPK:373757~pagePK:148956~piPK:216618~theSitePK:336992,00.html

2 동아시아는 한중일 3국, 대만, 홍콩, 그리고 동남아로 구성된다. 동남아 10개국은 1995년 이전 이미 아세안을 구성한 싱가포르, 말레이시아, 태국, 인도네시아, 필리핀, 브루나이 등 선발 6개국과 1995년 이후 아세안에 가입한 소위 CLMV(캄보디아, 라오스, 미얀마, 베트남) 후발 4개국으로 구성된다. 일본, 한국, 대만, 홍콩, 싱가포르는 절대 빈곤 문제는 거의 해결했다. 여기서는 주로 중국과 동남아를 대상으로 빈곤 문제를 논의하기로 한다.

원의 문제로 인식되기 시작했다. 공식적으로 빈곤 퇴치를 위한 정책적 노력이 등장하기도 했는데, 예컨대 인도차이나 4국과 중국이 아시아개발은행ADB이 발굴한 메콩강 유역 개발계획을 추진하고자 한 것도 빈곤 퇴치가 중요한 목적이었다. 그러나 보다 적극적인 의미에서 빈곤 문제 해결을 위한 국가 간 협력은 구체적으로 찾아보기 힘들다. 빈곤 문제에 대한 시민사회에서의 협력도 동일하다. 시민사회 혹은 비정부기구들이 빈곤 문제를 해결하기 위해 공동의 프로그램을 구축한다는 것은 현실적으로 어렵고 동아시아에서는 빈곤의 원인이나 현상을 해결하거나 대처하기 위한 시민사회의 협력 또한 찾아보기 힘들다.

이 글은 동아시아 빈곤의 실태와 성격을 살펴보고, 이러한 빈곤 문제의 해결을 위한 시민사회의 역할에 대해서 살펴보기로 한다. 다음 2절에서는 동아시아의 빈곤 실태를 살펴보고, 3절에서는 소득불균형의 배경에 대해서 살펴본다. 4절은 빈곤 문제 해결을 위해 시민사회의 역할이 어떠해야 하는가를 제시하기로 한다.

2. 동아시아 빈곤의 현황과 성격

2.1 동아시아 빈곤의 실태

소득과 소비에서 본 빈곤의 변화

동아시아의 1인당 소득(2006)을 2000년 불변 가격 기준으로 보면 싱가포르가 2만 7,125달러로 가장 높으며 캄보디아와 라오스가 각각 445달러 및 439달러로 가장 낮다. 베트남의 1인당 소득은 576달러로 캄보디아 및 라오스에 비해 약간 더 높다. 통계를 구할 수 없지만 미얀마의 1인당 소득은 베트남보다는 낮고, 다른 두 국가에 비해서는 다소 높을 것으로 판단된다. 동남아 선발 6개국 중 인도네시아가 1인당 소득 983달러로 가장 낮으며 필리핀이 그보다 약간 많은

1,155달러다. 중국의 1인당 소득은 필리핀보다 더 많은 1,598달러 수준이다. 말레이시아와 태국의 소득은 중진국 수준이며, 싱가포르에 비해서는 아직 훨씬 낮은 수준이다.

동아시아 국가들이 본격적으로 경제 개발을 시작한 시기는 국가별로 다르다. 일본은 이미 1950년대에 경제 개발을 시작했고, 신흥공업국들도 1960년대에는 경제 발전을 시작했다. 아세안 선발 국가들도 이미 1960년대부터 독자적인 경제 발전 정책을 시작했지만 CLMV국가들은 1980년대 후반에, 그리고 중국은 1970년대 후반에 각각 경제 발전을 시작했다. 아세안 선발국 중 성장률이 낮았던 필리핀을 제외한 싱가포르, 말레이시아, 태국, 인도네시아 4국은 1990년대 중반까지 빠른 성장을 했으며 세계은행(1993)은 이들과 일본, 한국, 대만, 홍콩을 동아시아의 고도성장국 8국으로 지칭하여 그들의 고도 성장의 원인과 배경에 대해 특별 연구를 하기도 했다.

경제성장은 1인당 소득의 증가를 의미하며 다른 조건이 일정하다면 1인당 소득의 증가는 국민을 빈곤으로부터 해방시킨다. 실제로 동아시아 국가들은 지난 수십 년 동안 성장으로 빈곤 문제 해결에 상당한 성공을 거두었다. 다음의 〈표1〉은 1993년 구매력평가PPP 기준으로 하루 1인당 소비 1달러와 2달러를 빈곤선으로 설정한 빈곤 인구의 비율과 빈곤 인구를 정리한 것이다. 하루 1인당 1달러 소비를 기준으로 하면, 동아시아의 빈곤 지수는 1990년 29.6%에서 2007년 6.4%로 감소했고, 이 기간 빈곤 인구는 약 4.6억 명에서 1.2억 명으로 감소했다. 2달러를 기준으로 할 때 빈곤율은 1990년 68.8%에서 2007년 26.5%로, 빈곤 인구는 전체 10.6억 명에서 4.9억 명으로 감소했다. 이 기간에 실로 빠른 속도로 빈곤 문제가 해소되었음을 알 수 있다.

국가별로는 중국이 빈곤 문제를 빠르게 해결함으로써 2007년 1달러 기준의 빈곤율은 6.3%에 불과하게 되었고 2달러 기준의 빈곤율도 21.7%로 1990년의 69.9%에 비해 급속히 하락했다. 말레이시아의 경우, 2007년 1달러 기준 빈곤 인

표1 동아시아의 1인당 GDP(2000년 불변 가격 기준)

	1970	1980	1985	1990	1995	2000	2006
중국	122	186	290	392	658	949	1,598
캄보디아	n.a	n.a	n.a	n.a	225	286	445
인도네시아	235	397	475	612	827	800	983
라오스	n.a	n.a	218	231	274	332	439
말레이시아	1,103	1,848	2,081	2,511	3,471	3,881	4,535
필리핀	733	989	821	918	913	996	1,155
싱가포르	4,531	9,043	10,866	14,658	19,359	23,019	27,125
태국	516	796	956	1,462	2,086	2,023	2.601
베트남	n.a	n.a	202	227	305	402	576

출처: 세계은행, WDI DB(검색일: 2008.6.7)

구는 전체 인구의 0.5% 미만이고 태국의 경우도 1.5% 정도로 빈곤 인구는 100만 명 정도에 불과하다. 이에 비해 인도네시아와 필리핀은 견실한 경제성장에도 불구하고 아직 빈곤 인구가 많이 남아있는데 2007년 현재 소비 1달러 기준의 빈곤 인구 비율은 각각 6.7% 및 11.9%로 빈곤 인구도 1,550만 명과 1,060만 명에 이르고 있다. 양국은 중국을 제외하면 동아시아에서 가장 많은 빈곤 인구를 가진 국가들이다. 1975년 남북이 통일된 이후 오랜 기간 사회주의 계획경제체제를 유지했던 베트남은 1980년대 후반 들어 개방을 시작했지만 1달러 소비 기준 빈곤율은 인도네시아나 필리핀보다 오히려 낮아 4.0%에 불과하고 빈곤 인구도 340만 명에 불과하다. 저개발국인 캄보디아와 라오스의 빈곤 인구 비율은 2007년 각각 9.3% 및 14.4%로 높지만 전체 인구 규모가 작기 때문에 빈곤 인구도 140만 명과 9만 명에 불과하다.

한편 2달러를 기준으로 하면 말레이시아를 제외한 대부분의 국가는 여전히 빈곤 인구 비율이 높다. 말레이시아의 빈곤 인구는 전체 인구의 2.8%, 70만 명으로 빈곤 문제를 해결한 것 같다. 태국에는 여전히 전체 인구의 21.4%인 1,410만 명

표2 동아시아의 빈곤 지수(소비 기준)

	조사 년도	1달러 기준		2달러 기준	
		비율	인구(백만 명)	비율	인구(백만 명)
동아시아 전체	1990	29.6	456.9	68.8	1,060.8
	2000	14.2	247.5	47.0	818.4
	2007	6.4	118.8	26.5	490.3
중국	1990	31.5	360.6	69.9	799.6
	2000	15.4	194.8	44.8	567.4
	2007	6.3	83.7	21.7	286.6
말레이시아	1990	2.0	0.4	18.5	3.4
	2000	〈0.5	-	12.6	2.9
	2007	〈0.5	-	2.8	0.7
태국	1990	12.5	7.0	47.0	26.1
	2000	5.2	3.2	35.6	22.0
	2007	1.5	1.0	21.4	14.1
인도네시아	1990	20.6	36.7	71.1	126.7
	2000	9.9	20.9	59.5	125.3
	2007	6.7	15.5	45.2	105.3
필리핀	1990	19.1	12.0	53.5	33.5
	2000	13.5	10.3	47.2	36.0
	2007	11.9	10.6	44.9	39.8
베트남	1990	50.8	33.6	87.0	57.6
	2000	15.2	12.1	63.5	50.7
	2007	4.0	3.4	32.9	28.1
캄보디아	1990	32.5	3.4	76.3	7.9
	2000	22.6	2.9	67.8	8.6
	2007	9.3	1.4	50.5	7.4
라오스	1990	53.0	2.2	89.6	3.7
	2000	33.9	1.8	79.4	4.3
	2007	14.4	0.9	62.3	4.0

출처: 세계은행, East Asia & pacific Update, April 2008(동아시아 전체에는 상기 국가들 외에 한국, 파푸아뉴기니가 포함됨).

이 빈곤 상황에서 벗어나지 못하고 있으며, 인도네시아에서도 45.2%의 인구, 즉 1억 명 이상이 빈곤에 허덕이고 있다. 필리핀 44.9%, 베트남 32.9%, 캄보디아 50.5%, 그리고 라오스 62.3%의 인구가 빈곤 상태라고 할 수 있다. 경기 변동에 따라 동아시아 국가들에게 빈곤 문제가 중요한 경제 문제로 대두될 수 있음을 시사한다.

동아시아의 빈곤 인구는 시간이 경과함에 따라 급속히 줄어들었다. 말레이시아는 말할 필요도 없고 태국의 경우, 1달러 기준의 빈곤 인구는 1990년 12.5%에서 2007년 1.5%로 줄어들었고 인도네시아와 필리핀의 경우도 동일하다. 특히 베트남의 경우 1달러 기준의 빈곤 인구는 1990년 전체 50.8%에서 2007년 4.0%로 극적으로 줄어들었고 2달러 기준으로도 87%에서 32.9%로 감소함으로써 다른 어느 나라에 비해서도 빈곤을 성공적으로 감축한 것으로 나타난다. 대신 저개발국인 캄보디아와 라오스의 경우 상대적으로 빈곤 감소 속도가 완만한 편이다. 동아시아의 빈곤 인구 추이를 보면 경제성장이 빈곤 해결의 중요한 수단임을 다시 한 번 확인할 수 있다.

사회 · 경제적 차원에서 본 빈곤의 진화

빈곤의 실태는 소득과 소비 이외의 다른 현상에서도 살펴볼 수 있다. 가장 중요한 것은 보건과 관련된 것이다. 빈곤 상태에서 태어난 아이는 건강하지 못하고 사망률이 높다. 〈표3〉에서는 먼저 5세 미만 유아 중에서 저체중 비율을 볼 수 있다. 조사 시점은 다르지만 대체로 소득 수준이 낮은 국가에서 저체중 아동 비율이 높다는 사실을 알 수 있다. 즉 캄보디아, 라오스, 미얀마 등 후발 국가 유아들의 저체중 비중이 높다. 또한 필요한 최저 음식량 섭취 이하의 인구비율 역시 소득 수준과 밀접한 관계를 맺고 있다. 2001~2003년 기간에 캄보디아 인구 중에서 33%는 최저 영양을 섭취하지 못했으며, 라오스의 경우 21%, 베트남도 17%의 인구가 최저 영양을 섭취하지 못했다. 놀라운 사실은 상대적으로 선진국인 태국

표3 동아시아 국가의 영양 섭취 상황

국가	5세 미만 아동 중 저체중 비율(%)		최저 영양 섭취 이하 인구 비율		
	1990	2003	1990~1992	1995~1997	2001~2003
중국	19	8('02)	16	12	12
캄보디아	40('94)	45('00)	43	46	33
인도네시아	26('99)	28	9	6	6
라오스	44('93)	440('00)	29	28	21
말레이시아	25	11	3	3	3
미얀마	32	32	10	7	5
필리핀	34	28	26	22	19
태국	19('93)	18('95)	30	23	21
베트남	41('93)	25('03)	31	23	17

출처: 저체중 통계는 ADB, Key Indicators(2007), 중등학교 취학률은 WDI(검색일: 2008.6.7), 영양 섭취 인구는 ADB, key Indicators(2006)임(영양 섭취의 중국 통계는 대만, 홍콩, 마카오를 포함).

표4 유아사망률 및 기대 수명 추이

	유아사망(5세 이하, 1,000명당)			출생 시 기대 수명		
	1960	1990	2006	1960	1990	2006
중국	-	45.4	23.7	36.3	68.9	72.0
브루나이	86.9	11.0	8.8	62.4	74.2	77.1
캄보디아	n.a	115.8	82.2	42.6	54.0	58.9
인도네시아	216.0	91.0	33.6	41.5	61.7	68.2
라오스	235.0	163.0	74.6	43.8	54.6	63.9
말레이시아	113.0	22.0	11.6	54.3	70.3	74.0
미얀마	252.0	130.0	104.0	43.9	59.0	61.6
필리핀	110.0	62.0	31.6	53.4	65.6	71.4
싱가포르	40.0	8.0	2.8	63.7	74.3	79.9
태국	148.1	31.0	7.8	55.1	67.0	70.2
베트남	112.0	53.0	16.8	44.1	64.8	70.8

출처: WDI, 2008.6.7.

과 필리핀의 경우도 각각 21% 및 19%가 최저 영양을 섭취하지 못해 경제 발전 수준이 더 낮은 후발 국가에 비해서도 더 높게 나타나고 있다.

경제성장에 따라 위생과 영양상태가 개선되면 수명은 길어진다. 다음 〈표4〉는 동아시아 국가의 5세 미만의 유아사망률을 시기별로 정리한 것이다. 2006년 현재 1,000명 신생아 중 5세 미만에 사망한 수는 브루나이 8.8명, 싱가포르 3명, 태국 7.8명 등으로 낮지만 미얀마의 경우 104명, 캄보디아 82.2명 그리고 라오스 74.6명 등으로 저소득 국가일수록 높게 나타났다.

그러나 국가별로 유아사망률의 차이는 현저하다. 미얀마의 최근 수준은 45년 전인 1960년의 말레이시아, 필리핀, 그리고 베트남의 유아사망률과 큰 차이가 없으며 당시 싱가포르에 비해서는 훨씬 높은 수준이다. 캄보디아의 경우도 1970년의 말레이시아보다 더 높으며 필리핀, 베트남 등과 유사한 수준이다. 유아사망률에서 급속한 개선을 이룬 인도네시아 및 필리핀의 경우도 2005년 현재 수준은 1970년의 싱가포르에 미치지 못하고 있으며 1980년 말레이시아의 수준과 비슷하다.

위생 및 보건의료의 개선으로 동아시아인의 기대 수명도 대폭 개선되었다. 2006년 현재 싱가포르의 신생아는 79.7세의 수명을 기대할 수 있고 가장 기대 수명이 낮은 캄보디아가 57.0세 그리고 미얀마의 신생아는 61.1세의 기대 수명을 기대할 수 있다. 시간 경과에 따라 기대 수명은 계속 증가해 왔는데 1960년 인도네시아인의 기대 수명은 41.5세였기 때문에 45년 이후에 태어난 인도네시아인은 평균 26.3세를 더 살게 된 것이다. 말레이시아의 경우도 이 기간에 거의 20세 가까이 기대 수명이 증가했고, 태국의 경우도 14세 정도, 베트남의 경우는 더 높은 26세 정도로 기대 수명이 높아졌다.

2.2 동아시아 빈곤의 성격

국가 간 격차의 존재

동아시아의 절대 빈곤의 문제는 어느 정도 해결했다. 비록 1인당 하루 2달러 소비를 기준으로 할 때 아직 빈곤율이 높아 빈곤 경계선에 상당 인구가 몰려있지만, 1달러 소비를 기준으로 하는 절대 빈곤은 동아시아 신흥공업국(한국, 대만, 홍콩, 싱가포르) 등은 모두 해소했고 동남아의 경우도 말레이시아, 태국은 거의 해결했다고 할 수 있다. 사회 · 경제적으로도 교육의 기회는 확대되었고, 보건 상태도 개선되었다. 사실상 인도차이나의 최저개발국을 제외하면 절대 빈곤은 대부분 해결한 것이다.

그러나 국가 간 빈곤 해소 수준에는 상당한 차이가 있다. 인도차이나 국가들 중에서는 아직 빈곤 문제로 어려움을 겪고 있으며 특히 사회 · 경제적 차원의 빈곤 상황은 국가 간 큰 차이가 있다. 1인당 소득에서 동아시아 국가들은 과연 같은 동아시아에 속하고 있는가 의심스러울 정도로 차이를 보인다. 캄보디아, 라오스, 미얀마, 베트남 등의 1인당 소득은 2000년 불변 가격으로 500달러 수준에 불과한 반면 싱가포르의 경우 2만 7,125달러에 이르고 말레이시아, 태국 등도 인도차이나 4개국에 비하여 다섯 배 이상의 소득 수준에 이르고 있다.

미얀마에서 5세 미만에 사망하는 유아가 1,000명당 미얀마가 100명이 넘는다는 사실은 우리를 놀라게 한다. 캄보디아, 라오스에서도 여전히 1,000명당 70~80명이 5세 미만에 사망하고 있다. 이에 비하여 말레이시아 및 태국 등은 10명 수준으로 양호한 편이다. 기대 수명 역시 국가 간에 큰 차이가 있다. 전반적으로 다른 지표에 비해 큰 격차가 없어 보이지만, 같은 동남아에 있으면서도 싱가포르에서 태어난 어린이는 캄보디아에서 태어난 어린이보다 20년은 더 살 것으로 예상된다. 교육 기회의 격차도 여전하다. 중국, 필리핀, 태국, 베트남이 높은 교육열을 보이고 있는데 인도차이나 국가들의 교육 기회는 아주 낮다.

표5 동아시아의 국가 간 격차 현황(2006)

	1인당 소득 (2000년 불변)	빈곤 인구 비율(2007)		5세 미만 사망률 (천 명당)	기대 수명	중등학교 취학률
		1달러 기준	2달러 기준			
중국	1,598	6.9	22.9	23.7	72.0	75.5
캄보디아	445	9.3	50.5	82.2	58.9	38.2
인도네시아	983	6.7	45.2	33.6	68.2	62.2('05)
라오스	439	14.4	62.3	74.6	63.9	43.5
말레이시아	4,535	〈0.5	2.8	11.6	74.0	n.a
미얀마	-	-	-	104.0	61.6	49.0
필리핀	1,155	11.9	44.9	31.6	71.4	84.8('05)
싱가포르	27,125	-	-	4.1	79.9	63.2('05)
태국	2,601	1.5	21.4	12.9	70.2	78.1
베트남	576	4.0	32.9	30.0	70.8	75.7

출처: WDI(검색일: 2008.6.7)

동아시아의 국가 간 소득 격차는 위생에서도 차이를 보인다. HIV/AIDS의 보균자 상황도 동아시아에서 큰 차이가 있다. 2005년 말 동아시아에서 인구 15~49세 내 보균율은 캄보디아 1.6%, 미얀마 1.3%, 태국 1.4% 그리고 베트남 0.5% 등으로 나타나고 있다.[3]

한편 여기서 알 수 있는 사실 하나는 소득의 높고 낮음과 사회·경제적 발전이 반드시 일대일의 관계를 갖는 것은 아니라는 것이다. 예컨대 필리핀과 베트남을 보면 잘 알 수 있다. 필리핀의 1인당 소득은 베트남의 두 배 수준에 이르고 있지만 1달러 기준의 빈곤 인구 비율은 베트남에 비해 두 배 이상 높다는 점이다. 5세 미만의 유아사망률도 필리핀이 베트남보다 더 높다. 이러한 차이는 베트남이 사회주의 체제에서 시장경제를 도입한 역사가 짧고, 필리핀은 정치·사회적 과두

3 UNESCAP, *Economic and Social Survey of Asia and the Pacific 2008*, 2008, p.173.

체제가 사회민주주의를 지체시킨 때문인 것으로 보인다.

상대적 격차의 확대

개별국가 차원에서 절대 빈곤 문제가 빠른 속도로 해소되고 있지만 상대적 빈곤 문제는 오히려 악화되고 있다. 아시아개발은행의 1990년대 동아시아의 지니계수 변화 조사에 따르면(〈표6〉 참조) 중국, 캄보디아, 라오스, 베트남, 필리핀 등의 지니계수가 증가했다. 태국, 말레이시아, 인도네시아의 경우 소득 불평등이 개선되었으나 태국을 제외한 두 국가의 개선 폭은 매우 미미하다. 또한 소득 5분위를 기준으로, 최하위 소득 계층에 비해 최상위 소득 계층의 소득 배율 또한 몇 개국을 제외하고는 증가했다. 소득 격차가 가장 심한 국가는 필리핀으로, 현재 최상위 20%의 소득이 최하위 20%의 소득에 비해 2003년 현재 9.11배에 이르고 있으며 태국의 경우도 7.72배에 이르고 있다. 여기서도 인도네시아, 말레이시아, 태국의 소득 격차가 개선되었으나 인도네시아와 말레이시아의 개선 폭은 몹시 작다는 사실을 알 수 있다. 즉 소득 분배가 개선된 국가의 개선 폭은 크지 않은 대신에, 악화된 국가의 악화 정도는 크다는 것이다.

소득 격차의 문제는 다른 차원에서도 확인할 수 있다. 예컨대 저소득 계층의 교육 기회는 고소득 계층의 교육 기회에 비해서 훨씬 적다. 1999~2003년 동안 초등학교에 취학하지 못하고 있는 아동의 비율은 캄보디아에서 34.7%이었으나, 최하위 소득 계층의 경우 절반이 넘는 52.4%의 취학 연령 아동이 학교에 다니지 못하고 있었다. 반면 최상위 소득 계층에서는 14.3%의 아동만이 학교에 다니지 못하고 있었다.

이런 현상은 다른 나라에서도 동일하게 나타나고 있었다. 특히 비취학 아동 비율이 가장 높은 라오스의 경우 전체 비취학 아동 비율이 37.9%였는데, 최하위 소득계층의 아동은 60%가 학교에 다니지 못한 반면 최상위 소득 계층은 12.7%만이 학교에 다니지 않았다. 유아사망률의 경우도 소득 간 큰 차이가 있다. 캄보

표6 동아시아 국가의 소득 불균형 변화

국가	기간	지니계수		최상위 20%		최하위 20%	
		초년도	최종 년도	연평균 증가율 (%)	초년도	최종 년도	연평균 증가율 (%)
중국	1993~2004	40.74	47.25	1.35	7.57	11.37	3.7
캄보디아	1993~2004	31.80	38.05	1.63	5.24	7.04	2.68
인도네시아	1993~2002	34.37	34.30	-0.02	5.20	5.13	-0.15
라오스	1992~2002	30.40	34.68	1.32	4.27	5.40	2.35
말레이시아	1993~2004	41.22	40.33	-0.02	7.72	7.70	-0.02
필리핀	1993~2003	42.89	43.97	0.28	8.34	9.11	0.98
태국	1992~2002	46.22	41.96	-0.97	9.41	7.72	-1.98
베트남	1993~2004	34.91	37.08	0.55	5.40	6.24	1.31

캄보디아(1993~2004), 인도네시아(1993~2002), 라오스(1992~2003), 말레이시아 (1993~2004), 필리핀 (1994~2003), 태국(1992~2002), 베트남(1993~2004)이며 모두 지출 기준의 지니계수를 기준으로 함.

표7 초등학교 취학연령 아동 중 비취학자(1999~2003)

(단위: %)

	전체	최하위 소득 계층	최상위 소득 계층
캄보디아	34.7	52.4	14.3
인도네시아	5.6	11.2	2.0
라오스	37.9	60.0	12.7
미얀마	20.5	35.8	10.1
필리핀	18.1	30.0	10.6
베트남	12.4	21.3	7.0

출처: ADB, Key Indicators 2006: Measuring Policy Effectiveness in Health and Education, p.28.

디아의 경우, 2000년 최하위 계층의 유아사망률은 최상위 계층의 유아사망률에 비해 2.4배가 높았고, 인도네시아는 3.5배가 높았다.[4]

4 ADB, 2007.

3. 소득 불평등의 배경

3.1 국가 간 격차의 배경

국가 간 경제 격차는 경제성장률의 격차이고, 국가 간 경제적 격차는 국가의 역사적 · 문화적 성격과 부존자원 등 정책적으로 통제가 가능하지 않은 요인들과 교육 수준, 건강 수준, 출산율, 투자율, 개방 등 정부가 상당 부분 통제할 수 있는 요인으로 구성될 것이다.

먼저 통제가 불가능한 요인으로는 지리적 요인이 있다. 빈곤율이 상대적으로 높은 필리핀은 지리적으로 천연 재해에 쉽게 노출되어 있다. 주기적인 홍수와 태풍은 필리핀 경제 발전에 장애 요인이 된다. 종교는 또 다른 통제 불가능한 요인이다. 불교 중심의 동남아 저개발국과 유교 중심의 중국은 경제 발전의 역사가 짧음에도 빈곤율을 빨리 줄일 수 있었다. 지리적 요인으로 천연 자원의 부존은 이를 잘 활용한 경우 성장의 밑거름이 되었다. 말레이시아는 대표적으로 성공한 국가였다.

역사적 요인으로 식민 지배의 경험도 중요한 초기 조건이 되어 신생 독립국가에게는 통제 불가능한 유산을 남겼다. 프랑스의 식민지였던 인도차이나 지역은 독립 과정에서 전쟁과 내전을 겪어야 했고 이는 인구구조에 큰 영향을 미쳤다. 1990년대 전반 캄보디아와 라오스의 피부양률은 0.9 이상이었다. 1980년대 이후 오히려 증가한 것이다. 카톨릭 국가인 필리핀 역시 인구가 빠른 속도로 증가해왔고 또한 다른 국가에 비해 피부양률이 여전히 높다. 피부양률이 높다는 것은 저축할 여력이 적다는 의미다. 낮은 저축률 때문에 투자 재원 조달이 어려워지고 경제성장은 지체되었다.

정부가 선택할 수 있었던, 즉 통제가 가능한 요인은 경제 정책으로 구현될 수 있는 것이다. 통제가 가능한 요소 중에서 경제 개방 정책을 우선으로 들 수 있는데, 사실 경제 개방은 동아시아의 경제성장의 성과를 결정하는 가장 중요한 요인

표8 피부양률(비경제 활동 인구/경제 활동 인구)

	1960	1970	1980	1990	1995	2000	2006
중국	0.78	0.79	0.67	0.50	0.48	0.47	0.41
브루나이	0.90	0.87	0.71	0.59	0.55	0.52	0.48
캄보디아	0.82	0.85	0.79	0.90	0.96	0.81	0.66
인도네시아	0.76	0.83	0.78	0.66	0.59	0.54	0.51
라오스	0.83	0.88	0.75	0.93	0.92	0.88	0.74
말레이시아	0.95	0.92	0.80	0.70	0.66	0.60	0.55
미얀마	0.79	0.84	0.86	0.68	0.62	0.56	0.48
필리핀	0.96	0.93	0.86	0.79	0.75	0.70	0.66
싱가포르	0.83	0.73	0.47	0.37	0.40	0.41	0.38
태국	0.87	0.91	0.74	0.50	0.46	0.43	0.42
베트남	0.78	0.96	0.88	0.78	0.73	0.64	0.53

출처: WDI(검색일: 2008.6.7)

이었다. 1960년대 이후 동아시아에서는 일본, 동아시아 신흥공업국, 말레이시아, 태국 등이 순차적으로 수출 주도형 성장 전략을 택했고, 인도네시아와 필리핀도 정치적 불안과 관계없이 선진 동아시아 국가 및 서구기업의 직접 투자를 유치하여 수출주도형 공업화를 추진했다. 이에 비해 중국은 1950년대부터 그리고 인도차이나 국가들은 1970년대부터 계획경제체제를 선택했으며, 미얀마의 경우도 버마식 사회주의를 통해 세계경제와 유리되었다.

개방은 크게 무역과 외국인 투자 형태로 나타난다. 횡단면 분석에 의하면 무역의존도가 높을수록 경제성장률은 높아진다.[5] 무역의 확대를 통해 자원이 효율적으로 배분되면서 생산이 증가하기 때문이다. 외국인 직접 투자도 제조업 부문의 고용과 수출을 창출하면서 성장에 기여했다.[6] 더 이른 시기에 무역의 중요성을

5 Robert j. Barro, "Inequality and Growth Revisited", *ADB Working Paper Series on Regional Economic Intergration*, No.11, 2008.1.

인식한 일본 및 신흥공업국이 동남아 다른 국가에 비해 더 빨리 성장했으며 동남아 내에서는 외국인 직접 투자에 더 적극적이었던 싱가포르 및 말레이시아가 소극적으로 대응했던 인도네시아, 필리핀에 비해 더 빨리 성장했다. 이들에 비해서 계획경제를 선택했던 인도차이나 국가들의 경제 발전이 절대적으로도 뒤쳐졌던 것은 개방이 경제성장에 얼마나 중요한가를 설명하고 있다.

경제성장에 영향을 미칠 수 있는 또 다른 통제 가능 요인은 '제도'라고 할 수 있다. 정치 · 경제 · 사회 제도가 투명할수록 자원의 동원과 배분 과정에 효율성과 공정성을 제고한다. 이를 통해 경제는 성장하게 된다. 동아시아에서 계획경제를 선택했던 국가들의 성장은 그 자체로 비효율적이었다. 그러나 개방을 통해서 성장을 도모했던 국가들도 인도네시아 및 필리핀 등 제도의 선진화를 게을리 했던 국가들의 발전은 지체되었다. 필리핀의 개발 독재, 연고자본주의는 투명성의 결여를 초래했고 국민들의 힘을 모으는 데 실패했다. 인도네시아의 경우도 동일했다.

3.2 국내 소득불균형의 배경

이미 지적했듯이 소득불균형 확대는 동아시아 대부분의 국가에서 나타나는 현상이다. 절대 빈곤 문제를 해결한 후의 불균형 확대도 문제지만, 빈곤을 해결하지 못한 캄보디아, 라오스, 필리핀, 베트남 등의 소득불균형 확대는 문제가 아닐 수 없다. 이와 같은 소득불균형의 확대는 일찍이 경제학자들의 관심 대상이 되어왔다. 쿠즈네츠(1954)는 경제 발전에 따라서 소득 격차가 초기에는 확대되지만 어느 단계를 지나면 소득 격차가 축소된다고 주장했다. 그는 불균형 수준이 경제 발전 단계에 따라서 역U자 형태를 보일 것이라고 주장했다. 초기의 불균형 확대

6 동아시아에서 경제적 성과가 더 좋았던 한국, 대만, 일본이 외국인 직접 투자보다는 자국기업인의 투자로 경제성장을 했기 때문에 외국인 투자가 성장을 담보하는 충분조건은 되지 않는다. 그러나 자원, 인적자원, 기술, 자본이 부족한 개발도상국이 경제 개발을 하기 위해서는 경제 발전 초기에 일종의 계기가 있어야 하고 외국인 직접 투자도 중요한 역할을 했다.

는 경제가 성장하면서 고용과 생산에서 불균형 수준이 낮은 전통적 농업, 농촌 활동에서 불균형이 높은 근대적 도시, 광공업 분야로 이전하면서 나타난다. 쿠츠네츠의 주장은 개발도상국의 정책 담당자들에게 긍정적 조망을 안겨주었다. 이들은 경제가 성장하면 분배 문제가 자동적으로 해소되기 때문에 초기의 불균형 확대는 큰 문제가 아니라고 보았던 것이다.

쿠츠네츠의 가설을 검증하기 위한 많은 연구가 진행되었으며, 바로는 그 연구자 가운데 한 명이다. 바로의 횡단면 분석에 따르면 1인당 소득이 일정 수준에 이르기까지 지니계수는 증가하여 소득 격차가 확대되다가 일정 수준 이상이 되면 소득 격차가 감소하는 쿠츠네츠의 역U자는 존재한다고 한다.[7] 그리고 그 기준 소득은 2000년 불변 가격으로 약 3,050달러 정도 되는 것으로 평가했다.

한편 경제 개방은 소득불균형 확대에 상당한 영향을 미치고 있다. 바로에 따르면 개방(무역 의존도)의 확대는 소득불평등을 확대한다. 바로는 개방이 성장을 통해 소득불균형에 간접적으로 긍정적 효과를 미치지만, 직접적인 효과만 보면 일괄적으로 소득불균형을 확대한다고 주장한다. 이에 비해 IMF는 수출 의존도(수출/GDP)의 상승은 소득불균형 개선에 기여한 것으로 나타났다고 상반된 결과를 제시하고 있다. 특히 IMF는 개도국에서 농산물의 수출 증가는 지니계수를 낮추는 데 효과가 있었다.[8] 바로가 다루지 않았지만 IMF는 외국인의 투자 역할에 대해서도 연구를 했는데 외국인 직접 투자는 소득 증가와 관계없이 지니계수를 증대시키는 역할을 한 것으로 나타났다. 이는 투자유치국의 입장에서 보면 외국인 직접 투자가 주로 기술 및 자본집약적인 분야에 투자되면서 해당국가의 저소득층에게 이로운 분야에 투자되지 않기 때문인 것으로 해석할 수 있다.

바로와 IMF의 연구 결과는 무역 자유화에 대해서는 다소 상반된 결과를 보여주지만 경제 개방이 소득불균형을 확대하는 요인으로 작용하고 있다는 사실은

---

7 Barro, 위의 책.

8 IMF, *World Economic Outlook: Globalization and Inequality*, 2007.10, p.55.

무시할 수는 없을 것이다. 따라서 개방이 국내 경제의 분배에 미치는 매커니즘을 통해 소득불균형의 직접적인 원인을 찾아볼 필요가 있다.

지역 및 산업 간 불균형 발전

한 국민경제의 지역 및 산업육성정책이 불균형적으로 시행될 때 소득 격차가 확대된다. 동아시아 빈곤 인구의 상당 부분은 농촌에 거주하고 있고 따라서 동아시아의 빈곤 문제가 농촌 문제로 전환되고 있다고 해도 과언이 아니다. 세계은행은 "동아시아의 빈곤은 특정 사회 그룹이나 지리 조건 때문에 빈곤의 감축이 불균형적으로 일어나고 있는 상태에서 지금은 압도적으로 농촌 문제다"[9]라고 말하고 있으며 유엔동아시아태평양이사회UNESCAP도 동아시아 지역에서 소득불평등이 증가하고 있는데 이는 농업을 무시했기 때문이라고 했다.

다음의 〈표9〉는 일부 국가의 도시와 농촌 지역을 구분하여 빈곤 인구 비율을 살펴본 것이다. 예컨대 인도네시아의 경우 2004년 인도네시아 자체 기준의 빈곤 인구 비율은 16.7%이지만 농촌의 빈곤 비율은 20%로 더 높으며 말레이시아의 경우도 전체 빈곤 인구 비율이 5.1%에 불과하지만 농촌의 경우 그 비율은 두 배 이상으로 나타나고 있다. 태국의 경우도 동일한 현상이 나타나고 있다. 이들 나라가 공업화 과정에서 자원을 도시 및 제조업 부문에 집중 투자하면서 농업이나 농촌 부문에 대한 투자는 상대적으로 무시했고 그 결과 인프라의 낙후 및 농업생산성의 상대적 수준은 저하되었다.

세계은행은 경제성장에서 농업의 역할과 농촌 지역의 빈곤 인구 비율을 기준으로 하여 3개의 유형으로 나누고 있는데 도시화 경제urbanized countries, 전환경제transforming countries, 농업기반 경제agricultural-based countries가 그것이다. 이 분류에 따르면 라오스(농업기반 국가)와 필리핀(도시화 경제)을 제외한

---

9 World bank, *East Asia update*, 2007.11.

표9 도시와 농촌의 빈곤 인구

	빈곤 인구(개별국가 기준 빈곤 인구)(%)				소득비율
	전체	도시	농촌	조사시점	(최상위 20%/최하위 20%)
중국	2.5	-	-	2005	11.4(2004)
캄보디아	34.7	-	-	2004	7.0(2004)
인도네시아	16.7	12.1	20.0	2004	5.1(2002)
라오스	32.7	-	-	2003	5.4(2002)
말레이시아	5.1	2.0	11.4	2002	7.7(2004)
미얀마	26.6	20.7	28.4	2001	
필리핀	30.0	-	-	2003	9.1(2003)
태국	9.8	4.0	12.6	2002	7.7(2002)
베트남	19.5	-	-	2004	6.2(2004)

출처: ADB, Key Indicators, 2007, pp.118~119.

동아시아 국가들은 모두 전환경제 국가군에 속하고 있다. 즉 농업이 경제성장을 견인하는 역할은 미미하지만 빈곤 인구 중에서 농촌인구 비율은 아주 높은 경우다. 전환경제의 특징은 농촌과 도시 소득의 큰 격차다. 전환경제국에서 총 빈곤 인구의 절대적 다수는 농촌에 있다.[10]

농촌과 도시 격차의 근원은 농업 부문 생산성이 극히 낮다는 데 있다. 농업 대비 광공업의 생산성은 한국, 말레이시아, 싱가포르 등이 세 배 정도 수준인데 비해, 중국은 8.3배 인도네시아 6.8배 태국은 8.9배에 이른다. 세계은행이 정의한 전환경제의 특징을 보여준다. 전체적으로 경제 개발을 시작한 직후에는 제조업 등 근대 부분의 고용기회가 많지 않기 때문에 산업간 생산성 격차가 크지 않을 수 있지만 일단 제조업 부문이 경제성장을 견인할 때는 제조업 생산성이 농업 생산성보다 훨씬 더 커질 것이다. 이후 산업구조가 제조업이나 서비스 부문으로 충

10 농업 부문의 성장 기여율과 농촌 지역의 하루 2달러 기준의 빈곤 인구를 기준으로 하였다. 필리핀의 경우, 경제성장에서 농업의 기여가 적고 동시에 다른 나라에 비해 총 빈곤 인구 중에서 농촌 빈곤 인구가 차지하는 비중이 낮다. World Bank, "Will Resilience Overcome Risk?", *East Asia & Pacific update*, 2007.11, p.53.

표10 농업과 제조업의 생산성 비교

국가	시점	농업 고용비중	1인당 부가가치 생산(2000년 불변 미달러)			
			농업	광공업	서비스	광공업/농업
중국	2002	44.1	600	4,961	5,080	8.3
한국	2004	7.9	12,302	38,979	22,775	3.2
캄보디아	2004	60.3	412	1,685	1,116	4.1
인도네시아	2004	44.0	748	5,111	2,153	6.8
말레이시아	2004	14.8	6,606	17,317	7,882	2.6
필리핀	2004	37.0	1,134	5,728	3,130	5.1
싱가포르	2004	0.3	16,384	54,957	35,748	3.4
태국	2004	42.6	1,028	9,163	5,407	8.9
베트남	2004	57.9	367	2,251	1,509	6.1

출처: WDI, 2008.6.7.

분히 이행하게 되면 생산성 격차는 감소하는데 한국, 말레이시아, 싱가포르 등이 그러한 경우다. 필리핀은 제조업이 충분히 발달하지 않았음에도 불구하고 도시화가 상당히 높은 수준에 이르렀기 때문에 농업과 광공업의 생산성 격차가 적다.

성장우선정책의 추진

동아시아국가의 경제 정책의 특징은 1960년대 이후에 보인 수출주도형 공업화정책이었다. 수출주도형 공업화는 일본-신흥공업국-선발 아세안-중국으로 이어지는 지역적 발전을 낳았고 제2차 대전 이후 동아시아가 가장 역동적으로 경제 발전을 할 수 있었던 배경이기도 했다. 물론 동남아 국가를 한정해서 보면 수출주도형 전략을 본격적으로 추진한 시기는 국가별로 다르다. 자원이 부족했던 싱가포르는 이미 1960년대 말부터 외국인 투자를 유치하여 수출주도형 공업화 전략을 채택했고 말레이시아도 1970년대 초반에는 강력한 개방정책을 사용했다. 이와 견주어 태국, 인도네시아, 필리핀 등은 1980년대 중반 이후 일본 및 동아시아 신흥공업국의 투자가 시작되면서 수출주도형 전략을 수용하기 시작했다.

이후 이들의 경제는 놀라운 속도로 성장하기 시작했는데, 예컨대 말레이시아는 1990년대 중반까지 거의 8년 가까이 연평균 8% 성장했다. 이 과정에서 절대 빈곤 문제가 점차 해소되기 시작했으며, 각국 정부는 경제성장이 자연스럽게 빈곤 문제를 해결하는 가장 중요한 수단임을 인식하게 되었다. 이러한 사고는 상대적 빈곤, 즉 소득불평등의 문제도 성장이 자연히 해결해줄 것이라는 믿음을 갖게 하였다.

실제로 대부분의 동아시아 국가에서는 빈곤의 감축이 분배 요인보다 성장 요인에 의해서 이루어진 것으로 나타나고 있다. 〈표11〉에서는 빈곤율이 연평균 1.5% 포인트 이상 감소한 6개의 사례를 볼 수 있다. 이들 모두는 빈곤 감소가 경제성장에 의해 이루어졌고 분배 면에서는 빈곤층에 더 불리하게 작동했다. 중국의 경우 1990~1996년 기간 빈곤이 대폭 축소되었는데 분배 요인만을 보면 오히려 빈곤은 늘었다는 것을 의미한다. 예컨대 1993~1996년 기간 경제성장이 없는 상태에서 분배의 불공평으로 중국의 빈곤은 연평균 1.22% 포인트 증가했을 것이다. 그러나 실제로 높은 경제성장으로 빈곤이 감소했다.

빈곤이 대폭 감소했던 국가와 기간에는 분배 요인이 오히려 빈곤을 증가시키는 역할을 했음을 알 수 있는데 1999~2002년의 인도네시아, 1991~1997년 라오스, 1994~1997년 기간의 필리핀, 1993~1998년의 베트남도 그러한 경우다. 분배를 개선해 빈곤이 감소한 경우는 1996~1999년 기간의 인도네시아, 1992~2000년 기간의 태국 등 소수의 사례에 불과하다. 인도네시아, 필리핀, 태국의 경우 1997년을 중심으로 빈곤이 오히려 증가했는데 이 기간 외환 위기가 영향을 미쳐 오히려 빈곤이 악화된 기간이다.

〈표11〉에서는 전체적으로 경제성장이 빈곤을 축소하는 중요한 요인이 되었음을 알 수 있다. 그러나 정부가 분배 문제에 더 많은 관심을 기울였다면 빈곤은 더

표11 주요국의 빈곤 감축의 요인별 기여

	기간	빈곤 변화 (연평균 %포인트)	빈곤 분해		
			성장 요인	분배 요인	잔차
중국 (농촌지역)	1990~1993	-1.77	-2.21	0.52	-0.07
	1993~1996	-4.75	-6.32	1.22	0.35
	1996~2001	0.34	-0.43	1.76	0.00
인도네시아	1996~1999	0.36	2.65	-2.05	-0.24
	1999~2002	-2.58	-3.50	1.21	-0.29
라오스	1991~1997	-1.79	-3.41	1.02	0.60
필리핀	1994~1997	-1.53	-2.77	1.28	-0.04
	1997~2000	0.57	0.56	0.00	0.01
태국	1992~1996	-1.48	-0.92	-0.67	0.11
	1996~2000	0.45	0.56	-0.03	-0.08
베트남	1993~1998	-4.21	-4.23	0.14	-0.12
	1998~2002	-1.32	-1.75	0.68	-0.25

출처: ADB, 2004, p.36.

욱 빨리 축소되었을 것이다. 실제로 관찰 기간에 경제성장과 분배가 동시에 빈곤 축소에 기여한 경우는 1992~1996년 기간의 태국에 불과했다.

정부가 분배보다 성장 중심으로 경제 정책을 운영할 수 있었던 이념적 배경은 성장이 분배를 자동적으로 해결할 수 있다는 쿠즈네츠의 가설이라고 하겠지만, 이러한 가설을 믿고 정책을 추진할 수 있었던 것은 정치적 차원에서 완전한 민주주의가 발전하지 않았기 때문이다. 동아시아의 후발개도국의 경우 사회주의적 성격을 가졌거나(베트남, 미얀마, 라오스) 내전을 겪었기 때문에 초기 상태에서는 소득 격차가 크지 않았을 것이다. 또한 모두가 가난한 시기였기 때문에 절대 빈곤 문제 해결이 더욱 중요했다고 하겠다. 선발 6개국의 경우도 정치적 차원에서는 다르지 않았다. 싱가포르는 절대 빈곤을 완전히 해결하였고, 인민행동당의 주택정책 및 중앙연금기금정책 등 사회주의적 정책 때문에 소득불평등에 대한 국민들의 불만은 없었다.

다른 동아시아 국가, 예컨대 태국, 인도네시아, 필리핀, 말레이시아 등도 정치적 자유가 극히 제한되어 있었다. 정치적 자유뿐만 아니라 1990년대 이후 필리핀을 제외하면 제도적 민주화도 달성되지 않은 상태였다. 이런 상황에서 일반 국민들의 민의가 정치 과정에 반영되기 어려웠으며, 그 결과 분배 문제는 상대적으로 무시되지 않을 수 없었던 것이다. 중국의 경우도 1970년대 후반 경제를 개방하고 개혁을 추진하는 과정에서 정치적 발전은 우선 과제가 아니었다. 더욱이 1989년의 천안문사태를 극복한 이후의 고도성장은 국민들에게 정치 발전의 낙후 문제에 대해 눈감게 했다.

4. 빈곤에 대한 동아시아 시민사회의 역할

동아시아 빈곤 문제가 국제적인 협력이 필요한 문제로 인식되기는 하지만 동아시아 역내 정부나 시민사회가 진지하게 이를 공동의 문제로 인식했다고 보기는 힘들다. 실제로 제프리 사스[11]는 "빈곤을 퇴치하기 위해서는, 만난 적이 없으며 서로 신뢰할 필요도 없는 사람 간의 협력을 위한 글로벌 네트워크가 필요하다"고 주장하고 있다. 또한 ADB는 "빈곤 해결의 기본 책임은 개별국가에 있지만 성공 여부는 정부, 시민사회 및 국제사회의 강력하고 지속적인 지원의 공동 노력에 달려있다"고 주장하고 있다.[12] 즉 빈곤의 문제는 한 국가 한 집단의 개별적인 문제가 아니라는 것이다. 빈곤 문제가 점차적으로 세계화와의 관련이 커진다는 점에서 빈곤 문제를 해결하기 위한 접근 방법도 단일국가 차원이 아닌 지역적 혹은 세계적 차원의 접근이 필요하다.

---

11 Jeffrey D. Sachs, *The End of Poverty*, Penguin Books, 2005, p.226.

실제로 세계의 빈곤 문제에 대한 국제시민단체의 활동은 활발하다. 쥬빌리채무탕감운동Jubilee Debt Campaign은 최빈국들의 외채에 대한 선진국의 채권탕감을 주장해 왔고 선진국의 상당한 동조를 이끌어내기도 했다. 그러나 쥬빌리운동은 빈곤의 퇴치를 직접 해결하는 것이 아니라 빈곤 국가를 구제하는 형태로 나타나고 있고, 더구나 동아시아 국가들은 아프리카의 최빈국들에 비하면 집중적인 지원국이 아니다. 카레CARE 역시 세계 빈곤 문제에 관심을 갖고 있다. 특히 취약한 환경에 노출된 여성의 빈곤 문제에 관심을 두고 있다. 컨선월드와이드Concern Worldwide 같은 기구도 세계 최빈국의 빈곤 문제 해결에 관심을 갖고 활동했다. 개발도상국의 빈곤 문제를 글로벌화에서 찾고 이를 반대하는 운동도 활발했다. 반세계화를 주장한 반세계화 운동은 1999년 뉴라운드의 출범을 막았고 세계사회포럼World Social Forum[13]의 출범으로 나타났다. 이러한 반세계화는 WTO 뉴라운드가 2001년 11월에 출범할 때 도하개발의제DDA: Doha Development Agenda:로 명명되고 국제사회가 개발도상국의 개발 문제에 관심을 갖게 한 배경이 되었다.

그러나 동아시아에서 시민사회가 동아시아 내부의 빈곤 문제를 해결하기 위해 적극적으로 의견을 개진한 바는 없다. 여기에는 몇 가지 이유가 있다. 첫째는 동아시아에서 빈곤 문제 해결은 동아시아가 세계의 다른 지역이나 남아시아에 비해서도 빠른 속도로 개선되고 있기 때문에 큰 문제로 생각하지 않았다는 점이다. 동아시아는 빈곤 문제 해결에서 세계의 우수 사례로 인정받고 있다. 이러한 빈곤 문제 해결에는 중남미나 다른 지역에서 보이는 글로벌화가 유효하게 이용됐다. 따라서 세계에서 벌어지는 반세계화 운동이 동아시아에서 지역 차원의 동의를 끌어내기는 어려웠다.[14]

둘째는 동아시아에서는 정부, 시민사회, 개인 모두 강력한 민족주의적 성향을

---

12 ADB, 1999.

13 Jeffrey D. Sachs, 앞의 책, pp.226.

강하게 갖고 있다는 점이다. 역사 · 문화적으로 동북아 3국은 여전히 갈등 관계를 갖고 있고 식민지 경험을 가진 동남아에서도 민족은 국가적 통합을 강조하는 가장 중요한 요소가 되었다. 한국의 시민단체는 여전히 저개발국가의 빈곤 문제를 해결하는 데 기여할 수 있는 농산물 수입을 반대하고 있다.

그러나 이제 동아시아에서 시민사회의 역할은 더욱 커져야 할 것이다. 이미 아세안+3 협력 체제는 정치 및 경제 분야를 넘어서 사회 및 문화 쪽으로 확대되고 있다. 때문에 시민사회의 상호이해가 심화되어야 하고 특히 동아시아의 남아있는 빈곤 문제를 해결하는데 시민사회의 역할이 필요하다고 하겠다.

향후 시민사회가 동아시아의 빈곤 문제를 해소하기 위해 관심을 갖고 노력해야 할 분야는 다음과 같다.

첫째, 경제 개방에 대한 필요성을 인식하는 것이다. 동아시아는 세계적 경제 개방을 이용해 성장해왔다. 동아시아의 세계경제 내 비중이 적었을 때는 큰 문제가 안 되었지만 이제 동아시아가 역내 개방을 통해 시장을 창출해야 한다. 미얀마와 같이 아직 개방되지 않은 국가의 개방도 강조해야 한다. 물론 경제 개방이 서구 선진국에서 주장하는 순수한 자유무역Free trade이 아니라 국가의 수준을 생각하고 사회적 비용을 줄이는 공정한 무역Fair trade이어야 한다.

둘째, 저개발국을 중심으로 거버넌스의 질을 개선해야 한다. 아직도 남아 있는 정치 제도의 미완성이나 불완전성에 대한 개선이 있어야 하고 부정이나 부패 등의 문제를 줄여나가는 노력이 있어야 할 것이다. 정치적 · 사회적 거버넌스가 더 투명하고 효율적으로 바뀌지 않는다면 인도네시아, 필리핀, 태국 등에서 소득불

---

14 동아시아의 경제성장과 빈곤 문제 해결에는 개방의 유효한 이용이 흔히 지적된다. 개발도상국의 완전 개방이 개발도상국 경제에 도움이 되지 않는다고 보는 일군의 학자들도 동아시아의 대외지향적 공업화가 성장의 원인이 되었다는 데는 부정하지 않는다. 예컨대 개발도상국의 입장에서 국제무역을 이야기하고 있는 스티글리츠Stiglitz와 찰튼Charlton은 동아시아와 중남미를 비교하면서 경제 개방과 경제성장의 관계를 비교하고 있으며 동아시아의 성장이 합리적인 개방에 크게 기인하고 있음을 인정하고 있다. Joseph E. Stiglitz and Andrew Henry George Charlton, *Fair Trade For All: How Trade can promote Development*, Oxford University Press, 2005.

균형은 해소되지 않을 것이다.

셋째, 아시아의 시민사회 특히 일본, 한국, 싱가포르 등 선진국의 시민사회는 각국 정부의 역내 저개발국에 대한 지원 확대를 독려해야 한다. 저개발국에 대한 교육, 보건 등 성장을 촉진할 수 있는 프로그램을 지원할 수 있도록 해야 한다. 나아가 시민사회의 역량을 증강하여 정부의 지원프로그램을 실제로 입안하고 집행할 수 있는 역할도 해야 한다. 이를 위해서는 동아시아 시민사회의 교류와 이해가 필요할 것이다.

넷째, 실질적으로 저소득 국가의 소득을 향상시키는 데는 농업 부문이 중요하다. 농촌소득을 어떻게 제고하는가가 소득 분배뿐만 아니라 전체 소득을 향상시키는 방법이 된다. 동아시아의 시민사회는 저개발국의 농산물 수출을 확대할 수 있도록 협력해야 한다.

참고문헌

Aand, Sudhir., and Kanbur, S.M.R. "Poverty Under the kuznets Process". *Economic Journal 95*. 1985, pp.42~50.

Ali, Ifzal. "Pro-Poor to Inclusive Growth: Asian Prescriptions". *ERD Policy Brief Series,* No.48, ADB, 2007.5.

Balisacan, Arsenio M. "Poverty and Inequality". (eds.). *the Philippine Economy: Development. Policies and Challenges*. Arsenio M. Balisacan and Hal Hill, Oxford: Oxford University Press, 2002, pp.311~341.

Barro, Robert J. "Inequality and Growth Revisited". *ADB Working Paper Series on Regional Economic Integration,* No.11, 2008.11.

Chenery, Hollis B and Syrquin, Moshe. "Typical patterns of Tranformation". Hollis B. Chenery, Sherman Robinson and Moshe Syrquin(eds.). *Idustrialization and Growth*. New York: Oxford University Press, 1986.

Fields, Gary S. *Poverty, Inequality and Development*. Cambridge: Cambridge University Press, 1980.

IMF. *World Economic Outlook: Globalization and Inequality*. Octber 2007.

Islam, Iyanatul. "Why Inequality Matters: A Contribution to the Indonesian Development Agenda". *United nations Support Facility for Indonesian Recovery*. Discussion Paper Series No.4-8, 2004. 8.

Kakwani, N. "Poverty and Economic Growth with Application to Cote D' Ivoire". *Review of Income and Wealth* 39(2). 1993. 6, pp.121~139.

Krongkaew, Medhi. "Income Distribution and Poverty". Peter Warr(eds.). *The Thai Economy in Transition*. Cambridge: Cambridge University Press, 1993.

Kuznets, S. "Economic Growth and Economic Inequality". *American Economic Review 45*. 1995, pp.1~28.

Lloyd, Peter. "Generalizing the Stolper-Samuleson Theorem: A Tale of Two Matrics". *Review of International Economics* 8. 2000, pp.597~613.

Sachs, Jeffrey D. *The End of Poverty*. Penguin Books, 2005.

Son, Hyun H. "Interrelationship Between Growth, Inequality, and Poverty: The Asian Experience". *ERD Working Paper,* No.96, ADB, 2007.6.

Stiglitz, Joseph E and Charlton, Andrew. *Fair Trade For All: How Trade can promote Development*. Oxford University Press, 2005.

UNESCAP. *Economic and Social Survey of Asia and the Pacific 2008.* United Nations, 2008.

Walton, Michael. "Poverty Reduction in the New Asia and pacific: Key Challenges of Inclusive Growth for the Asian Development Bank". *ADB Technical Note.* ADB, 2007.11.

Warr, Peter. "Globalization, Growth and Poverty Reduction in Thailand". *ASEAN Economic bulletin 21.* No.1, 2004, pp.1~18.

______, "Poverty and Growth in Southeast Asia". *ASEAN Economic bulletin* 23. No.3, 2006, pp.279~302.

World bank. "East Asia Rebounds, But How Far?". Washington, D.C: World bank, 2002.

______. East Asia Update, 2007.11.

Zin, Rogayah Haji Mat. "Inequality, Poverty and Social Nets: The Malaysian Experience". Unpublished paper, 2004.

기타 자료

각국 정부 통계

아세안 사무국의 자료

세계은행 http://web.worldbank.org/WBSITE/EXTERNAL/TOPICS/EXTPOVETY/0,,contentMDK:20153855~menuPK:373757~pagePK:148956~piPK:216618~the Site PK:336992,00.html

Asian Development Bank(ADB). "Fighting Poverty in Asia and the Pacific: The Poverty Reduction Strategy". 1999.

ADB. "Review of the Asian Development Bank's Poverty Reduction Strategy". 2004.

______. "Inequality in Asia, Key Indicators 2007 Special Chapter highlights". p.6.

제3장

메콩강의 초국가적 환경 문제와 메콩시민사회

조영희

조영희 趙永姬

인하대학교에서 정치학과 박사 학위를 취득, 현재 (사)한국동남아연구소 선임연구원으로 재직 중이다. 논저로는《민주화 이후 캄보디아의 의회정치와 정당정치》(2007),《아세안 개발격차와 동아시아 지역협력》(2009),《캄보디아의 선거제도와 정당체계의 상호관계》(2009) 등이 있다.

메콩강의 초국가적 환경 문제와 메콩시민사회
-하류의 수력발전 댐 개발을 중심으로-[1]

1. 메콩강 유역의 초국가적 문제

티벳의 청해 고원에서 발원한 메콩강은 중국의 운남 지방을 거쳐 미얀마, 태국, 라오스, 캄보디아, 그리고 베트남을 차례로 흘러내려 와서 남중국해로 빠져나가는 동남아시아의 대표적인 초국가적 하천이다. 길이가 약 4,800km로 세계에서 열두 번째로 길고, 강 유역의 면적은 79만 5,000㎢로 일본 국토 전체 면적의 두 배가 넘고, 수자원과 생물의 다양성은 아마존강 다음으로 풍부하지만 규모나 자원의 풍요에 비한다면 개발 수준이 상대적으로 매우 낮은 편이다. 일례로 메콩강 전력 발전의 잠재적 가능성이 4만~44만MW로 동아시아에서는 가장 규모가 크지만, 현재 전체의 10%도 안 되는 정도만 개발되었을 뿐이라서 현재 유역 내외로부터 메콩강 개발에 관한 관심이 매우 높다. 냉전이 와해된 이래 베트남과 캄보디아를 비롯한 사회주의 국가들이 경제 개방정책에 착수하면서 메콩강은 유역 국가들의 경제 성장을 위한 개발의 관건이 되었기 때문이다. 이에 1990년대 초반 아시아개발은행ADB을 비롯한 외부로부터의 다양한 개발 원조를

1 이 논문은 《국가와 정치》 제15집(2008)에 '메콩강의 개발과 메콩시민사회-하류의 댐 개발과 초국가적 환경 문제를 중심으로' 라는 제목으로 실린 것을 부분적으로 고친 것임을 밝힌다.

통해 메콩강 유역에서 개발프로젝트들이 활발하게 이루어져 왔다.

그러나 개발이 본격화된 지 10여 년이 지나면서부터 개발로 인한 환경 문제가 드러나기 시작했는데, 그 파급 효과가 당사국뿐만 아니라 인접한 유역 국가들에까지 확대되면서 초국가적 하천 개발로 인한 초국가적 환경 문제가 주목받게 되었다. 특히 이러한 초국가적 환경 문제는 상류 유역보다 하류 유역에서 더욱 심각하게 나타나고 있다. 메콩강이 다른 나라의 하천들과는 달리 상류에서 하류로 갈수록 넓어지는 지리적인 특성 때문이다.

메콩강을 차지하고 있는 비중을 국가별로 비교해보면, 상류국가인 중국과 미얀마가 메콩강의 18% 가량을 차지하고 있고, 라오스, 태국, 캄보디아, 그리고 베트남 4개국이 나머지 82% 가량의 하류를 차지한다. 이러한 상황에서 최근 들어 하류 유역의 4개 국가들이 잇달아 자국 내 대규모 댐 건설에 관한 계획을 발표한 이후 개발로 인한 초국가적 환경 문제가 심각하게 나타날 전망이다. 댐 건설의 목적은 건기 시에 메콩강의 물 부족을 해소하여 지역 내 관개용수를 확보하고 늘어나는 전력 수요를 충당하기 위한 것이라고 되어 있지만, 실제로 그러한 목적을 달성함으로써 이득을 얻는 것은 하류 국가들 중에서도 상대적으로 상류에 속하는 국가들이다. 따라서 상대적으로 하류에 속한 국가들일수록 희생을 감수해야 하는 경우가 많다.

물론 메콩강 하류 유역 사회는 동남아시아 내에서도 개발 수준이 매우 낮아서 유역 국가들의 경제 발전을 위해서는 메콩강의 개발이 시급히 필요하지만, 메콩강 유역에서 살고 있는 약 6,000만 명의 주민들 대부분이 전통적인 방식의 농업과 어업에 의존하여 살고 있기 때문에 메콩강 개발로 인한 초국가적 환경 문제는 유역민들의 기본 생존권까지 위협할 수 있다. 이러한 맥락에서 메콩강의 초국가적 환경 문제는 이 지역의 인간안보 문제와 직결되어 있다. 따라서 하류 유역 국가들의 경제 발전의 관건이자 수많은 유역민들의 삶의 기반인 메콩강을 지속가능한 방식으로 개발을 추진하는 것이 매우 중요하다. 그러나 유역 내 국가들 간에는 타국에서 추진되는 댐 건설 계획 및 공사 과정에 관한 정확한 정보를 공유하지 않고 있어서 메콩강의 초국가적 환경 문제에 대한 효과적인 대응책을 아직 마련하지 못하는 실정이다. 때문에 초국가적 환경 문제를 다루는 새로운 접근 방법이 필요할 것으로 보인다. 이러한 맥락에서 메콩강과 관련된 유역 국가 내 시민사회조직들이 지속적으로 초국가적 환경 문제에 관한 정보와 문제를 역내외로 활발하게 제기해왔다는 점을 주목할 만하다. 특히 메콩강을 공유하는 개별적 유역 국가들 내의 시민사회가 인접 국가들의 시민사회와 네트워크를 형성해가고 있기 때문에 메콩강의 초국가적 환경 문제를 중심으로 하는 초국가적 시민사회의 영향력은 더욱 커질 수 있을 것이다. 이 글에서는 메콩강의 개발과 그로 인해 초래된 초국가적 환경 문제나 인간안보 문제를 중심으로 메콩강 유역에서 활동하는 시민사회를 총칭하여 '메콩시민사회'라고 하였다.

2. 메콩강 하류 댐 개발과 초국가적 환경 문제의 최근 실태

앞서 언급하였듯이, 메콩강 하류 유역에서 환경 문제가 처음으로 부각된 것은 1996년 베트남 북부의 Se San강에 건설된 Yali댐에서 강물을 방출하게 되면서 베트남 국경으로부터 70km 떨어진 곳 캄보디아의 북동쪽 마을에 심각한 홍수를 초래했던 때부터다. 그러나 그것이 본격적으로 초국가적 환경 문제로 제기되기 시작한 것은 2000년에 또 다시 베트남의 Yali댐에서 대량의 강물을 방출한 뒤다. 베트남 정부는 1996년의 경험에도 불구하고 캄보디아 북동쪽 마을에 미칠 영향에 대해서 세밀한 조사를 하지 않았을 뿐만 아니라, 댐의 물을 방출하는 정확한 시간을 공지하는 등의 최소한의 정보조차도 제공하지 않았기 때문에 캄보디아의 북동쪽 마을은 더욱 심각한 피해를 입었다. 그런데 메콩강의 지류인 Se San강의 댐 개발로 인한 초국가적 환경 문제가 처음 발생한 지 10년 만에 메콩강 댐 개발과 관련하여 새로운 현상이 나타나고 있다. 그것은 Se San강처럼 메콩강의 지류를 중심으로 댐을 개발해왔던 과거와 달리 메콩강 본류에서 댐 개발 계획이 경쟁적으로 수립되고 있기 때문이다. 물론 중국이 이미 본류에 건설한 세 개의 댐(Manwan, Dachaoshan, Jinghong)이 있지만 하류 유역에서 본류 댐 개발이 본격화되는 것은 처음이다.[2]

특히 메콩강의 80% 이상을 차지하는 하류 유역에서는 태국을 제외하고 동남아 내에서 상대적으로 경제 발전 수준이 낮은 라오스, 캄보디아, 그리고 베트남이 메콩강 유역 개발을 자국 경제 발전의 관건으로 인식하면서 최근 들어 본류 댐 개발을 비롯한 하천 개발에 매우 경쟁적이다. 메콩강 하류 유역에서는 유량이 급격히 증가하게 됨에 따라서 전력 발전량도 많아지기 때문이다. 메콩강 전체의 가능 전력은 4만~44만MW로 추정되고 있는데, 하류에서만 대략 3만MW를 생산할 수 있다. 그 중에서 1만 3,000MW는 본류에서, 나머지 1만 7,000MW는 지류에서 생산할 수 있다. 메콩강 지류에서의 전력 생산량을 국가별로 비교해보면, 라오스는 1만 3,000MW로 다른 메콩강 하류 국가들에 비해서 매우 높은 편이고, 캄보디아는 2,200MW, 그리고 베트남이 2,000MW로 추정된다.[3]

이러한 상황에서 메콩 하류의 국가들은 수력 자원을 생산하기 위해서 본류 댐 건설에 매우 경쟁적이며, 이 때문에 초국가적 환경 문제가 상류보다는 하류 유역에서 심화될 것이다. 특히 메콩강 전체에서 큰 비중을 차지하고 있는 두 나라, 라오스와 캄보디아가 최근 들어 경쟁적으로 댐 개발을 추진하고 있어서 심각한 초

---

2 역사적으로 보면 메콩강 본류의 댐 건설에 대한 논의는 메콩위원회Mekong Committee가 전력 공급, 홍수 조절, 관개, 그리고 향상된 항로 개발을 위해서 하류 지역에 대규모의 다목적 댐 12개를 계획하였던 1960~1970년대까지 거슬러 갈 수 있다. 뿐만 아니라 1994년에 메콩사무국Mekong Secretariat이 또 다시 11개의 대규모 본류 댐을 하류에 건설하려는 계획을 발표하기도 했다. 물론 실제로는 당시 인도차이나 반도 국가들 간의 정치적 불안 상황 때문에 유역 국가 간 정치적 갈등을 초래할 수 있는 본류 댐 개발보다는 지류 개발에 다시 주력하게 되었다. 그러다가 인도차이나 반도가 2000년대 들어 점차 안정을 회복하고 유역 국가들의 경제성장 과정에서 전력 수요가 급증하자 그동안 국제정치적 상황에 의해서 미루어져 왔던 본류 개발이 다시 본격화되기 시작한 것이다.

3 MRC, *BDP Program Phase2(2006~2010): Revised Programme Document(Final Draft)*, 2006.6.14, p.13.

국가적 환경 문제가 발생할 가능성이 매우 높아졌다. 라오스는 메콩강 전체의 가장 많은 비중을 차지하고 있기 때문에 인근 국가들로 전력을 수출하는 '아시아의 전력기지Battery of Asia'가 되고자 하는 야심을 갖고 있으며 이미 1969년에 발전 용량이 150MW에 달하는 Nam Ngum댐을 건설하여 태국으로 전력을 수출하고 있다. 이 댐의 전력 수출 판매액이 1989~1992년에 평균 약 1,500만 달러에 이르러 최근까지도 라오스의 주요한 외화 수입원이 되고 있다.[4] 캄보디아도 라오스 다음으로 메콩강에서 차지하는 비중이 크지만 전기의 대부분을 베트남으로부터 수입하고 있어서 사용 비용이 상당히 높기 때문에 메콩강 개발이 경제 발전의 관건이 되고 있다.

실제로 하류 국가 중에서 2006년 이후 하류의 본류에서 댐 개발 계획은 라오스와 캄보디아에서 적극적으로 추진해오고 있는데, 메콩강의 35%를 차지하는 라오스가 9개를, 18%를 차지하는 캄보디아가 두 개를 계획하였다. 이 중에서 다섯 개의 댐(라오스 북부 지역의 Xayabouri, Pak Lay, Pak Beng과 남부 지역의 Don Sahong, 그리고 캄보디아의 Sambor댐은 모두 1994년에 메콩강 사무국이 후보지로 지적했던 11개의 댐 중에 포함되어 있었다. 당시에 인근 국가로 전력을 수출하기 위해 계획되었으나 막심한 환경 피해와 유역 국가들의 정치적 불안 요인 때문에 추진될 수 없었지만 역내에서 정치적 불안이 완화된 2000년대 중반 이후 본류 댐 개발에 대한 계획이 다시 추진되기 시작한 것이다.

아래의 〈표1〉에서 제시된 11개 본류 댐 중에서도 라오스의 Don Sahong댐과 캄보디아의 Sambor댐은 이미 개발이 착수되었는데, 이 두 댐은 메콩강의 초국가적 환경 문제라는 측면에서 볼 때 가장 심각한 문제를 초래할 수 있다는 점에서 주목해야 한다. 우선 라오스 남쪽의 Khone폭포 주변에 건설되고 있는 Don Sahong댐은 2006년 타당성 조사를 끝낸 후 2008년 2월에 말레이시아 개발 회

---

4 박번순, 〈메콩강 유역개발 참여 긴 눈으로 다각 추진을〉, 《삼성경제》, 1996.

표1 메콩강 하류에서의 본류 댐 계획

댐 이름 (국가)	전력량 (MW)	프로젝트 지원(국가)	현 추진 단계
Pak Beng (라오스)	1,320	Datang International Power Generating Company(중국)	2007.8. 타당성 조사 양해각서
Xayabouri (라오스 북부)	1,260	Ch.Karnachang(태국)	2007.5. 타당성 조사 양해각서 /2011 착공, 2015 작동 예정 /17억 달러 예상
Pak Lay (라오스 북부)	1,320	Sinohydro and Chine National Electronics Export and Import Company(중국)	2007.6. 타당성 조사 양해각서 /17억 달러 예상
Don Sahong (라오스 남부)	360	Mega First Corporation Berhad (말레이시아)	2008.2. 프로젝트개발협약 체결
Sambor (캄보디아)	2,600	China Southern Power Grid-CSGP(중국)	2006.10. 타당성 조사 양해각서 /CSGP의 자회사가 착공 준비
Xanakham (Laos)	1,000	Datang International (중국) & GOL	2007.12. 타당성 조사를 위한 양해각서
Pak Chom (라오스-태국 국경)	1,079	미정	타당성 조사를 위한 자금 탐색
Ban Koum (라오스-태국 국경)	2,330	Italian-Thai Development Public Co.Ltd.(태국) / Asia Corp. Holdings Ltd. (라오스) & GOL	2008.3. 타당성 조사를 위한 양해각서
Laos (라오스)	800	Charone Energy and Water Asia Co. Ltd.(태국) &GOL	2008.4. 타당성 조사를 위한 양해각서
Streng Treng (캄보디아)	980	러시아	2008.8. 타당성 조사를 위한 양해각서

출처: TERRA, Watershed, Vol.12, No.3(November 2008), p.7의 표 인용.

사와 라오스 정부가 프로젝트 개발 협정을 맺음으로써 사실상 본류 댐 다섯 개 중에서 가장 먼저 개발이 본격화되고 있다. 지리적으로 보면, 메콩강 본류는 라오스의 Khone폭포에서 30미터 가량의 높이로 떨어져 좁고 깊은 수로를 만들게 되는데, 깊은 수심으로 인해 메콩강의 수위가 가장 낮은 건기(4~5월)에도 캄보디아의 Tonle Sap과 베트남에서 라오스와 태국 쪽으로 거슬러 올라오는 수많은 어종의 유일한 이동 경로이자 산란지가 된다.

그러나 이 Khone폭포 주변에서 Don Sahong댐이 건설되면 무엇보다도 산란을 위해 캄보디아 Tonle Sap에서 올라오는 물고기들이 가장 쉽게 통과하는 통로(Hoo Sahong)를 차단하는 문제가 발생한다. 뿐만 아니라, 이 지역에서는 전 세계적인 희귀어종과 멸종 위기에 처한 어종이 서식하고 있기 때문에 국제 환경시민단체들의 관심이 집중되기도 했다. 일례로 거대 담수어로 알려진 자이언트 캣피쉬(길이 3m, 무게 약 300kg)는 건기에 메콩강을 거슬러 올라가 라오스의 Khone폭포를 거쳐 태국 북부에 이르러 비로소 산란하는 것으로 알려져 있고, 이라와디 담수돌고래도 라오스와 캄보디아의 국경 지역에서 서식하는 희귀어종이다.

따라서 현재 Don Sahong댐은 전력 생산 가능량으로 보면 다른 댐들에 비해 적은 편이지만 환경 측면에서는 가장 고위험 프로젝트라고 할 수 있다. 이와 관련하여 2007년에 관련 분야의 과학자들이 메콩강의 모든 유역국 정부 관료들에게 이 댐의 위험에 대해서 경종을 울린 바 있고, 메콩강 유역의 현지 시민사회와 함께 국제비정부조직들이 라오스 정부에 댐 건설의 중단을 촉구하기도 하였다.

그러나 라오스 정부는 이러한 요구들을 무시하고 오히려 Xayabouri댐(라오스 북부의 본류 댐)과 Pak Lay댐에 대한 타당성 조사를 강행했다. 그러나 현재까지 라오스의 댐 개발프로젝트에 대해서 자세하고 정확한 정보를 획득할 수는 없는 상황이다. 이러한 상황에서 1994년에 이미 메콩사무국에서 조사했던 바에 근거하여 Don Sahong댐으로 인해 향후 발생할 수 있는 초국가적 환경 문제의 피해 상황을 추정해볼 수 있을 뿐이다. 1994년 보고서에 따르면, Xayaboury는 다섯

개 마을의 1,720명 가량, Pak Lay는 1만 1,780명 가량의 주민에게 피해를 입힐 것으로 예측되었다.

한편 캄보디아 동북부의 Kratie 지방에 건설될 예정인 Sambor댐도 심각한 초국가적 환경 문제를 야기할 것으로 보인다. 건기에 Tonle Sap을 빠져나와 수심이 깊은 라오스로 올라가야 하는 물고기들의 Tonle Sap 밖으로 이동하는 길을 차단하게 될 뿐만 아니라, 궁극적으로는 Tonle Sap호수의 메콩강 수위 조절 기능을 약화시킨다는 점 때문이다. 사실상 Tonle Sap호수는 아시아의 최대 담수호로서 캄보디아뿐만 아니라, 메콩강 전체의 범람을 조정하는 자연 저수지 역할을 해왔다. 우기에 메콩강이 범람하게 되면, 엄청난 양의 강물이 Tonle Sap호수 속으로 밀쳐 올라감으로써 캄보디아와 베트남의 홍수를 조절하기 때문이다. 우기 때 Tonle Sap은 건기에 비해서 수면 높이가 10m가량 상승하여 호수라기보다는 바다와 같은 모습으로 변하게 되는데, 이 시기에 Tonle Sap은 하류에서 올라온 수많은 물고기들의 서식처가 되어 아시아 최대의 담수어장이 될 뿐만 아니라, 넘쳐난 강물은 농지에 충분한 물을 공급하게 하여 캄보디아 최대의 곡창지대를 만들어낸다. 한편 건기가 되면 메콩강 하류로 강물을 다시 흘려보내면서 수면이 다시 얕아지게 되므로 이 시기에 수많은 물고기들이 더 깊은 곳을 찾아가게 된다. Tonle Sap 내외부로 물고기가 이동하는 시기가 절정에 이르면 일정 지점을 통과하는 물고기 규모가 분당 5만 마리 정도다. 그런데 Sambor댐을 건설하게 된다면, Tonle Sap호수의 이러한 기능이 매우 약화될 것이다.

이렇듯 메콩강 하류에서 수량과 수위를 자연적으로 조절하는 Tonle Sap호수의 기능이 약화되면 Tonle Sap호수가 있는 캄보디아뿐만 아니라, 라오스, 태국, 그리고 베트남에 모두 심각한 환경 문제가 발생할 수 있다. 더욱이 댐의 전력 생산 기대량은 현재 11개 본류 댐 가운데서 가장 높기 때문에 캄보디아 정부가 댐 건설을 적극적으로 추진하고 있어서 이러한 초국가적 환경 문제가 현실화될 가능성도 매우 높다. 1994년 메콩사무국에서 이미 조사한 바에 따르면, Sambor댐이 건설되면 5,120명 가량의 캄보디아 유역민들의 비자발적 이주, 어업 생산량 급감, 수질 오염 등 직접적인 피해가 댐 건설 지역에서 발생할 것으로 추정되었다. 특히 어업생산량의 급감은 어업에 의존하여 사는 유역민들에게 심각한 삶의 위협 요소가 되고 있다. 캄보디아의 경우 국가전체의 GDP 중에서 어업 생산량은 15%를 차지하며, 그 중에서도 60% 정도가 Tonle Sap에서의 어획량이다. Tonle Sap의 전체 어획량 중에서도 75% 정도는 건기와 우기에 적절한 서식지를 찾아 이동하는 물고기들이니 문제가 더욱 심각하다. 또한 베트남의 경우에도 바다와 접하는 메콩강 최하류 메콩델타의 곡창지대에 해수 침투가 더욱 깊어지게 되어 농업에 치명적인 영향을 주게 될 것이다. 이미 메콩델타의 농지의 해수 유입 범위는 연중 평균 70km 이상인데, Sambor댐이 건설되면 우기에 Tonle Sap에 담수되어 있던 강물이 건기에 다시 메콩강 본류로 합류하여 흘러나오지 못하게 됨으로써 메콩델타에 해수 유입 범위가 100km까지 확장될 수 있기 때문이다.

이렇듯 메콩강 개발로 인해 심각한 초국가적 환경 문제가 우려되고 있음에도 Sambo댐은 2006년에 중국개발 회사가 타당성 조사를 끝낸 상황이고, 실제적인 건설 규모를 어떻게 할 것인가를 두고 논의 중이다. 그러나 이미 1994년 메콩사무국보고서에서 언급되었던 대로 880SQKM(스퀘어킬로미터)의 담수저수지를 건설하는 대규모(3,300MW) 모델과 6SQKM의 담수저수지를 만드는 소규모(465MW)의 계획 중에서 대규모 댐으로 지어질 가능성이 높다. 이것은 캄보디아 정부가 태국과 베트남에 전력을 수출하여 경제적 이익을 창출하려는 명백한 개발 목표를 갖고 있기 때문이다. 사실상 캄보디아 정부는 Sambo댐이 야기할 환경 문제가 매우 심각함에도 불구하고 인근 국가로의 전력 수출을 목적으로 이미 1960년대부터 Sambo댐의 건설을 위해 다양한 조사를 실시해 왔다. 그러나 그동안 국내 정치 불안 요소로 인해 자금조달이 매우 어려워 Sambo댐 개발이 추진되지 못했다.

캄보디아 정부가 2000년대 들어서 국내 정치의 안정과 국제사회로의 평화로운 편입을 이룬 뒤 새로운 국제투자 및 개발 원조의 관심 대상으로 부상하면서 막대한 대외 경제원조와 투자가 유입되기 시작했다. 이러한 정치·경제적 상황의 변화로 인해 캄보디아 정부는 대규모 Sambo댐을 건설하는 것이 가능해졌다. 그러나 Sambo댐에 관한 환경영향평가가 초국가적인 범위에서 본격적으로 이루어지지 않은 채 추진되고 있어서 댐 건설로 인한 캄보디아, 베트남, 라오스 유역 사회의 부정적 파급 효과는 예상할 수 없을 정도로 심각해질 수 있을 것이다. 2000년 Yali댐의 경험에서 배웠듯이, 캄보디아 국경을 넘는 초국가적 지역에서의 환경영향평가가 제대로 실시된 후에 신중하게 개발이 이루어져야 할 것이다. 그것은 개별 국가의 개발이익뿐만 아니라, 지역 전체가 개발을 통한 경제적인 이익과 삶의 질 향상이라는 목표를 공유해야만 가능하다.

3. 메콩강 하류 개발의 기존 접근 방식

최소한 두 개 이상의 국가를 흐르는 초국가적 하천을 개발하는 것은 강을 공유한 국가 간에 갈등을 초래하는 반면 협력의 계기를 제공하기도 한다는 점에서 이중적이다. 가장 단적인 예로 유역 국가 중에서 특정 국가가 강의 외형을 바꿈으로써 강물fresh water에 대한 접근이 국가 간에 불평등하게 이루어질 때 갈등양상은 매우 첨예해질 것이다. 그러나 다른 한편으로는 개발이 심화될수록 환경 문제가 심각하게 나타나고, 그 파급 효과가 개별 국가를 넘어서 유역 국가들로 확대되어 감으로써 갈등을 지속하기보다는 그것을 해결하기 위해서 근본적으로 정치적 협력이 필요하게 된다.[5] 이러한 맥락에서 1990년대 이전까지만 해도 초국

5 Thomas Bernauer, "Managing International Rivers", *Global Governance: Drawing Insights from the Envirmental Experience*, Cambridge: MIT Press, 1997, p.155; Blake D. Rater, "The Politics of Regional Governance in the Mekong River Basin", *Global Change*, Vol.15, No.1, 2003, p.65.

가적 하천 개발로 인해 초래되는 문제들은 자연과학자들, 기술자들, 그리고 국제 법률가들이 해결해야 할 영역으로 간주되어 왔으나, 이제는 초국가적 하천의 활용에 관해서 유역 국가 간에 사회적 제도들을 설계하고 그것을 효과적으로 작동시키기 위한 정치 협력의 문제가 중요해졌다.

그러나 지금까지 메콩강의 개발 과정은 자국의 개발 이익을 중심으로 추진되어 오면서 유역 국가 간의 개발에 관한 긴밀한 협력이나 정보 공유가 효율적으로 이루어지지 않았다고 할 수 있다. 물론 하류의 4개 국가들이 참여하고 있는 메콩강 유역의 대표적 지역 기구로서 하류 4개국으로 구성된 메콩강위원회Mekong River Committee[6]가 있지만 국가 간의 지속가능한 개발 협력을 위한 조정 기구로서의 역할을 하지 못한다. 실제로 메콩강위원회는 의사결정구조가 개별 국가의 정치, 경제 엘리트를 중심으로 이루어지도록 되어 있어서 위원회 내에서 자국의 입장을 대변하는 데 더욱 치중하기 때문이다.[7] 물론 MRC는 메콩강 유역 최초의 지역협력체인 1957년 메콩위원회를 계승하였지만 메콩위원회와는 달리 메콩강 개발과 관련하여 일국 차원을 넘는 협력의 중요성을 인식했다는 점에서 차별성을 갖고 있기는 하다. 메콩강위원회는 "강 유역의 수자원 사용과 개발로부터 비롯되는 환경의 해로운 영향을 피하고, 그것을 최소화하고 완화시키기 위해서 모든 노력을 해야 한다(1995년 메콩강 협약 7항)"고 명시하고 있다. 이러한 조항에 근거하게 되면 MRC는 심각한 초국가적 환경 문제를 초래할 수 있는 개발프로젝트에 대해서는 명시적으로 지지를 표명할 수 없게 되어 있는 것이다.

---

6 메콩강 수자원 개발과 관련하여 가장 대표적인 국가 간 지역 협력체는 메콩강 하류의 4개국(라오스, 태국, 캄보디아, 베트남)이 1995년에 메콩협약Mekong Agreement을 토대로 하여 설립한 메콩강위원회Mekong River Commission(이하 MRC)이다. 물론 하류와 상류의 국가를 모두 포함하는 지역협력체로서 GMSGreat Mekong Subregion(확대 메콩 권역)가 있지만 그것은 메콩강 유역 국가가 아닌 아시아개발은행이 주도해왔고, 메콩강에 관한 초국가적 조정기구보다는 개발기구로서의 성격이 강하다.

7 MRC의 조직구조는 위로부터 크게 3단계로 나누어지는데, 각국 정부의 각료급 인사가 자국을 대표하는 심의회council가 있고, 그 아래로는 국장급의 각국 대표로 구성된 공동위원회joint committee, 가장 하부구조로는 메콩강위원회의 실제 행정적 업무를 관할, 담당하는 사무국이 있다.

그러나 MRC가 메콩강 하류의 수자원 개발과 관련하여 발생하는 하류 유역의 초국가적 환경 문제에 관한 대표적인 역내 기구라는 점은 사실상 유명무실하다. 대표적인 예로는 최근 라오스와 캄보디아 정부가 추진하고 있는 메콩강 본류 댐 개발에 관해서 메콩강위원회가 명시적으로 지지를 표명하지는 않지만, 어떠한 공식적인 입장도 표명하지 않음으로써 결국은 본류에서 두 국가의 본류 댐 계획을 간접적으로 인정하고 있다는 것이다. 또한 2006년 6월에 세계은행과 아시아개발은행이 발표했던 '메콩수자원지원전략Mekong Water Resources Assistance Strategy, 이하 MWRAS'에서 MRC가 MWRAS에 기반하여 'MRC 전략계획 2006~2010'을 발표하고 새로운 파트너로 협력 관계를 갖기 시작했는데, 그러한 변화는 MRC가 지역 내 조정기구로서 창립된 취지와는 차별적이라는 것을 보여준다. 그 동안 세계은행과 아시아개발은행은 메콩강위원회와는 달리 '지속 가능한 개발'이 아니라 경제, 사회, 환경에서 '균형 잡힌 개발'을 강조해왔다. 말하자면, 개발로 인한 이득으로 환경의 희생이 보완될 수 있다는 낙관론에 기반하고 있으므로 환경 문제에 대한 우려로 인해 개발이 지연되어서는 안 된다고 보는 것이다. 메콩강위원회와 아시아개발은행과의 기본적인 관점의 차이는 두 기구 간의 긴밀한 협력을 사실상 미묘하게 방해하는 것이었다. 최근에 발표된 MWRAS에서는 메콩강 유역의 국가들이 경제 발전의 압박에 처해 있기 때문에 대규모의 수자원 인프라프로젝트를 수행하는 것은 당연하다고 주장하였는데, 실제로 2006년에 새로 발표된 MWRAS 계획 중에서 세 개 프로젝트는 이미 과거부터 초국가적 환경 문제로 인해 반대가 심각한 지역이 포함되어 있다. 이러한 점으로 미루어볼 때 메콩강위원회는 지역 내 개발 과정에서 초래되는 초국가적 환경 문제 등을 다룰 수 있는 초국가적 '조정기구'이기보다는 개별 국가의 이익을 더욱 잘 대변하는 '개발기구'로 변모했다고 해도 과언이 아니다. 결국 메콩강 유역에서 발생하는 초국가적 환경 문제에 관한 새로운 접근 방식이 필요해진 것이다.

4. 메콩시민사회의 현황

메콩시민사회란 개별국가 내에서 메콩강과 관련하여 활동하고 있는 시민사회 조직, 특히 NGOs뿐만 아니라, 유역 국가 내 시민사회조직 간 네트워크, 그리고 지역을 넘어서 국제적인 수준에서 메콩강의 문제를 중심으로 활동하는 국제 NGOs를 일컫는다. 이렇듯 메콩시민사회를 다소 느슨하게 규정하는 것은 아직까지 메콩시민사회의 형태가 명확하게 형성된 것은 아니기 때문이다. 그럼에도 불구하고 메콩강의 초국가적 성격 때문에 메콩시민사회의 본질적인 특성도 초국가적일 수밖에 없다는 것은 중요하다. 즉 다양한 수준에서 형성되고 있는 메콩시민사회는 메콩강이라는 공통의 이슈를 중심으로 하여 국가 중심적인 기존의 개발 접근 방식을 극복하고 상호 연대하여 메콩강 개발과 관련한 의사결정 과정에 영향력을 갖고자 한다는 것이다.

시기적으로 보면, 메콩강의 초국가적 환경 문제를 집중적으로 이슈화하는 시민사회 난체 및 비정부기구들은 1990년대 후반부터 활동하기 시작했다. 그러나 메콩강 개발과 관련하여 시민사회 활동이 본격화된 것은 메콩강의 주요 지류인 베트남의 Se San강에 지어진 Yali댐(1993~1996년)에 담수된 강물을 방출한 뒤 캄보디아의 북동쪽 지역들(특히 Ratanakiri, Streng Trung)의 수위가 갑자기 상승하여 인명 피해, 가축 피해, 농업 피해 등 심각한 문제가 발생하면서부터 시작되었다. 당시 캄보디아 내에서 1980년대부터 활동했던 국제비정부조직 Oxfam이 피해 상황에 관한 기본 조사 작업을 주도하면서 Yali댐의 문제는 실제로 피해를 입은 캄보디아 북동쪽 지방인 Ratanakiri와 Streng Trung 지역사회뿐만 아니라 메콩강 하류 유역의 지역사회 및 국제적인 차원으로 확대되어 초국가적 환경 이슈가 되었다.

그후 각각의 메콩강 유역의 개별 국가 차원에서도 메콩강의 초국가적 환경 문제와 관련한 다양한 시민사회 활동이 활발해지기 시작했다. 메콩강 문제를 중심으로 하는 시민사회의 발전 수준은 국가별로 다양하다. 우선 태국은 메콩강 하류 유역 국가들 중에서 시민사회 활동이 가장 활발한 편이고 메콩시민사회 활동의 국제적 네트워크가 잘 구축되어 있다는 특징이 있다.[8] 태국에서 메콩시민사회 활동을 활발하게 해오고 있는 대표적인 단체들은 Living River Siam-SEARIN, Thai People's Network for Mekong, Towards Ecological Recovery and Regional Alliance(TERRA) 등 주요 NGOs들이다. 특히 TERRA는 웹사이트를 통해 메콩강 유역의 환경 문제뿐만 아니라 관광과 개발에 관한 많은 자료를 취합하고 있으며, 월간브리핑 자료인 *New Frontiers*와 격월간 잡지인 *Watershed*를 발행한다. 메콩강 유역 전반에 대한 지속적인 모니터링과 연구를 수행함으로써 메콩강 환경 문제와 그로 인한 인간안보에 대해서 문제를 제기해오고 있다.

태국 다음으로 메콩시민사회 활동이 왕성한 나라는 캄보디아다. 주로 캄보디아강연합회 Rivers Coalition in Cambodia(이하 RCC)를 중심으로 주요 활동이 이루어지고 있는데, RCC 내에는 3S RIVERS Protection Network, Cambodia Volunteers for Society, Conservation and Development on Cambodia, Cultural and Environmental Preservation Association, Fisheries Action Coalition Team, NGO Forum on Cambodia가 속해 있다. 캄보디아의 메콩시민사회도 태국과 마찬가지로 국제적 NGOs와 연대하여 지역사회의 피해 실태를 조사하고, 그 심각함에 대한 인식을 확산시키는 등의 활동을 하고 있다. 이러한 국제적 연대는 캄보디아의 시민사회와 국제적 NGOs 간의 긴밀하고 의존적인 관계 때문에 가능하다. 또한 MRC나 캄보디아 정부와도 지속적인 접촉을 통해 개발정책 과정에 참여하고자 노력해오고 있으며, 환경포럼을 정기적으로 가짐

---

8 일례로 태국에서 Pak Mun댐(1994)이 건설된 후 어획량이 급격히 감소하여 직접적으로 경제적인 피해를 크게 입었던 유역민들이 12년간 시민사회와 국제적 비정부기구들의 지원으로 태국 정부와 투쟁한 끝에 정부가 물고기의 이동 통로를 만들어주기 위해 4개월 동안 댐의 수문을 열었던 적이 있다. 댐 건설로 인해 거주지를 상실했던 지역주민들은 3,600달러의 보상금을 3년 분할 방식으로 지급받았다. 그에 불만을 가진 이주자들이 메콩위원회(95년 이후에는 메콩강위원회로 바뀜)와 태국정부에 소송을 제기하였다.

으로써 관련 자료를 축적하고 메콩강 환경 문제의 심각성에 대한 실태를 모니터링하는 데 주력하고 있다. 그러나 현실적으로는 이들 메콩시민사회의 노력과 요구사항들이 정부나 MRC의 개발정책 과정에 반영되는 것은 아직까지는 매우 어려운 상황이다.[9] 한편 베트남과 라오스는 사회주의 정치 체제를 유지하고 있어서 캄보디아와 태국에 비해서는 전반적으로 시민사회 발달 수준이 낮을 뿐만 아니라, 메콩강의 환경 문제를 주요 이슈로 하는 시민사회조직이 아직까지 뚜렷하게 보이지 않는다.

그러나 국가별 시민사회 발전 수준의 차이에도 불구하고 시민사회조직의 활동 영역이 메콩강이라는 지역 내 공통 변수를 중심으로 하여 서로 긴밀하게 연대하여 가는 양상이 나타나고 있다. 일례로 2007년에는 하류 4개국에 속한 28개의 메콩강 관련 시민사회가 국제적 NGOs와 연합하여 라오스, 태국, 캄보디아, 베트남의 국가메콩강위원회NMC와 메콩강위원회MRC에 요청함으로써 라오스 정부가 Don Sahong댐 건설의 재검토를 하도록 하였다.[10] 물론 역내 메콩시민사회 내의 그러한 연대 활동이 메콩강 개발과 관련된 의사결정 과정에 영향력을 행사할 수 있었던 것은 아니었지만 그러한 시도는 향후 메콩시민사회의 초국가적 연대와 활동의 발전을 위해서 의미 있는 시사점을 던져주었다.

한편 메콩시민사회는 메콩강 유역 국가라는 지역regional 범위를 넘어 다양하고 복합적인 행위자들을 포함하는 국제 수준의 비정부조직들과도 연대해오고 있

---

9 Ngy San와의 인터뷰(Deputy Executive Director, NGO Forum on Cambodia, 2008.8.10, Phnom Penh). NGO Forum on Cambodia는 캄보디아 주요 시민사회단체들의 우산과 같은 역할을 하는 단체로서 이 조직 내에는 환경뿐만 아니라 인권, 여성 등 다양한 이슈를 다루는 NGO들이 회원으로 되어 있다.

10 주요 단체로는 태국의 Living River Siam-SEARIN, TERRA, Thai Volunteer Service, Sirindhorn Dam Network, Hua Na Dam Network, Lam Takong Dam Network, Pak Mun Dam, Network on the Proposed Pong Khun Phet Dam, Villager Club for Songkhram River Protection, Tam Mun Project 등이 있고, 캄보디아의 NGO Forum on Cambodia, 3 Rivers Protection Network가 참여하였다. 나머지 참여단체는 모두 국제 NGO들이다. 한편 베트남과 라오스의 참여율이 낮고 참여한다고 하더라도 시민사회단체별 수준이 아닌 개인적 차원의 참여로 이루어지고 있는 편이다.

다는 점을 주목할 만하다. 시민사회의 경험이 서구와 다르고 역사도 짧은 이들 국가들에서 국제적 NGO의 활동이 이미 깊숙이 개입하고 있기 때문에 국제적인 수준의 시민사회단체 및 비정부기구들과 메콩강 지역 내 시민사회와의 연대는 향후에 메콩시민사회 활동의 방향과 파급 효과에 결정적인 변수가 될 수 있을 것으로 기대된다. 실제로 지금까지 메콩강 유역 국가들, 특히 태국과 캄보디아를 중심으로 하여 메콩강 환경시민사회단체들의 활동이 증가하고는 있지만 여전히 국제적 NGO의 재정 · 기술 지원이 중요한 상황이다. 또한 국제비정부조직들은 유역 사회의 피해 상황을 주도적으로 조사할 뿐만 아니라, 지역 시민사회 파트너들을 지원하고 양성하는 데도 도움을 주고 있고, 그 밖에도 시민사회운동의 경험이 취약한 지역민들을 지원 · 교육하거나 개발로 인한 환경 · 사회 문제를 분석하여 국제 캠페인을 조직해오고 있다.

이와 관련하여 국제하천네트워크IRN, 세계야생기금WWF, 환경과 개발에 관한 연구소IIED 등이 대표적이다. 또한 주요 국제개발기구의 역할이나 원조 공여국의 정책 및 기업투자를 모니터링하고 그에 대응하거나 개발과 환경 문제 등에 관련된 정보들을 취합하여 관련기구나 단체와 공유하면서 메콩강의 초국가적 환경 문제에 대한 국제적 이해와 활동을 강화시켜나가는 활동을 하고 있다. 이와 관련하여 NGO Working Group on the ADB, Probe International, Australian Council for Overseas Aid, Mekong Watch 등이 있다.[11] 이렇듯 국제 NGOs의 활동과 지역사회에 대한 지원이 확대되면서 메콩강 유역 사회의 초국가적 환경 문제가 더욱 부각되게 되었다.

말하자면 메콩강 하류 유역에서는 초국가적인 환경 문제로 인해 직접적인 영향을 받게 될 지역local사회 수준, 유역의 개별 국가 수준, 메콩강 유역 국가로 분류되는 지역region단위, 그리고 세계적 수준에서 결성된 비정부조직들이 상호

11 남상민, 〈메콩강: 아시아의 또 하나의 미래〉, 세미나 미발표 논문, 1996.

복합적인 네트워크를 형성함으로써 메콩시민사회 내 상호연대성을 강화해나가고 있는 것이다. 하지만 실제 개발정책결정에서 지역사회의 요구를 전달하기 위한 대표자들의 참여 통로가 확보되어 있지 않은 것은 여전히 가장 근본적인 문제다.

5. 메콩강 유역의 시민사회연대

최근 국제사회에서 국가 이외에 새로 등장한 행위자들이 점차 국제제도 및 지역 기구에 참여할 능력과 기회가 생겨나는 등 그들의 영향력을 확대해가고 있다. 이러한 맥락 속에서 보면, 메콩시민사회 내 시민사회조직들의 초국가적 활동은 앞으로 더욱더 주목받게 될 것이다. 그것은 무엇보다도 시민사회단체 내 전문가 집단이 강화되고 있고, 그들을 중심으로 하여 사전 환경영향평가나 사후 모니터링이 지속적으로 이루어지고 있어서 메콩강 개발로 인한 초국가적 환경 문제에 관한 한 시민사회조직, 특히 NGO의 역할이 중요해지고 있기 때문이다. 그러나 현재로서는 메콩강 하류 유역 국가들의 민주주의 수준이 낮아서 활동이 제한되거나 개발의 시급함 때문에 환경 문제에 대한 시민사회의 요구가 사회적으로 주목받지 못할 수도 있다.

그렇다면 메콩시민사회가 메콩강의 초국가적 환경 문제와 관련하여 정치적 파급력을 높이기 위해서는 어떠한 방식의 전략을 취해야 할 것인가. 이와 관련하여 메콩시민사회는 유역 국가를 초월하는 비국가 행위자들과 효율적인 네트워크를 형성해 나갈 필요가 있다. 이에 메콩강 유역 국가들과 긴밀하게 관련되어 있는 다른 국가들의 시민사회 조직들과의 초국가적 연대를 통해서 메콩강의 초국가적 환경 문제를 이슈화해나가야 할 것이다. 특히 초국가적 환경 문제는 유역 사회 주민들의 생존권을 위협하는 인간안보의 핵심 원인을 제공하기도 하므로 그것이 환경 문제를 넘어서 강을 공유하는 국가 간 정치적인 대립점으로 발전할 가능성도 있기 때문이다. 이러한 맥락에서 메콩시민사회는 메콩강과 직접적인 삶의 연결고리는 없지만, 정치, 경제적 차원에서 긴밀하게 관련되어 있는 국가들의 시민사회 조직과의 연대를 통한 지원과 협력이 긴요한 것이다.

특히 1990년대 후반부터 동남아 지역과 정치, 경제, 사회문화적 차원에서 긴밀한 관계를 형성해오고 있는 동아시아 지역 국가들의 시민사회 조직과 초국가적 연대를 구축해나가는 것이 중요한 의미를 갖는다. 이는 최근 발표된 메콩강 본류 댐 개발계획을 보더라도, 11개 중에서 2개를 제외한 나머지 9개의 본류 댐이 중국을 비롯한 동아시아 역내 국가들의 지원을 받고 있기 때문이다. 메콩강 개발로 인한 환경 문제는 외부 개발투자의 영향이 매우 크다는 점에서 볼 때, 가장 활발한 개발투자를 하고 있는 동아시아 국가들의 시민사회가 메콩강의 초국가적 환경 문제에 관한 관심을 가지는 것은 어쩌면 당연한 일일 것이다.

한국의 경우도 정부나 기업이 1990년대 이후 메콩강 개발에 활발히 참여해왔기 때문에 더욱 한국시민사회가 관심을 기울여야 할 것이다.[12] 이렇듯 한국기업이 적극적으로 메콩강 수력발전 개발에 관여하고 있는 상황에서 한국시민사회의 역할이 무엇인지 검토되어야 할 것이다. 물론 그동안 한국시민사회가 메콩강 유역의 개발 과정에 전혀 무관심했던 것은 아니지만 최소한 기존의 방식과는 차별화할 필요가 있다. 말하자면 한국시민사회가 갖고 있는 관점이나 특성을 바탕으로 관여하기보다는 개발이 실제 이루어지고 있는 메콩강 지역사회와 그들을 지원하는 메콩시민사회로부터 들려오는 한국의 메콩강 개발 협력의 실효에 대해서 귀를 기울여야 할 것이다. 그것은 메콩강 지역에서 형성되고 있는 한국에 대한 인식이라고 볼 수 있기 때문이다.

12 일례로, 라오스가 개방을 표명한 이래 외국 민간자본에 의한 수력개발 1호는 한국의 대우건설이 수주한 후에이호 수력발전 댐 건설 프로젝트였다. 대우건설은 외국기업으로는 최초로 라오스 정부기관 최고의 훈장을 받기도 했다. 1994년 공사에 착수하여 1998년 상업발전을 목표로 건설되었다. 또한 2006년 8월 SKEC-서부전력이 390MW 규모에 총 투자규모 6.5억 달러의 세피안 세남느이 수력발전소 건설을 위한 타당성 조사의 양해각서를 체결하였다. 〈경향신문〉 1996.5.7; 한겨레 인터넷신문, 2007.3.11.

한편 시민사회의 초국가적 연대를 통한 동아시아 지역 내 관계 형성은 기존에 국가 중심으로 주도되어왔던 수직적 국제관계의 틀을 벗어날 수 있다는 점에서 의미가 있다. 주지하다시피, 1997년 경제 위기 이후 제기되기 시작한 동아시아 지역주의는 경제적 협력을 강조하면서 동남아와 동북아가 보다 긴밀하게 하나의 지역으로 구성될 것을 요구해왔다. 그리고 그 과정에서 일본과 중국을 중심으로 패권 경쟁이 나타났다. 새로운 지역 질서로서 수평 관계를 주장하면서도 현실적으로는 여전히 또 다른 수직적 지역 질서를 형성하려는 노력이 지속되어왔던 것이다. 이러한 상황에서 개방성과 수평성을 특징으로 하는 네트워크를 중심으로 하여 초국가적으로 연대하고 있는 메콩시민사회의 양상은 흔히 동아시아의 지역주의에서 가장 현실화하기 어려운 것으로 보이는 정치 공동체 혹은 사회문화 공동체를 구성하는 토대 혹은 아이디어를 제공할 수도 있을 것이다. 이미 메콩시민사회는 메콩강의 초국가적 환경 문제에 관한 공동의 행동을 시작했기 때문이다.

참고문헌

국내문헌

권율, 〈메콩강 개발 사업 추진 현황과 과제〉, 《지역경제》, 1998.

김정인 · 최동주, 〈메콩강 유역 개발 사업과 환경 · 자원 갈등〉, 《동남아시아연구》 제6호, 1998.

김홍구 · 박장식, 〈메콩강 하류유역 국가의 지역협력에 관한 연구〉, 《국제지역연구》 제4권 2호, 2000.

남상민, 〈메콩강: 아시아의 또 하나의 미래〉, 세미나 발표문(미발표 논문), 1996.

박번순, 〈메콩강 유역개발 참여 긴 눈으로 다각 추진을〉, 《삼성경제》, 1996.

심의섭, 〈메콩강 개발 사업과 경제적 평가〉, 《동북아지역연구》 제9권 1호, 1997.

양승윤 · 이요한, 〈메콩강개발과 동남아 지역협력의 전망〉, 《국제지역연구》 제1권 2호, 1997.

정재완, 〈메콩강 유역개발의 최근 동향과 시사점: 제12차 Ministrerial Conference를 중심으로〉, 《세계경제》, 2003.

정재완, 〈제2차 메콩강 유역 정상회의의 주요 내용과 평가〉, 《세계경제》, 2005.

최동주, 〈메콩강 유역 개발현황과 한국 기업의 투자진출여건〉, 《철강경제》, 1996.

최호림, 〈베트남의 시민사회와 NGO〉, 《민주주의와 인권》 제8권 2호, 2008.

해외문헌

ADB(a). *Building on Success: A Strategic Framework for the Next Ten Years of the Greater Mekong Subregion Economic Cooperation Program.* Manila: ADB, 2002.

ADB(b). Environment Policy. Manila: ADB, 2002.

Ahmed, Mahfuzuddin. Tana, Touch Seang., and Thuok, Nao. "Sustaing the Gifts of the Mekong : The Future of Freshwater Capture Fisheries in Cambodia". *Watershed,* Vol.1, No.3, 1996.5~1996.7.

Asian Development Bank(ADB). *Water for All: The Water Policy of the Asian Development Bank.* Manila: ADB, 2000.

Bernauer, Thomas. "Managing International Rivers". Global Governance: *Drawing Insights from the Environmental Experience.* Cambridge: MIT Press, 1997.

Bunbongkarn, Suchit. “Security Challenges in the Greater Mekong Sub-Region”. *The Greater Mekong Subregion and ASEAN: From Backwaters to Headwaters*. Phnom Penh: Cambodian Institute for Cooperation and Peace, 2000, pp.143~153.

CEPA. *Sekong River-Based Livelihood Study in Northeast Cambodia*. Phnom Penh: CEPA, 2007.

Chantawong, Montree. “The Mekong's Changing Currency”. *Watershed*, Vol.11, No.2, 2005.11~2006.6.

Diokno, Maria Serena I., and Chinh, Nguyen Van(eds.). *The Mekong Arranged & Rearranged*. Chiang Mai: Mekong Press. 2006.

Goh, Evelyn. “The Hydro-Politics of Mekong River Basin: Regional Cooperation and Enviromental Security”. Andrew T.H Tan (ed.). *Non-Traditional Security Issues in Southeast Asia*. Singapore: Select Publishing, 2001.

Hirsch, Philip., and Cheong, Gerard. “National Resource Management in the Mekong River Basin: Perspectives for Australian Development Cooperation”. *Final overview report to Aus AID*. University of Sydney, 1996.

Hourn, Kao Kim., and Chanto, Sisowath D. “The Greater Mekong Subregion: An ASEAN Issue”. Simon S.C. Tay(ed.). *Reinventing ASEAN*. Singapore: ISAS, 2003.

Hourn, Kao Kim., and Kaplan, Jeffery A (eds.). *The Greater Mekong River and ASEAN: From Backwaters to Headwaters*. Phnom Penh: Cambodian Institute for Cooperation and Peace, 2000.

International Rivers. *Power Surge: The Impacts of Rapid Dam Developtment in Laos*. International Rivers: Berkeley, 2008.

Jacobs, Jefferey W. “The Mekong River Commission: Transboundary Water Resource Planning and Regional Security”. *Geographical Journal* 168(4). 2002, pp.354~364.

Jayasuriya, Kanishka. “Embedded Mercantilism and Open Regionalism: The Crisis of Regional Political Project”. *Third World Quarterly*, Vol.24, No.2, 2003.

______. *Asian Regional Governance: Crisis and Change*. London: Routledge Curzon, 2005.

Kaosa-ard, Mingsarn., and Dore, John(eds.). *Social Challenges for the Mekong Region*. Chiang Mai: Chiang mai University Social Research Institute, 2003.

Lebel, Louis., Garden, Po., Imamura, Masao. "The Politics of Scale, Position, and Place in the Governance of Water Resources in the Mekong Region". *Ecology and Society,* Vol.10, No.2, 2005.

Middleton, Carl., and Lee, Gary. "Mekong Water Resources Assistance Strategy: Justifying Large Water Infrastructure with Transboundary Impact". *Watershed,* Vol.12, No.1, 2006.7~2007.2.

Miller, Fiona., and Hirsh, Philip. "Civil Society and Internationalized River Basin Management". *Working Paper Series of Australia Mekong Resource Center,* No.7, 2003.

Ministry of Planning. *Second Socioeconomic Development Plan 2001~2005 (SEDP-Ⅱ).* Phnom Penh: Royal Government of Cambodia, 2001.

MRC. *An Introduction to Cambodia's Inland Fisheries.* Vientiane: MRC, 2004.

______. *BDP Program Phase2(2006-2010): Revised Programme Document (Final Draft).* 2006.7.14.

Newman, Peter. "Changing Pattern of Regional Governance in EU". *Urban Studies,* Vol.37, No.5, 6, 2000.

Osborne, Milton. *The Mekong: Turblulent past, uncertain future.* Allen & Unwin, 2001.

Ratner, Blake D. "The Politics of Regional Governance in the Mekong River Basin". *Global Change,* Vol.15, No.1, 2003.2, p.65.

RCC. *Cambodia's Hydropower Development and China's Involvement.* Phnom Penh: RCC, 2008.

______. *Review and Feedback on Environmental Impact Assessment (EIA) on the Cambodian Part of the Se San River due to Hydropower Development in Vietnam.* Phnom Penh: RCC, 2007.

Samram, C. "The Mekong Basin Development Plan". *Development Dilemmas in the Mekong Subregion.* Clayton: Monash University Asia Institute, 1996.

Smith, Paul J., and Gross, Charles H. "Water and Conflict in Asia". *Paper presented at the Asia-Pacific Center for Security Studies Seminar Series.* Honolulu, 2000. 2.

Stensholt, Bob. *Developing the mekong Subregion.* Clayton: Monash University Asia Institute, 1997.

TERRA. *Watershed*, Vol.12, No.3, 2008.11.

Than, Mya. *The Golden Quadrangle of Mainland Southeast Asia: A Myanmar Perspective*. Singapore: Institute of Southeast Asian Studies, 1996.

Try, Thuon., and Chambers, Marcus. *Situation Analysis: Stung Treng Province. Cambodia*. Phnom Penh: UNDP/IUCN/MRC, 2006.

Tran, Cao Thanh. "Programs and Perspectives of International Cooperation on the Economic Development of the Mekong Subregion". *Southeast Asian Studies* 3(36). 1999, pp.8~17.

Wescott, Clay G.(ed.). *Key Governance Issues in Cambodia. Lao PDR, Thailand, and Vietnam*. Manila: ADB, 2001.

Willams, Phil. "A Simplistic Plumbing Problem: A Review of the Mekong Mainstream Run-of River Hydropower Report". *Watershed,* Vol.1, No.3, 5, 6, 1996.

Xaysana, Souliyavong. "A Study on the Se San River Issues Between Cambodia and Vietnam under International Law". *TLBU Graduate School of Law in Seoul*. Master Dissertation, 2007.

제4장

21세기 아시아 지역공동체와 광역 질병

허창덕

허창덕 許昌德

Southern Illinois University at Carbondale, IL, USA에서 학위를 취득하고, 현재 영남대학교 사회학과 조교수와 대구경북 뇌성마비복지회 상임이사를 겸하고 있다. 논저로는 "Not just Diagnostic but Prognostic: A New Application of a Tree Drawing Activity for University Student' Career Decisions"(2008), "Historical Overview of Framing Ideology and Collective Action in American Environmentalism"(2009), "Research Trends and Future Academic Goals for Vocational Rehabilitation in Korea"(2008) 등이 있다.

21세기 아시아 지역공동체와 광역 질병

-현황과 시민사회의 과제-

1. 세계화와 신종 질병의 발생

과학기술의 놀라운 발전으로 말미암아 금세기는 인류 역사상 그 유례를 찾아볼 수 없을 만큼 물적·인적 유동성이 증대되어가고 있다. 세계화globalization라는 용어가 사용 분야에 따라 조금씩 그 의미에 차이가 있다고 해도,[1] 기본적으로는 전통적 의미의 개별 단위 국가에 머무르던 사람들이 지구촌이라고 하는 하나의 광역사회로 통합되어간다는 의미를 지니고 있듯이 금세기를 살아가는 사람들은 그 어느 때보다도 삶의 공간적 선택과 이동이 자유롭고 활발하다.

세계관광기구UNWTO의 통계 자료에 의하면 2005년 국제관광객 수는 2004년 7억 6,600만 명에서 8억 800만 명으로 증가하여 사상 최초로 8억 명을 돌파하였다. 대륙별로는 유럽 4억 4,400만 명, 아시아·태평양이 1억 5,600만 명, 미주가 1억 3,300만 명의 순이며 2004년에 비해 5.5%가 증가한 것으로 나타났다. 특히 아시아·태평양 지역에서 중국, 홍콩, 일본, 타이완, 한국 등이 속한 동북아시아가 10.2%의 두드러진 성장률을 보였는데 이와 같은 동향은 향후 지속될 전

1 http://en.wikipedia.org/globalization.

망이다.[2]

문화관광부에서 발간한 관광 동향 연차보고서(2006)를 보더라도 2005년 국내 출국자 수는 1,007만 7,619명으로 전년도인 2004년 882만 5,585명에 비해 14.2% 정도가 증가할 만큼 내국인의 해외여행이 쇄도하고 있다. 여행 목적을 살펴보면, 관광이 552만 명으로 전체 출국의 54.8%를 차지하고 있으며, 상용(20.6%), 방문(8.6%)의 순이었으며, 지역별 출국 동향에 있어서도 중국(296만 명)과 일본(174만 명)이 상위 1, 2위를 기록하였고, 아시아 주에 732만 명으로 전체 출국자 수의 72.6%를 차지하고 있는 것으로 나타났다.[3]

세계관광객 수가 8억여 명을 돌파하고, 국내에서도 한 해 1,007만여 명이 해외로 출국하는 등 국경을 넘어 국제사회의 성원으로 통합되어가는 일련의 과정은 이제 시대의 당위처럼 보인다. 그러나 이러한 세계화의 흐름은 많은 사람들이 기대하는 것처럼 단순히 긍정적인 결과를 보장해 주진 않는다. 노동, 환경, 이민, 빈곤, 복지, 범죄, 질병과 같은 분야에서 이미 초국가적인 사회 문제들이 대두함으로써 세계화 · 지역화에 대한 전망을 어둡게 하고 있다.

특히 인구의 활발한 이동은 특정 지역에 존재하던 토착 질병이나 바이러스를 빠른 속도로, 보다 광범위하게 전파시키는 원인이 되고 있다. 세계화 및 지역화의 예기치 않은 결과라고 할 수 있겠지만, 그렇다고 해서 세계화 및 지역화의 시대적 흐름을 인위적으로 막아내거나 되돌려놓을 수는 없을 것이다. 따라서 이러한 부정적 측면을 보다 적극적으로 예측하고 그 피해를 최소화하는 길이 무엇일까를 미리 고민하는 것이야말로 인류사회의 지혜가 될 것이다. 이 글은 바로 그러한 맥락에서 세계화 · 지역화의 부정적 측면으로 대두되고 있는 초국가적 사회 문제, 특히 21세기 아시아 지역공동체가 직면하고 있는 현대 질병들인 조류

2 별첨 1.

3 별첨 1.

독감, 에이즈, 사스의 현황에 대해 먼저 파악해 보고, 시민사회의 영역에서 이러한 질병에 어떻게 대응하는 것이 보다 현명할 것인가를 논의해 보고자 한다.

2. 조류독감AI: Avian Influenza

2.1 조류인플루엔자의 개념 및 증상

조류인플루엔자란?

인플루엔자는 A, B, C 세 가지 유형으로 나뉜다. 인플루엔자 C는 우리가 보통 감기라 부르는 것의 원인이고, 인플루엔자 B는 주로 일반적인 겨울 독감의 원인인데, 조류인플루엔자 AI는 인플루엔자 A형에 속한다. '조류인플루엔자' 란 이름이 붙은 것은 인플루엔자 A의 주요 숙주가 닭, 칠면조 등 가금류와 오리 등 야생조류이기 때문이지만, 최근에 조류인플루엔자가 돼지 등 포유동물과 인간에까지 전염되고 있듯이 숙주가 조류에서부터 인간으로 확산되고 있는 실정이다. 인플루엔자 A 단백질은 매년 아미노산을 바꾸어 새로운 변종을 만들어내는데, 이러한 항원antigenic의 변이에 따라 H1N1, 혹은 H5N1 등 서로 다른 유전자 번호를 붙인 변종이 나타나고 있다.[4] 최근에 와서 문제가 되고 있는 조류인플루엔자는 바로 인플루엔자 A형 중 H5N1이라는 변종으로 알려져 있다.[5]

조류인플루엔자의 주요 임상증상

조류독감의 주요 임상증상을 가금류와 인체 감염으로 나누어서 보면, 먼저 가

4 H와 N은 인플루엔자 바이러스의 2개의 표면 항원의 종류를 가리키는 것으로, H와 N의 조합에 따라 A형 인플루엔자의 여러 가지 아형亞型을 나타낸다. H는 헤마그루티닌Hemagglutinin이라는 단백질을, N은 뉴라미니다아제Neuraminidase라는 효소를 가리킨다. 두 항원의 유형에 따라 수많은 변이가 발생한다.

5 마이크 데이비스 저, 정병선 역, 《조류독감: 전염병의 사회적 생산》, 돌베개, 2008.

금류가 감염되었을 때 나타나는 주요 특징은 호흡기 증상, 산란율 저하와 폐사 등이다. 산란율은 감염 시 보통 1~2주 사이에 40~50% 정도까지 감소할 수 있으며, 심한 경우 산란 정지를 보이기도 한다. 산란율 감소 시에는 무각 또는 연각란이 관찰되고 있으며 그 이외에 활력 저하, 사료 섭취 감소와 쇠약, 육수나 벼슬에 청색증, 머리와 안면부에 부종, 그리고 깃털을 세우고 한곳에 모이는 행동이 관찰되기도 한다. 폐사율은 매우 다양하여, 질병이 있는지 모를 정도로 폐사가 없는 경우부터 5~10% 폐사율을 보이는 계군鷄群까지 있으며, 산란 전에 감염된 닭에서는 임상증상이 관찰되지 않는 예가 많고, 백색산란계나 육용종계는 갈색산란계보다 평균폐사율이 더 높다고 보고되고 있다.[6]

한편 조류독감이 인체 감염을 일으켰을 때 나타나는 주요 증상을 보면, 1~3일 정도의 잠복기를 가지다가 7일 이내에 발병하는데, 발열(39℃ 이상)이 3~4일 지속되면서 콧물, 코막힘, 기침, 두통, 전신무력감, 소화기계 증상(구토, 복통, 설사)등을 보이는데, 증상이 심해지면 폐렴, 급성호흡 곤란증 등 합병증을 유발한다.[7]

현재 조류독감의 치료제로는 뉴라미니다아제Neuraminidase 억제제와 이온채널 M2억제제 두 가지가 언급되고 있는데, 먼저 뉴라미니다아제 억제제는 바이러스를 증식시키는 효소기능을 억제하는 역할로 타미플루Oseltamivir(신형 항바이러스제)가 대표적이며, 성인은 매일 150mg, 소아 3mg 복용을 권장하고 있다. 이온채널 M2억제제는 조류독감 바이러스의 복제를 억제시키는 기능을 하며 아만타딘Amantadine, 리만타딘Rimantadine 등의 약품이 대표적이며, 성인의 경우 매일 2회 100~200mg 복용을 권장하고 있다.[8]

---

6 국가지정 생물학연구정보센터, 2003.

7 변정란, "조류독감 Avian Influenza: AI 직원 교육용", 천안의료원 감염관리위원회, 2007.

8 한중과학기술 협력센터, "조류독감 인체감염에 대한 진단치료방안", http://www.kostec.re.kr/uploads/comm/ 051102조류독감%20인체감염에%20대한%20 진단치료방안(2005).pdf/, 2005.

2.2 조류인플루엔자AI-H5N1 발생의 세계적 동향

조류인플루엔자는 지난 1997년 홍콩에서 처음 발생하여 당시 18명이 감염되고 그중 6명이 사망하였다. 그러나 2003년부터 홍콩과 중국 남부에서 다시 발생한 조류인플루엔자AI/H5N1는 국지적인 전염병으로 머물지 않고, 이번에는 동남아 전 지역과 우리나라, 일본 등 아시아 주요 지역, 그리고 심지어 유럽, 아프리카 등 유라시아 대륙의 여타 지역까지 퍼져나갔다. 연도별로 확산 과정을 좀 더 살펴보면, 2003년에 베트남과 중국에서 조류인플루엔자가 발생한 이후, 2004년에는 베트남에서 그 인접국가인 태국으로, 2005년에는 베트남을 중심으로 한 대다수의 동남아 지역(베트남, 캄보디아, 인도네시아, 태국)으로 조류인플루엔자가 확산되었다. 또 2006년부터는 동남아 지역뿐만 아니라 유럽 지역의 아제르바이잔과 터키, 동지중해 지역의 이집트와 이라크에서 조류인플루엔자가 발생했으며, 2007년에는 서태평양 지역의 라오스, 아프리카 지역의 나이지리아까지 확산됨으로써 2005년까지 국지적으로 나타났던 조류인플루엔자 문제가 2006년부터 세계적인 문제로 확대되었던 것으로 나타났다.[9]

한편 본격적인 조류인플루엔자의 발생 시작 연도인 2003년부터 지난 2008년까지 세계보건기구WHO: World Health Organization가 집계한 조류인플루엔자의 인간 발병 사례는, 전 세계 15개국에서 총 감염자 수가 395명, 그로 인한 사망자 수는 250명으로 각각 나타났다.[10]

2.3 동남아 주요국가들과 다른 지역 간의 조류인플루엔자 발생 동향 비교

조류인플루엔자의 발생 이래로 가금류의 집단 폐사 및 방역 활동이 세계 곳곳에서 강화되고 있지만, 그러한 노력이 보다 집중적으로 이루어지고 있는 곳은 베

9 David Quammen, "Deadly Contact: How Animals and Humans Exchange Disease", *National Geographic* 212(4), 2007, pp.78~105.

10 WHO, 2008.

트남, 인도네시아, 캄보디아, 태국 등을 포함하는 동남아시아 지역 국가들이라고 할 수 있다. 아래의 〈표1〉과 같이, 2003년부터 2008년까지 6년간의 통계치를 기준으로 비교했을 때, 세계 전체 인체 감염 사례 395건 중에서 71%를 넘는 281건이 동남아의 상기 4개국에서 발생했음을 알 수 있다.[11]

표1 동남아 4개국과 다른 지역 간의 조류인플루엔자 인체감염 현황 비교(2003년~2008년)

(단위: 명)

국가	2003년		2004년		2005년		2006년		2007년		2008년		총 계	
	감염	사망	감염	사망	감염	사망	감염	사망	감염	사망	감염	사망	감염	사망
인도네시아	0	0	0	0	20	13	56	45	42	37	24	20	141	115
베트남	3	3	29	20	61	19	0	0	8	5	6	5	107	52
태국	0	0	17	12	5	2	3	3	0	0	0	0	25	17
캄보디아	0	0	0	0	4	4	2	2	1	1	1	0	8	7
동남아4개국	3	3	46	32	90	38	60	50	51	43	31	25	281	191
소계	75%	75%	100%	100%	91.8%	88.4%	52.2%	63.3%	58%	72.9%	70.5%	75.8%	71.1%	46.4%
여타국가	1	1	0	0	8	5	56	29	37	16	13	8	114	59
소계	25%	25%	-	-	82%	11.6%	47.8%	36.7%	42%	27.1%	29.5%	24.2%	28.9%	23.6%
총계	4	4	46	32	98	43	115	79	88	59	44	33	396	250
	100%	100%	100%	100%	100%	100%	100%	100%	100%	100%	100%	100%	100%	100%

출처: WHO, 2009.

조류인플루엔자 발생에 따른 사망자 수 역시, 여타 지역에 비해 동남아시아 주요 4개국에서 압도적으로 높은 것으로 나타났는데(〈그림1〉 참고), 세계 전체 사망자 250여 명 중에서 191명(76.4%)이 이들 지역에서 사망한 것으로 보고되고 있다.[12]

---

11 WHO, 2008.

12 World Health Organization, "Cumulative Number of Confirmed Human Cases of Avian Influenza A/(H5N1) Reported to WHO, 24 January 2009", 2009. http://www.who.int/csr/disease/avian_influenza/country/cases_table_2009_01_24/en/index.html

그림1 동남아 4개국과 다른 지역 간의 조류인플루엔자 사망자 현황 비교

(단위: 명)

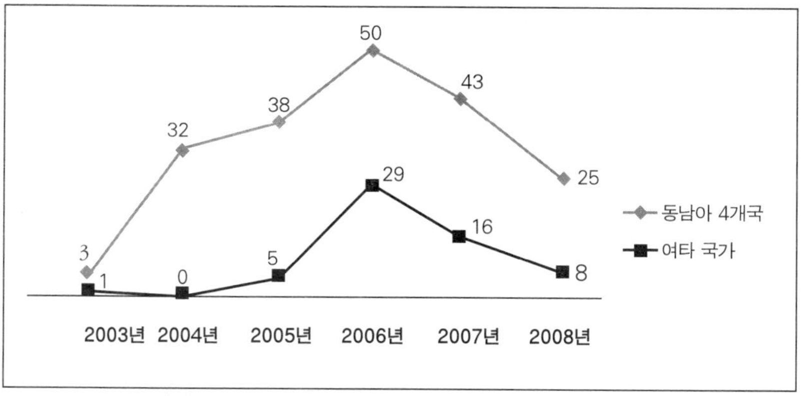

자료출처: WHO, 2009

3. HIV/AIDS

3.1 HIV/AIDS의 개념 및 주요 증상

HIV/AIDS란?

에이즈AIDS란 Acquired Immune Deficiency Syndrome의 약어이며 우리말로는 '후천성면역결핍증'으로, 사람이 인체면역결핍바이러스HIV: Human Immunodeficiency Virus에 감염되어 체내 면역체계가 파괴되는 것을 말한다. HIV 감염증은 기본적으로 만성의 감염증이지만, 치료를 받지 않을 경우 평균 8~10년이 지나면 발병하기도 하고, 15년 후에는 78~100%의 감염자가 에이즈로 발병한다고 알려지고 있다. HIV 감염자가 에이즈로 발병하는 것은 1년에 5~7%이며, 발병은 감염 후의 경과 시간에 따라 일률적으로 정해지는 것이 아니라, CD4 양성임파구(면역림프구) 수의 감소, 치료, 다른 미생물의 감염이나 영양 상태 등 여러 가지 요인이 관여한다고 보고되고 있다.[13]

HIV/AIDS의 주요 증상

아래 〈그림2〉에서 알 수 있듯이, 감염 후 경과는 급성감염기, 무증상기, 초기증상기, 말기증상기를 거쳐 사망에 이르는 단계를 거치게 되는데, 급성감염기의 경우 감염 초기에 나타나는 특징적인 증상은 없지만 일부 감염자(30~50%) 중에서 감염 수주 후에 감기 증상과 유사한 증상이 나타나게 된다. 그러나 HIV 감염증은 만성의 감염증인 까닭에 오랫동안 특이한 증상이 없으므로 이 기간을 보통 '무증후성보균자 AC: Asymptonatic Carrier' 시기라고 말한다.[14]

그림2 감염 후 경과

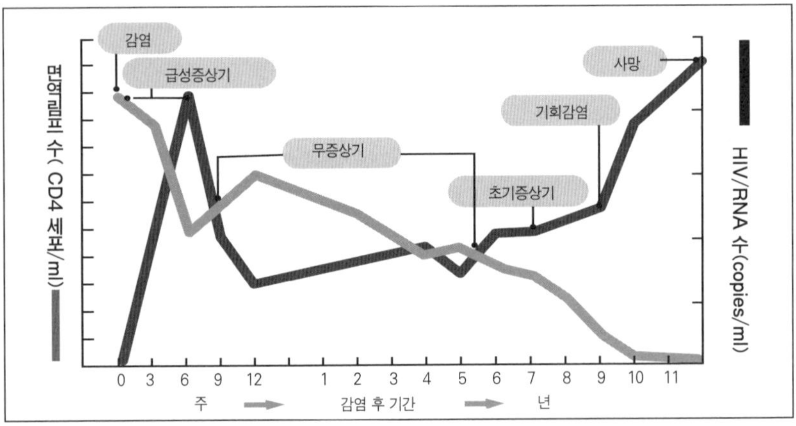

자료 출처: 대한에이즈예방협회, 2004.

잠복기 동안 HIV는 체내에 존재하고 CD4 양성세포(면역 림프구)가 계속 감소하여 서서히 면역 능력을 상실하게 되는데, 이 기간 동안 혈액이나 정액, 질분비액을 통하여 다른 사람에게 감염될 수 있다. 무증상기를 지나 본격적으로 에이즈

13 대한에이즈예방협회, 〈알기 쉬운 에이즈〉, 2004.
14 대한에이즈예방협회, 위의 글.

증상이 나타나기 이전에 원인 불명의 발열, 오한, 설사, 체중 감소, 불면증 등이 나타나기도 하는데, 이를 에이즈 관련 증후군이라 칭하기도 하고 초기증상이라고 말하기도 한다.[15]

에이즈 바이러스가 많이 증가하고 이를 이겨낼 면역력이 약화되면 정상인에게는 아무 문제도 되지 않을 균의 감염에도 심각한 상태에 빠지게 되는데 이를 기회감염이라고 한다. 우리나라 에이즈 환자에게 가장 흔한 기회감염은 칸디다증, 결핵, 대상포진, 폐렴 등이며, 그중 사망 원인으로는 결핵과 폐렴이 비교적 흔하지만 외국의 경우는 폐렴, 소모증후군, 식도 등에 오는 칸디다증의 순으로 알려져 있다. 이 외에 매독, 암, 항문 내 상피 이형성증 등의 신생물 질환 및 신경계 질환이 나타나기도 한다.[16]

에이즈 치료제

1980년대만 하더라도 HIV 감염은 사형 선고나 다름없었지만 1990년대 이후 뉴클레오사이드 역전사효소 억제제NRTI, 비-뉴클레오사이드 역전사효소 억제제NNRTI, 단백질분해효소 억제제PI 등 세 계열의 제제를 두 종류 이상 병용하는 칵테일 요법이 적용되면서 생존율이 크게 증가한 것으로 알려지고 있다. 특히 단백질 분해효소 억제제 약물의 개발 후 칵테일 요법이 보편화됐으며, 이후 사망률도 30% 이상 감소했을 뿐만 아니라, 내성 발현 또한 칵테일 요법을 통해 억제가 쉬워졌다고 한다. 이들 이외에도 리트로비어Retrovir, 히비드Hivid, 크릭시반Crixivan 등이 에이즈 환자들의 치료에 사용되고 있다.[17]

15 대한에이즈예방협회, 앞의 글.
16 대한에이즈예방협회, 앞의 글.
17 대한에이즈예방협회, 앞의 글.

3.2 HIV/AIDS 감염자의 세계적 동향

세계보건기구WHO 산하 에이즈 전담기구인 UNAIDS(2007)에서 발간한 통계자료에 의하면, 전 세계 HIV 감염자는 2007년 기준으로 3,320만 명 내외로 추산하고 있다. 이중 성인 HIV 감염자는 3,080만 명, 여성은 1,540만 명, 15세 이하의 아동 감염자는 250만 명으로 집계되고 있다. 2007년 한 해 동안에 HIV 바이러스에 감염된 사람은 250만 명에 이르는 것으로 나타났으며, 이들 중 성인이 210만 명, 15세 이하 아동은 42만 명 정도로 추산되고 있다.[18]

지역별로 살펴보면, 사하라 이남 아프리카 지역에 HIV 감염자가 제일 많으며(2억 2,500만 명), 동남아시아 지역이 그 뒤를 잇고 있는데, 동남아시아(400만 명)와 동아시아(80만 명)를 합산하면 480만 명에 이르고 있다.[19]

3.3 국내 HIV/AIDS 감염 현황

질병관리본부 에이즈 결핵 팀에 따르면, 〈그림3〉에서와 같이, 2007년 한 해 동안 HIV에 감염된 내국인은 2006년(750명)과 비슷한 수준인 744명으로 누적 감염인 수는 5,323명이며, 이중 980명이 사망하고 4,343명이 생존해 있다.[20]

다음의 〈표2〉와 같이, 2007년 한 해 동안 HIV에 감염된 내국인을 성별로 보면, 남성이 701명, 여성이 43명으로 남성 감염자가 여성에 비해 약 16배가 높게 나타나고 있다. 연령별로는 남성의 경우 30대가 29.3%, 40대가 26.4%, 50대가 13.8%, 60대 이상 10.1%, 10대가 24%를 차지함으로써 남성의 경우에는 전 연령대가 감염 위험에 노출되어 있다. 여성의 경우에는 50대가 30.2%, 30대가

18 UNAIDS, "AIDS epidemic update", http://www.who.int/bookorders/anglais/detart1. jsp?sesslan=1&codlan =1&codcol=88&codcch=6004/, 2007.

19 UNAIDS에 따르면, 2007년 현재 기준으로 전 세계 지역별 HIV감염자(생존자) 현황은 다음과 같다: 서유럽 76만 명, 북아프리카와 중동 38만 명, 사하라 이남 아프리카 2,250만 명, 동유럽과 중앙아시아 1,600만 명, 동아시아 80만 명, 동남아시아 400만 명, 오세아니아 7만 5,000명, 북아메리카 130만 명, 카리브연안 23만 명, 라틴아메리카 160만 명.

20 질병관리본부 에이즈 결핵 팀, 앞의 글.

그림3 연도별 내국인 HIV 감염 발견 현황

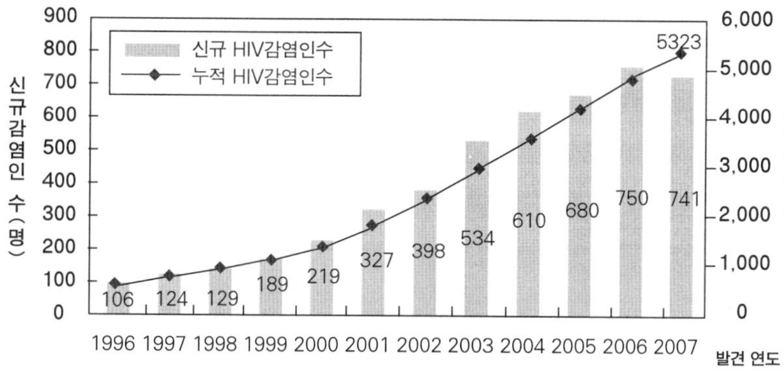

자료출처: 질병관리본부 에이즈 결핵팀, 2007

표2 HIV감염 내국인 성별·연령별 현황 (2007.1월~12월)

(단위: 명)

구분	계		남자		여자	
	감염인 수(명)	백분율(%)	감염인 수(명)	백분율(%)	감염인 수(명)	백분율(%)
계	744	100.0	701	100.0	43	100.0
00~09	0	0.0	0	0.0	0	0.0
10~19	17	2.3	17	2.4	0	0.0
20~29	132	17.7	126	18.0	6	14.0
30~39	214	28.8	205	29.3	9	20.9
40~49	192	25.8	185	26.4	7	16.3
50~59	110	14.8	97	13.8	13	30.2
60세 이상	79	10.6	71	10.1	8	18.6

※ 발견 당시 연령임(만 연령).
출처: 질병관리본부 에이즈 결핵팀, 2007.

20.9%, 60대가 18.6%, 40대가 16.3%, 20대가 14.0%를 차지함으로써 상대적으로 높은 연령대에서 HIV 감염자가 많이 나타나고 있음을 알 수 있다.[21]

21 질병관리본부, 앞의 글.

표3 HIV감염인 감염 경로 현황 (2007.1월~12월)

(단위: 명)

구분	계		남자		여자	
	감염인 수(명)	백분율(%)	감염인 수(명)	백분율(%)	감염인 수(명)	백분율(%)
계	**494**	**100.0**	**467**	**100.0**	**27**	**100.0**
이성간 성 접촉	323	65.4	296	63.4	27	100.0
동성간 성 접촉	171	34.6	171	36.6	0	0.0

※ 백분율(%): 감염 경로가 밝혀진 494명에 대한 백분율임(기타/무응답 등은 제외).
출처: 질병관리본부 에이즈 결핵팀, 2007.

2007년에 감염된 국내 HIV 감염자 중에서 감염 경로가 확인된 사람은 총 494명인데, 이들의 감염 경로를 살펴보면 모두 성 접촉에 의한 감염으로 나타났다. 남성의 경우는 이성간 성 접촉에서 296명(63.4%)이 감염되었고, 동성간 성 접촉에서는 171명(36.6%)이 감염되었다. 여성의 경우에는 남성에 비해 동성간 성 접촉에 의한 감염은 없었으며 27명 모두가 이성간 성 접촉에 의해 감염된 것으로 확인되고 있다.[22]

4. SARS: Severe Acute Respiratory Syndromes

4.1 SARS의 정의 및 증상

중증급성호흡기증후군으로 불리는 사스SARS는 아시아, 북미, 유럽 등에서 보고되고 있는 비정형폐렴Atypical Pneumonia을 말하며, 의심환자 및 추정환자에 대한 정의는 아직까지 계속 수정되고 있는 상황이며, 현재까지 추정되고 있는 감

22 질병관리본부, 앞의 글.

염원에 대해서는 크게 세 가지 바이러스와 연관있는 것으로 알려져 있다. 첫번째는 니파바이러스Nipahvirus와 헤드라바이러스Hedravirus로 구성되어 있는 파라믹소바이러스군 The Paramyxoviridae family이며, 두 번째는 2001년 6월 독일과학자가 사스의 원인체로 제기한 메타뉴모바이러스 Metapneumovirus다. 마지막으로 사스의 원인체로 가장 주목받는 바이러스는 코로나바이러스 Corona-virus다. 코로나바이러스 는 1937년에 닭을 통해서 처음 발견된 이래, 1965년에는 사람에게서 발견되었으며 코감기 등 호흡기질환을 일으키는 바이러스다. 일부 의학자들은 사스를 코로나바이러스의 신종(변종) 형태로 추정하고 있는데, 인간은 물론 소, 돼지, 설치류, 고양이, 개, 새(특히 닭)를 감염시킬 수 있는 것으로 알려지고 있다. 코로나바이러스는 환경에서 약 3시간 정도 생존할 수 있으며, 인간에게는 경증 또는 중증 상부 호흡기 감염의 흔한 원인이지만 새로운 바이러스가 어떻게 중증 호흡기 감염과 관련 있는지에 대해서는 정확히 알려져 있지 않다. 동물에서는 호흡기, 위장 관계, 간, 신경계 질환과 관련 있는 것으로 알려져 있다.[23]

한편, 사스에 노출되고 2~7일 이후 증상이 나타나지만, 최근에는 2주 정도까지 잠복기가 있다고 보고되고 있다. 이 시기에는 감염력이 없거나 아주 낮은 것으로 평가되지만 주의가 필요하다. 전구기[24]에는 종종 고열을 보이며 오한, 두통, 발작이 나타나고 근육통, 허약감 등의 신체 통증 증상이 동반되기도 하는데, 일부에서는 경한 호흡기 증상을 경험하기도 한다. 발열과 호흡기 증상이 있는 전구기 단계에서는 감염력을 가지는데, 보통 5~6일 후 90%의 환자는 대부분 회복하지만 약 10%는 중증호흡기 질환으로 악화되어 기계적 환기(인공호흡)가 필요하며, 환자에 따라 백혈구 수 감소, 혈소판 수 감소, 간 효소 수치 상승 등의 증상을 보이기도 한다. 이 시기엔 감염력이 아주 높으며, 기침이나 재채기와 같은 비말전파Droplet Transmission를 통해 분비되는 비말이 감염자 사방 1m이내의 타인

23 정인숙, 〈중증급성호흡기증후군〉, 5, 6월 보건간호소식, 2003.

24 전구기란 전구 증상이 나타나는 시기로서, 전구 증상이란 잠복 전염병이 일어나기 직전에 나타나는 증상을 의미한다.

에게 전파되는 것으로 생각된다. 또한 사스는 공기 또는 오염된 물체로부터 전파되기도 한다. 한편, 사스에 의한 사망률은 초기에는 4%로 보고되었으나, 면역력이 다소 저하된 노인에게서는 약 14%까지 사망에 이르는 것으로 보고되고 있다.[25]

4.2 사스의 진단 및 치료

사스(중증급성호흡기증후군)의 진단은 사스 발생 전과 사스 발생 단계(사스 주의, 경보, 비상단계)에 따라 사례 정의의 몇 가지 기준에 의해 구성되는데, 요약하자면 다음 〈표4〉와 같다. 먼저, 사스 발생 전 단계의 추정환자는 38℃ 이상의 고열, 하부호흡기 증상, 방사선 소견상 폐렴 등으로 확인되어야 하며, 실험실에서의 기준이 양성인 경우에 추정 환자라고 명명하고 있다. 사스 발생 단계에서 추정 환자는 사스 발생 전 추정 환자의 특징을 보이는 동시에, 역학 기준에 의거하여 사스 위험 지역의 여행 또는 의심 환자와의 접촉이 있어야 하고, 의심 환자는 역학적 기준과 실험실적 기준에 양성이나 미확인 판정을 받아야 하며, 원인불명의 중증호흡기질환 및 호흡기 질환의 임상 소견이 있어야 한다.[26]

한편 사스는 아직까지 정확한 원인이 판명되지 않았을 뿐만 아니라 충분한 정보를 보유하고 있지 못한 상태지만, 현재까지 알려진 치료 방법은 지역사회형 비정형적 폐렴환자와 동일하게 치료하는 방법[27]과 폐렴의 항생제 치료와 병행하여 오셀타미비oseltamivir와 리바비린ribavirin 등과 같은 항바이러스제를 이용한 치료, 그리고 스테로이드와 항바이러스제를 경구나 정맥에 투여하는 등의 방법이 있다.[28]

---

25 정인숙, 앞의 책.

26 질병관리본부, 앞의 글.

27 미국 조지아 주 애틀랜타 시에 소재하는 CDCCenters for Disease Control에서 권장하는 치료 방법이다.

28 엄중식, "중증급성호흡기증후군Severe Acute Respiratory Syndrome", 한림대학교 강동성심병원 감염내과, 2003.

표4 중증급성호흡기증후군 진단 및 치료

<table>
<tr><th colspan="2">SARS 발생이 없는 단계 사례 정의</th></tr>
<tr><td>추정 환자</td><td>1. 임상 기준에서 다음 네 가지 기준을 모두 충족
1) 발열 38℃ 이상
2) 하부 호흡기 증상(기침, 호흡 곤란, 숨참)이 1개 이상 나타남
3) 방사선 소견상 폐렴 또는 호흡곤란증후군RDS에 부합되는 폐침윤 소견은 호흡곤란증후군의 병리 소견을 보임
4) 해당 질환을 명확하게 성명할 수 있는 다른 진단이 없을 경우
2. 실험실 기준이 양성인 경우(PCR양성, 혈청검사 양성 ELISA or IFA세포배양 검사에서 바이러스 분리)</td></tr>
<tr><th colspan="2">SARS 발생 단계(SARS 주의/경보/비상 단계) 사례 정의</th></tr>
<tr><td>추정 환자</td><td>다음 세 가지 기준을 모두 충족할 경우
1. 임상 기준에서 원인 불명의 중증 호흡기 질환을 보임
1) 38℃ 이상의 발열이 있으면서
2) 하부 호흡기 증상(기침, 호흡 곤란, 저산소증)이 하나 이상 나타남
3) 다음의 1개 이상의 소견이 있는 경우
(1) 방사선학적으로 폐렴 소견이 있거나
(2) 호흡부전증이 있거나
(3) 특별한 원인 없이 폐렴이나 호흡부전증에 부합하는 부검 소견을 보이는 경우
2. 역학 기준을 충족하며 발병 전 10일 이내에 SARS 감염 위험 지역의 여행력이 있거나 SARS환자 또는 의심 환자와 밀접한 접촉을 한 경우
3. 실험 기준이 양성 또는 미확인(검사하지 않았거나 진행 중인 경우)
(PCR양성, 혈청검사 양성 ELISA or IFA세포배양 검사에서 바이러스 분리)</td></tr>
<tr><td>의심 환자</td><td>다음의 두 가지 기준을 충족할 경우
1. 임상 기준에서 원인 불명의 중등증 호흡기 질환을 보임
1) 38℃ 이상의 발열이 있으면서
2) 호흡기 질환 임상 소견(기침, 호흡 곤란, 저산소증)이 하나 이상 있는 경우
2. 역학 기준을 충족하며 발병 전 10일 이내에 SARS 감염 위험 지역의 여행력(환승 포함)이 있거나 SARS 환자 또는 의심환자와 밀접한 접촉을 한 경우
3. 실험 기준이 양성 또는 미확인(검사하지 않았거나 진행 중인 경우)
(PCR양성, 혈청검사 양성 ELISA or IFA세포배양 검사에서 바이러스 분리)</td></tr>
</table>

출처: 질병관리본부, 중증급성호흡기증후군 진단 및 치료, 2004.

4.3 사스 발생의 세계적 동향: 아시아 지역을 중심으로

중증급성호흡기증후군 Severe Acute Respiratory Syndrome은 중국 광동 지역을 중심으로 발생하여 홍콩, 싱가포르, 베트남, 캐나다, 미국 등 전 세계로 확산되었는데 그 과정을 간단히 요약해 보면 다음과 같다.

지난 2003년 2월 11일, 중국보건당국은 광동성에서 305명의 환자들이 비정형폐렴 증상을 보이고 이중 다섯 명의 환자가 사망하였다고 보고한 이후, 그 다음 달인 2003년 3월 12일에 상하이에서 돌아온 미국 사업가가 베트남 하노이와 홍콩의 병원에서 치료를 받던 중 사망하였다. 이 과정에서 하노이 병원 직원 20명, 홍콩 병원 직원 50명이 감염을 일으키게 되고, 이를 계기로 세계보건기구는 사스의 문제를 심각하게 인식하는 한편, 각국에 비상경계령 선포 및 감시 강화를 요청하게 되었다. 그러나 이후 인접 국가인 싱가포르에서 세 명의 사스 환자가 보고되고, 아시아 국가를 넘어 캐나다, 독일 지역에서도 사스 환자가 보고되기에 이르렀다. 2003년 3월 27일, 세계보건기구는 사스의 세계적 확산을 우려하여 출국자에 대한 사스 선별 검사를 권고하는 한편, 동년 4월 2일에는 홍콩 및 중국 광동 지역의 여행 제한을 권고하기에 이르렀다.[29]

나아가 정확한 사스의 원인체를 판명하지는 못했지만 가장 유력한 원인체로 코감기와 같은 호흡기 증상을 유발하는 코로나바이러스의 변종 형태인 변종코로나바이러스를 원인 병원체로 발표하는 한편, 동년 4월 23일에는 중국의 광동 지역뿐만 아니라 북경과 산서성, 캐나다의 토론토를 여행 자제 지역에 추가하였다. 원인체의 불명확성에도 불구하고 WHO가 이러한 고심에 찬 결정을 내리게 된 배경에는 첫째, 사스의 발생이 관광객의 이동 경로에 따라 아시아를 포함한 미주 일대, 유럽 일대 심지어 남미까지 빠르게 확산되었다는 점과 둘째, 감염환자의 대부분이 병원과 호텔에서 사스라고 진단받은 환자들과 직접 접촉한 사람들

---

29 광주광역시서부교육청, "사스SARS관련 교육용 홍보자료", 2003.

이라는 점, 마지막으로 환자들의 90%가 건강 관련 종사자들이었다는 점이다.[30]

사스가 기승을 부리던 지난 2002년 11월부터 2004년 4월까지, 동아시아 지역을 중심으로 발병한 현황을 보면 아래 〈그림4〉와 같다.

그림4 아시아 지역 내 SARS 발병 환자 현황(2002.11~2004.04)

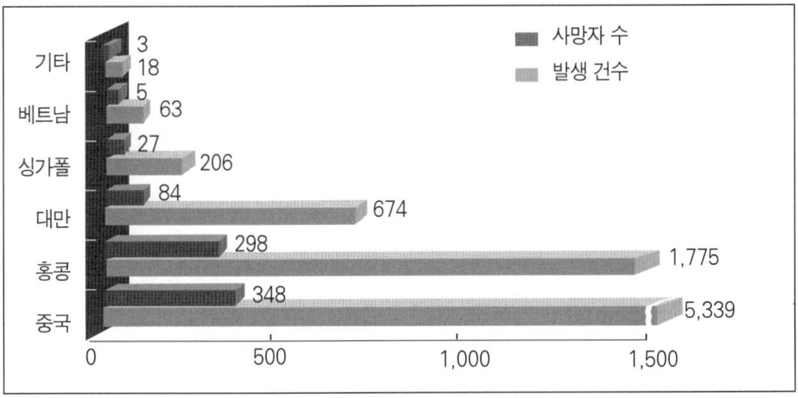

자료출처 : WHO, 2004

먼저, 사스 발생 건수를 보면 중국과 홍콩이 각각 5,339건과 1,755건으로 가장 많이 발생하였으며, 대만 674건, 싱가포르 206건, 베트남 63건의 순으로 발생하였다. 하지만 이 시기에 필리핀, 태국, 말레이시아, 인도네시아, 한국 등 동아시아 대부분의 국가들에서 사스가 발생하였다. 사망자 수에 있어서도 중국이 348명으로 가장 많은 사망자를 기록하였고, 홍콩이 298명, 대만이 84명, 싱가포르가 27명, 베트남이 5명으로 각각 집계되었다.[31]

앞서 밝힌 바와 같이, 발열과 기침, 호흡 곤란, 비정형 폐렴 등의 증상을 보이

30 광주광역시서부교육청, 위의 글.

31 WHO, 2004.

는 사스는 현재까지 코로나바이러스가 주된 원인 병원체로 의견이 모아지고 있지만, 보다 정확한 원인 병원체와 역학조사를 위해 현재 세계보건기구가 중심이 되어 각 국가에서 연구가 진행되고 있다.

5. 시민사회의 활동과 역할 방안

지금까지 살펴보았듯이, 세계화 및 국제화의 이면에 도사리고 있는 각종 질병의 위협은 21세기 아시아 지역공동체가 직면하고 있는 현실적인 위험이다. 따라서 예기치 못한 각종 질병으로부터 지역공동체 성원의 생명과 안녕을 도모하기 위해서는 각국 정부를 비롯한 시민사회가 지역공동체의 보건 및 복지의 질을 한층 드높이기 위해 혼신의 노력을 기울여야만 한다.

지난 2005년 질병관리본부의 위탁으로 (주)현대리서치 연구소가 수행한 '조류인플루엔자에 대한 전 국민 인식도 조사'에서 성, 연령, 거주지, 직업에 따라 자신의 안전을 확보하기 위한 기초 지식에 상당한 차이가 있음을 보여주었듯이,[32] 아시아 지역공동체 성원들 사이에도 정치·경제·사회·교육·문화·종교 등의 차이로 말미암아 질병에 대한 인식과 예방 노력에 많은 차이가 있음을 쉽게 짐작해 볼 수 있다. 하지만, HIV/AIDS에 대한 국제적인 공조와 예방 노력에도 불구하고 HIV에 감염되는 인구가 매년 증가하고 있듯이, 광역 질병은 이제 더 이상 어느 개별 단위 국가 및 정부 차원의 대응만으로 예방할 수 없다. 따라서 이 장에서는 광역 질병과 관련한 시민사회의 노력을 간략히 소개하고, 21세기 아시

32 지난 2005년 11월 22일에서 24일까지 만 20세 이상 성인 1,000명을 대상으로 한 전화 상담에서 조류독감에 대한 지식, 태도, 행동 및 조류독감 관련 교육과 홍보내용에 대한 인식도를 조사한 결과, 남자, 30대, 대도시 지역 거주자, 화이트칼라, 자영업 종사 및 학생 계층이 여자, 60대 이상, 도시화 정도가 상대적으로 낮은 읍면 지역 거주자, 농어업 종사 계층보다 조류독감에 대한 상식이 더 많은 것으로 나타났다. 현대리서치연구소, "조류인플루엔자 전 국민 인식 조사 결과보고서", 2005.

아 지역공동체를 위한 시민사회의 과제로서 지향해야할 역할과 그 방안들을 몇 가지 제시해 보고자 한다.

5.1 시민사회의 활동: HIV/AIDS 관련 단체들

최근 시민사회의 활동은 정치·경제·사회·문화·환경·노동 등의 많은 영역에서 활발하게 이루어지는 반면에 광역 질병의 심각성을 홍보하고 예방하기 위한 시민사회 간의 공조 노력은 아주 미약한 현실이다. 다행히 에이즈의 경우, 세계보건기구 산하 유엔에이즈계획UNAIDS과 연계한 FHIFamily Health International와 ISASOInternational Council of AIDS Service Organization 등의 NGO 단체들이 활발하게 국제공조를 위해 노력하고 있다. 한국에이즈예방협회와 한국에이즈퇴치연맹과 같은 비영리 시민단체들도 ISASO 및 APASOAsia Pacific Council of AIDS Service Organization와 국제적인 협력을 통해 에이즈에 관한 교육 및 홍보 사업, 에이즈 예방을 위한 성교육 사업, 감염자의 인권 향상 운동 및 편견 및 차별 해소 운동, 감염인을 위한 상담소 운영 등 다양한 효율적인 프로그램을 운영하고 있는데, 주된 내용을 요약해 보면 다음과 같다.

첫째, 지역사회 내에 에이즈 관련 활동의 구심적 역할을 수행하며, HIV/AIDS 감염을 억제시키는 데 총력을 기울이고, 둘째, 보다 밀접한 접근을 통하여 환자들의 건강을 보다 적극적이고도 효과적으로 관리하고, 셋째, 다양성과 전문성을 기초로 정부에서 접근하기 어려운 고위험군(매춘 여성, 동성애자 등)에 대한 예방 활동을 수행하고, 넷째, 지역 사회의 에이즈 퇴치에 장애 요소가 되는 심리적 두려움이나 에이즈에 대한 무지, 감염인 및 그들의 가족에 대한 차별을 타파하는 데 앞장서는 한편, 다섯째, 매춘, 마약, 불법 이민 등과 같은 고위험군과 관련 민간 단체들과의 유기적인 관계를 맺는 동시에 정부와의 시각 차이를 줄이기 위해 노력하고 있다.

한편 HIV/AIDS에 대응하고 예방하기 위한 시민사회의 노력에 비해 조류독감이나 사스 등과 같은 광역 질병에 대한 시민사회의 활동은 국제적인 차원뿐만 아니라 국내에서도 상당히 미비한 실정이다. 광역 질병의 경우, 정부 및 공동체 성원들이 그 심각성을 인식했을 때는 이미 세계적으로 확산될 수 있는 개연성이 그만큼 높아져 있다는 점을 감안할 때, 광역 질병에 대한 대응은 아무리 빨라도 결국 늦을 수밖에 없는 상황 구조다. 뿐만 아니라, 정부 주도의 대책은 사후 처리 성격이 강하며, 질병 발생 이후 대응에 이르기까지 절차상의 시간이 필요하기 때문에, 광역 질병이 발생하여 확산되는 상황이 발생하면 희생자는 부득이 늘어날 수밖에 없다.

따라서 예기치 않은 각종 광역 질병을 사전에 예방하고, 교육하는 근간에는 단순히 정부기관이나 정책만이 자리할 것이 아니라, 한 개인의 생명을 무엇보다 소중히 여기는 시민사회의 보편적 가치와 정신이 필요하다고 할 수 있다.

5.2 시민사회의 역할을 위한 제언

앞서 언급했듯이, '조류인플루엔자에 대한 전 국민 의식조사'에서 도시화가 낮은 읍면 지역, 여성, 농어민, 60세 이상의 고령층일수록 조류독감에 대한 정보를 정확하게 숙지하지 못하고 있다는 점은 앞으로 광역 질병과 관련한 시민사회의 활동 방향을 설정하는 데 중요한 단초를 제공한다고 할 수 있다. 따라서 다음에서는 광역 질병과 관련한 시민 단체의 역할과 방향에 대해 몇 가지 제안을 해보고자 한다.

첫째, 프리츠와 막스[33]가 지적했듯이 재난 시의 인간 행동에 가장 큰 영향을 미치는 요인은 사전 경고의 유무와 그 정도에 달려 있다는 점을 감안할 때, 시민사회는 앞으로 지역사회 성원들에게 광역 질병의 위험성과 그 내용을 보다 쉽고 정확하게 전달하고, 교육 · 홍보하는 역할에 앞장서야 한다.

---

33 C. Fritz and E. Marks, "The NORC Studies of Human Behavior in Disaster", *Journal of Social Issues*, 1954.10(3)26-41.

둘째, 에이즈 전문가 양성을 통해 감염인 상담, 교육, 간병인, 보건요원 제공 등 환자들에게 다양한 접근과 지원을 실시하고 있는 한국에이즈예방협회처럼, 시민사회는 질병에 대해 보다 전문적인 지식을 갖춘 사람들을 양성하는 한편, 예방의학, 생리학, 미생물학 등 관련 전문가와 사회학(의료 · 보건 사회학, 정보 사회학) 등 사회과학자들이 공동으로 참여하는 공동연구 네트워크를 모색하는 등의 질병 관련 인적 인프라를 구축할 필요가 있다.

셋째, 질병의 발생이나 감염은 직업이나 소득 수준, 교육 등과 같은 사회적 변수에 따라 질병에 대한 취약 계층이 엄연히 존재하는 만큼, 이들 고위험군에 대한 집단 교육을 실시할 필요가 있다.

넷째, 국가 공권력과 비교했을 때 시민사회가 가지는 장점 중 하나는 일반인에 대한 '접근성'이다. 일반대중에 보다 친근하게 다가갈 수 있는 시민사회의 장점을 바탕으로 지역 성원들의 건강 관리 및 보조 활동을 강화할 수 있어야 한다. 이를 위해서 지역사회의 보건환경을 먼저 점검하고 지역민들의 건강에 대한 의식조사 등 사전지식을 통해 숙지할 필요가 있다.

다섯째, 어느 한 지역사회의 욕구와 특수한 환경은 그 지역에 기반을 둔 시민사회에서 더 정확히 인식하는 만큼, 각종 질병에 대한 정부의 정책 수립에 있어 지역사회의 입장을 보다 적극적으로 대변하고 더욱 효과적인 정책을 수립할 수 있도록 유도하여야 한다.

여섯째, 조류인플루엔자나 에이즈, 사스처럼 광역 질병의 전파 경로나 전파 속도는 어느 한 지역에만 국한되지 않고 전 세계적으로 확산하는 경향을 보이고 있다. 뿐만 아니라, 기존에 토착병으로 알려지던 질병들이 이제 더 이상 특정 지역 내에서만 발생한다는 보장이 없다. 따라서 질병의 가능성을 미리 예측하고 예방하는 한편, 광역전염병 발생 시 일반 대중의 심리적 공황 상태를 차단하기 위하여 아시아 지역 시민단체 간에 국제교류가 더욱 활성화되어야만 한다.

마지막으로, 광역 질병에 대한 개별 단위 국가의 정책 수립과 대응 전략이 과

연 충분한지를 사전 검토 · 평가 · 비판 · 감시하는 한편, 질병에 대한 정확한 정보를 수집하고 보다 효과적인 활동을 위해 WHO 등 역외의 세계적, 광역적 보건기구와의 교류 · 협력을 추구할 필요가 있다.

참고문헌

국내문헌

대한에이즈예방협회, "알기 쉬운 에이즈", 2004.

마이크 데이비스 저, 정병선 역,《조류독감: 전염병의 사회적 생산》, 돌베개, 2008.

문화관광부, 관광동향연차보고서, 2006.

변정란, "조류독감 직원 교육용", 천안의료원 감염관리 위원회, 2007.

엄중식, "중증급성호흡기증후군", 한림대학교 강동성심병원 감염내과, 2003.

정인숙, 〈중증급성호흡기증후군〉,《보건간호소식》5,6월 2003, pp.8~19.

해외문헌

Fritz, C., and Marks, E. "The NORC Studies of Human Behavior in Disaster". *Journal of Social Issues*. 1954. 10(3) 26-41.

Quammen, David. "Deadly Contact: How Animals and Humans Exchange Disease". *National Geographic 212(4)*. 2007, pp.78 ~105.

기타 자료

광주광역시서부교육청. "사스(SARS)관련 교육용 홍보자료". 2003.

국가지정 생물학연구정보센터. Hot issue-Sars. http://bric.postech.ac.kr/trend/issue/2003/sars_1.html/.

국가지정 생물학연구정보센터. Hot issue-Avian Influenza(AI). http://bric. postech.ac.kr/trend/issue/2003/avi_influ.html/.

대한에이즈예방협회 에이즈 전문용어 해설. http://www.aids.or.kr/front/library/library_aids_explanation.asp

질병관리본부 에이즈 결핵 팀. "HIV 감염인 전년대비증가율 사상처음 감소 07년 보도자료". http://www.cdc.go.kr/kcdchome/jsp/home/common/brd/COMBRD0300 Detail.jsp?menuid=100039&boarid=1002&pageNum=0&sub=0&boarseq =13357/.

질병관리본부. "중증급성호흡기 증후군". http://www.cdc.go.kr/kcdchome/jsp/home/health/dii/HEALDII0001Detail.jsp?menuid=100259&cotetid=3584&page Num=0&sub=0&boardid=/, 2004.

한중과학기술 협력센터. "조류독감 인체감염에 대한 진단치료방안". http://www.kostec.re.kr/uploads/comm/051102조류독감%20인체감염에%20대한%20진단치료방안. 2005. pdf/. 2005.

UNAIDS. "AIDS epidemic update". http://www.who.int/bookorders/anglais/detart1.jsp?sesslan=1&codlan=1&codcol=88&codcch=6004

Vittoria Colizza."SARS-EpidemicPathways". http://vcolizza.googlepages.com/Colizza_SARS_ pathways_ poster.jpg/, 2007.

World Health Organization. "Summary of probable SARS cases with onset of illness from 1 November 2002 to 31 July 2003", http://www.who.int/csr/sars/country/table2003_09_23/en/index.html/, 2003.

______ . "Cumulative Number of Confirmed Human Cases of Avian Influenza A/(H5N1)", 2008.

______ . "Cumulative Number of Confirmed Human Cases of Avian Influenza A/(H5N1) Reported to WHO 24 January 2009", 2009. http://www.who.int/csr/disease/avian_influenza/country/cases_table_2009_01_24/en/index.htmlhttp://en.wikipedia.org/wiki/Iki/globalization

별첨1 지역별 세계 관광객 (2000년~2005년)

구분	관광객 수(백만 명)						성장율(%)		구성비(%)	
	2005	2004	2003	2002	2001	2000	05/04	04/03	2005	2000
전 세계	808	766	697	709	688	689	5.5	10.0	100	100
아시아 · 태평양	156.2	145.4	114.2	126.1	116.6	111.4	7.4	27.3	19.3	16.2
유럽	443.9	425.6	408.6	407.4	395.8	396.2	4.3	4.2	54.9	57.5
미주	133.1	125.8	113.1	116.7	122.2	128.2	5.8	11.2	16.5	18.6
아프리카	36.7	33.3	30.7	29.5	28.9	28.2	10.1	8.4	4.5	4.1
중동	38.4	35.9	30.0	29.2	25.0	25.2	6.9	19.8	4.8	3.7

※ 자료: WTO World Tourism Barometer(2006.1)

별첨2 지역별, 목적별 국민 출국 현황

(단위: 명, %)

행선지	계			관광	상용	방문	공용	회의 참가	기타
	출국자 수	성장	구성비						
(아시아주)	7,321,213	9.8	72.6	4,539,862	1,740,949	607,110	21,436	46,854	365,002
일본	1,739,424	10.8	17.3	1,018,562	361,089	211,985	4,312	18,302	125,174
중국	2,960,642	26.8	29.4	1,637,569	938,438	223,655	3,793	10,858	146,329
태국	661,779	-12.2	6.6	565,772	49,323	29,981	715	2,300	13,688
필리핀	481,397	27.6	4.8	391,848	32,103	34,644	629	1,171	21,002
(미주)	815,841	5.0	8.1	310,242	155,761	176,189	4,553	20,735	148,381
미국	665,181	6.0	6.6	244,535	139,887	142,279	3,785	18,674	111,021
(구주)	583,097	8.6	5.8	302,254	153,469	39,280	5,914	13,853	68,327
독일	141,606	-0.2	1.4	60,597	51,411	10,201	1,373	3,209	14,815
(대양주)	455,563	7.5	4.5	350,965	19,133	41,062	637	1,856	41,910
(아프리카주)	30,478	16.8	0.3	17,721	5,652	2,187	279	415	4,224
(승무원)	871,427	6.7	8.6	-	-	-	-	-	871,427
총계	10,077,619	14.2	100.0	5,521,044	2,074,964	865,828	32,819	83,713	1,499,251
04년 총계	8,825,585	-	-	4,679,700	1,928,683	705,283	31,559	81,445	1,398,915
성장률(%)	14.2	-	-	18.0	7.6	22.8	4.0	2.8	7.2
구성비(%)	100.0	-	-	54.8	20.6	8.6	0.3	0.8	14.9

자료: 한국관광공사 관광통계

※ 각 지역 합계는 기타 국가가 포함됨.

제5장

아시아 국가의 강압적 테러대응정책과 시민사회의 역할

이동윤

이동윤 李東潤

연세대학교에서 정치학 박사 학위를 취득하고, 현재 신라대학교 국제관계학과 교수로 재직 중이다. 논저로는 "투표행태의 이해"(공저, 2009), "Politics of Anti-Terrorism Policy in Southeast Asia", "민주주의 공고화와 퇴보 사이에서: 태국의 탁씬 정부와 민주주의 논쟁"(2007) 등이 있다.

아시아 국가의 강압적 테러대응정책과 시민사회의 역할
-동남아 국가들을 중심으로-

1. 현대사회와 테러리즘

현대사회에서 '테러리즘 terrorism'이 갖는 다양한 함의에도 불구하고, 통상 이것은 '정치·사회적으로 특정한 목적을 달성하기 위해 개인이나 집단 또는 공공시설 등에 대해 불법적으로 폭력을 사용하거나 위협을 가하는 행위'[1] 그 자체를 의미하며, '가시적 위협과 폭력 수단을 활용하여 저강도low-intensity의 전쟁 효과를 수행한다는 점에서 또 다른 전쟁 형태'[2]로 설명되고 있다. 테러리즘은 특정한 정치·이념적 목적을 달성하기 위해 정부나 대중 또는 개인을 포함하여 현존하는 질서체계에 대해 예측할 수 없는 비합법적 폭력과 위협을 가함으로써 불특정 다수에게 심리적 공포를 유발하는 조직적이고도 계획적인 행동 양식이다. 테러는 공공의 무고한 희생을 담보로 한다는 점에서 일종의 범죄 행위로 간주되고 있다.[3]

---

1 Walter Laquer, "Reflections on Terrorism", *Foreign Affairs,* Vol.65, No.1, 1986, p.88; William D. Perdue, *Terrorism and the State: A Critique of Domination Though Fear*, New York: Praeger, 1989, p.2.

2 장병옥, 〈이슬람 원리주의와 테러리즘〉, 《한국중동학회논총》 제23집 1호, 2002, p.13.

3 Paul Wilkinson, *Terrorism Versus Democracy: The Liberal State Response*, London: Routledge, 2006, pp.12~13; Simon Keller, "On What is the War on Terror?", *Human Rights Review*, Vol.5, No.2, 2004, pp.51~52.

한편 2001년 미국에서 발생한 9.11테러는 국제사회에 테러리즘에 대한 공포와 위협을 가져다주었으며, 국경을 넘나들며 동시다발적으로 발생하고 있는 초국가적 테러리즘과 그 대응정책에 대해서도 커다란 관심을 불러일으키는 계기가 되었다. 동남아 지역 또한 이러한 테러리즘의 검은 그림자로부터 예외일 수 없었다. 미국의 9.11테러가 발생하기 이전부터 동남아 지역에서는 이미 크고 작은 폭력과 테러 사건들이 발생하였으며, 이는 지역의 평화와 안녕을 저해하는 중요한 요인으로 작용하여 왔다.[4] 특히 동남아 지역은 9.11테러의 배후 세력으로 지목된 알 카에다Al Qaeda와 연계된 다수의 이슬람 무장단체들이 활동하고 있는 것으로 알려져 있으며, 이슬람 국가인 인도네시아나 말레이시아, 브루나이뿐만 아니라 태국과 필리핀, 싱가포르 등 이슬람교가 전파된 여러 국가들에서 이슬람 무장단체들 사이의 연계 활동과 테러 사건들이 확산되고 있는 실정이다.

이에 따라 미국과 서방국가들을 중심으로 테러리즘을 방지하고 근절하기 위한 일련의 대응정책과 국가 간 협력을 강조하는 국제사회의 요구가 크게 확산되고 있으며, 동남아 국가들 역시 국제사회의 이러한 요청에 부응하여 그들의 지역협의체인 아세안ASEAN: Association of Southeast Asian Nations을 중심으로 지역적 차원의 테러방지정책을 모색하고 있다. 이러한 가운데 동남아 국가들은 각 국가들 내부의 정치적 환경과 역학 구조에 따라 서로 다른 수준으로 테러대응, 방지정책을 펼치고 있다. 일부 국가들의 경우 강압적 테러대응정책으로 말미암아 인권을 비롯한 크고 작은 문제점들이 유발되고 있다. 동남아의 국내외 인권단체들은 2001년 발생한 9.11테러 이후 이들 국가들의 테러대응정책이 강화됨으로써 테러 활동과 관련된 혐의와 연계되어 영장 없는 체포와 구금, 실종, 비사법적 재판과 고문, 그리고 처형 등 인권에 관한 포괄적 권리와 법률적 보호가 크게 위축되었다는 보고서를 발표한 바 있다.[5]

4 Wuttikorn Chuwattananurak, "Terrorism in Thailand in the Post-Cold War Era: An Enduring Armed Separatism", *Journal of Social Science*, Vol.36, No.2, 2005, p.63.

그렇다면 동남아 국가들에서 발생하고 있는 테러리즘의 현황은 어떤 수준이며, 이에 대응하는 국제사회의 분위기와 동남아 국가들의 테러대응정책은 어떤 양상으로 전개되고 있는가. 동남아 국가들에서 추진되고 있는 테러대응정책의 문제점은 무엇이며, 이것은 인권과 관련하여 어떤 문제점을 양산하고 있는가. 이 글에서는 이러한 의문점에 기초하여 동남아 국가들에서 발생하고 있는 테러리즘의 기본 현황을 개괄적으로 살펴보고, 그것의 주요 성격과 특징 등을 점검하고자 한다. 또한 본 연구는 2001년 9.11테러 이후 확산되고 있는 국제사회의 테러대응정책 강화 압력과 이에 대응하는 지역적 차원의 반응, 그리고 동남아 개별 국가들의 테러대응정책을 고찰함으로써 인권과 관련된 제반 문제점을 논의하고자 한다. 이와 더불어 동남아에서 발생하고 있는 강압적 테러대응정책의 제반 문제점들을 해소할 수 있는 해결 방안을 아시아 시민사회의 연대 차원에서 모색하고자 한다.

2. 동남아 국가들의 테러리즘 현황

2001년 9.11테러를 주도한 알 카에다를 비롯하여 오늘날 테러조직은 단일한 조직 구조가 아니라 마치 하나의 민족국가와 같은 통합된 정치체를 형성한 가운데 초국가적 성격의 다양한 구성 요소를 지닌 조직체로 발전하고 있다.[6] 최근 들어 발생한 테러들을 통해 살펴볼 수 있듯이 오늘날 테러리즘의 양상은 특정 테러조직이 특정 국가에만 머무르며 테러 활동을 전개하기 보다는, 알 카에다 조직처럼

---

5 Amnesty International(AI), *Annual Report,* London: Amnesty International, 2005; Todd Landman, "Holding the Line: Human Rights Defenders in the Age of Terror", *British Journal of Politics and International Relations*, Vol.8, No.2, 2006, p.124.

6 De Castro, "U.S. War on Terror in East Asia: The Perils of Preemptive Defense in Waging a War of the Third Kind", *Asian Affairs: An American View*, Vol.31, No.4, 2005, p.213.

종교적 · 이념적 유대 관계와 반미 · 반서구적 이념에 바탕을 두고 초국가적 연계망transnational network을 형성하여 활동함으로써 기존의 국가 중심적 테러리즘보다 더욱 복잡하고 다양한 형태로 확산되고 있다.[7] 특히 최근 동남아 지역에서 나타나고 있는 이들의 테러 활동은 지역적으로 고무된 이슬람 무장단체나 군사조직들 사이의 연계 활동이 강화되고 있는 추세며, 그들의 활동 무대 또한 국경을 초월하여 역내 다양한 국가들로 분산되고 확대되는 경향마저 보이고 있다.

현실적으로 특정한 군사조직이나 무장단체들을 중심으로 전개되는 테러 활동은 개인과 집단의 자유로운 활동이 제약받는 독재 · 권위주의체제 국가들보다는 민주화된 국가들에서 그 활동이 수월하다. 이에 따라 동남아 지역에서 발생하고 있는 주요 테러 사건들의 양상도 권위주의체제 국가보다는 근래 들어 민주화가 이루어진 필리핀, 태국, 인도네시아 등지에서 그 활동이 심화되어 나타나고 있다. 필리핀의 남부 민다나오Mindanao와 술루Sulu 지역을 근간으로 확산되고 있는 민간인 납치와 폭탄테러, 1990년대 말부터 말루꾸Maluku와 술라웨시Sulawesi 지역을 중심으로 확산된 종교 갈등, 2002년의 발리Bali 폭탄테러 등 일련의 테러 사건들로 극심한 테러리즘의 공포에 시달리고 있는 인도네시아, 그리고 2004년 초부터 재발된 태국 남부 지역의 이슬람 폭력 사태 등은 최근 들어 동남아 지역에서 발생하고 있는 테러리즘의 주요한 특징들을 포괄적으로 보여주고 있다.

우선 필리핀의 경우 테러리즘 문제는 다른 국가들과 달리 전혀 새로운 문제가 아니다. 이미 오래 전부터 북부 산간 지역에 기반을 둔 공산주의 세력과 신인민군NPA: New People's Army 주도로 반정부 게릴라 활동과 국지전을 비롯한 비정규적 형태의 각종 테러 행위가 자행되어 왔으며, 1960년대 이후부터 남부 지역을 중심으로 이슬람 무장단체나 분리주의운동 세력들에 의해 전개된 테러 행위

---

7 Andrew Tan, "The 'New' Terrorism: How Southeast Asia Can Counter It", Uwe Johannen, Alan Smith, and James Gomez (eds.), *September 11 & Political Freedom: Asian Perspectives*, Singapore: Select Books, 2003, p.98; Jeremy Pressman, "Rethinking Transnational Counterterrorism: Beyond a National Framework", *The Washington Quarterly*, Vol.30, No.4, 2007, p.64.

들도 증가하고 있는 추세다.[8] 사실상 전체 인구의 84~85% 이상이 가톨릭 신자인 필리핀에서 이슬람교를 믿는 무슬림의 숫자는 극소수에 불과하지만, 이들 중 일부 급진적 이슬람 세력들은 남부 민다나오 섬과 술루 군도 등지에서 이슬람 분리주의운동을 주창하며 반정부 무장 투쟁을 전개하여 왔다. 이에 따라 필리핀에서는 과거부터 이들 무장단체들에 의한 각종 테러와 국지적 전투 행위가 지속되어 왔으며, 이러한 양상은 1986년 필리핀이 민주화된 이후에도 계속되고 있다.

최근 들어 필리핀은 1996년 모로민족해방전선MNLF: Moro National Liberation Front과 필리핀 정부 사이에 체결된 평화협정과 민다나오 무슬림자치지역ARMM: Autonomous Region of Muslim Mindanao 설치 이후에도, 모로민족해방전선으로부터 분리해 나온 모로이슬람해방전선MILF: Moro Islam Liberation Front과 필리핀 남부 지역에서 더욱 강경한 무장 투쟁을 주도해 온 아부 사야프Abu Sayyaf 등이 국제사회의 주목을 받고 있다.[9] 이들 단체들은 필리핀 남부 지역에서 이슬람 분리주의운동과 독립국가 건설을 주창하고 있으며, 독자적 군사조직을 결성하여 외국인 납치와 인질, 교회 폭파, 각종 폭탄테러 등을 자행함으로써 필리핀의 치안 질서를 위협하는 존재로 부각되고 있다. 특히 이들 단체들은 동남아 지역을 비롯하여 남아시아나 중동 지역 등 다른 지역의 이슬람 무장단체들과 연계하여 필리핀 남부 지역에서 군사훈련을 담당해 온 것으로 추정되고 있으며, 9.11테러의 주범인 알 카에다와도 직·간접적 연계망을 형성하며 활동하고 있는 것으로 알려져 있다.[10] 인도네시아 또한 이슬람 근본주의를 채택하여 매우

---

8 Tan, 앞의 책, p.92.

9 Carlyle A. Thayer, "Radical Islam and Political Terrorism in Southeast Asia", Terence Chong (ed.), *Globalization and Its Counter-Forces in Southeast Asia*, Singapore: Institute of Southeast Asian Studies, 2008, p.269.

10 Rohan Gunaratna, *Inside Al Qaeda: Global Network of Terror,* New Delhi: Roli Books, 2002, p.184; Zachary Abuza, *Militant Islam in Southeast Asia: Crucible of Terror,* Boulder and London: Lynne Rienner Publishers, 2003, p.99; Amitav Acharya and Arabinda Acharya, "The Myth of the Second Front: Localizing the War on Terror in Southeast Asia", The Washington Quarterly, Vol.30, No.4, p.77.

과격한 무장투쟁 노선을 걷고 있는 인도네시아 마제리스 무자헤딘MMI: Majelis Mujahidin Indonesia과 라스까르 지하드Laskar Jihad 등의 활동이 주목을 받고 있다.[11] 이 조직들은 다른 지역의 초국가적 이슬람 무장단체들과 연계망을 형성하고 있으며, 그들 조직원 가운데 일부는 아프가니스탄 전쟁 등 다른 지역의 종교전쟁이나 내전에도 참전한 경험이 있는 것으로 알려져 있다.[12] 아부 바까르 바시르Abu Bakar Ba'asyir에 의해 주도된 마제리스 무자헤딘은 이슬람 근본주의를 주장하면서 국내외적으로 급진적인 이슬람 무장단체들과 밀접한 연계망을 형성하여 활동하고 있으며, 이슬람 무장단체로서 술라웨시 뽀소Poso 지역에서 기독교와 이슬람교 사이의 종교분쟁을 주도하고 있는 라스까르 지하드는 말루꾸의 주도州都 암본Ambon에 근거지를 두고 탈리브Japar Umar Thalib의 지도 아래 3,000명에서 1만 명 사이의 전투 요원을 보유하며 테러 활동에 관여하고 있는 것으로 보고되었다.[13]

이와 더불어 1995년부터 종교지도자인 숭까르Abdullah Achmad Sungkar와 바시르의 지도 아래 이슬람공동체운동Darul Islam Movement의 전통을 계승해 온 것으로 알려진 제마 이슬라미아JI: Jemaah Islamiyya는 초국가적 연계망을 지닌 이슬람 군사조직으로서 2002년 발리 폭탄테러의 배후 세력으로 지목되었으며,[14] 빈 라덴Osama bin Laden의 알 카에다 조직과도 밀접한 연관 관계가 있는 것으로 추정된다.[15] 이들 제마 이슬라미아 세력은 태국 남부로부터 필리핀 남부까

---

11 Thayer, 앞의 책, p.264.

12 Martin Van Bruinessen, "Genealogies of Islamic Radicalism in Post-Suharto Indonesia", *South East Asia Research*, Vol.10, No.2, 2002, p.145.

13 Kumar Ramakrishna, "The US Foreign Policy of Praetorian Unilateralism and the Implications for South-east Asia", Uwe Johannen, Alan Smith, and James Gomez (eds.), *September 11 & Political Freedom: Asian Perspectives*, Singapore: Select Books, 2003, p.131.

14 일부 보고서들에 의하면, 제마 이슬라미아는 이미 1976년부터 인도네시아에 존재했다고 언급되고 있으며, 1980년대 이후부터 인도네시아의 법원 기록에서도 이들 단체의 명칭이 언급되었다는 사실이 공개된 바 있다. John Gershman, "Is Southeast Asia the Second Front?", *Foreign Affairs*, Vol.81, No.4, 2002, p.66.

15 Gunaratna, 앞의 책, p.198; Ramakrishna, 앞의 책, p.132; Thayer, 앞의 책, p.265.

지 무력을 통한 이슬람 국가 건설을 주창하는 조직으로서 1999년 11월 숭까르가 사망한 이후에도 바시르에 의해 지도 이념이 계승되었으며, 특히 인도네시아에서 발생한 일련의 폭탄테러는 물론 다른 동남아 국가들에서 발생한 각종 테러 사건들과도 밀접한 연관관계가 있는 것으로 보고되고 있다.[16]

지난 2004년 초부터 태국의 남부 폭력 사태를 주도하고 있는 것으로 알려진 빠따니연합해방기구 PULO: Patani United Liberation Organization는 과거 1960년대부터 태국 남부의 이슬람 거주 지역에서 이슬람 분리주의운동을 주도하여 온 빠따니민족해방전선BNPP: Barisan Nasional Pembebasan Pattani이나 민족혁명전선BRN: Barisan Revolusion Nasional 등과 그 맥을 같이 하여 무장투쟁을 전개하고 있다.[17] 이들은 1968년 결성된 이래 말레이계 무슬림을 주축으로 1980년대 초까지 빠따니를 중심으로 한 무장 반란군을 이끌며 태국 정부에 저항하였으며, 최근에는 2004년 초부터 태국 남부 지역을 중심으로 확산된 이슬람 폭력 사태를 주도하고 있는 것으로 알려지고 있다.[18]실제로 2004년 1월부터 최근까지 태국의 남부 지역에서는 연속적인 방화와 폭력 사태가 확산되고 있으며,[19] 특히 2004년 1월 발생한 군부대 습격사건이나 2001년 4월 발생한 일련의 방화와 총격사건 등은 보다 체계적이고 조직적인 형태로 폭력 사태를 유발하고 있어 태국 정부를 긴장시키고 있다.[20] 이들 이슬람 무장단체들은 남부 국경의 말레이시아

---

16 International Crisis Group(ICG), "ndonesia Backgrounder: How Jemaah Islamiyyah Terrorist Network Operates", *ICG Asian Report*, No.83, Jakarta and Brussels: International Crisis Group, 2002.

17 W. K. Che Man, *Muslim Separatism: The Moros of Southern Philippines and the Malays of Southern Thailand*, Singapore: Oxford University Press, 1990, p.99; Arabinda Acharya and Sabrina Chua, *Conflict and Terrorism in Southern Thailand,* Singapore: Marshall Cavendish, "Southern Thailand: Insurgency, Not Jihad", *ICG Asian Report*, No.98, Singapore and Brussels: International Crisis Group, 2005a, pp.6~9.

18 *The Nation,* 2006.1.9.

19 Duncan McCargo, "Thaksin and the Resurgence of Violence in the Thai South", Duncan McCargo(ed.), *RethinkingThailand's Southern Violence,* Singapore: National University of Singapore Press, 2007, p.36

를 비롯하여 다른 국가의 이슬람 급진단체들과도 네트워크를 형성하여 인적 · 물적 지원을 받고 있으며, 남부 지역의 다른 온건한 이슬람 주민들과 달리 과격한 무장투쟁을 선동하고 있는 것으로 보고되었다.[21]

최근 들어 동남아 국가들에서 확산되고 있는 테러리즘의 주요한 특징은 이슬람 근본주의나 극단주의를 표방하며 각종 폭력 사태와 테러 활동을 자행하는 일부 이슬람 무장단체들이 상호 긴밀한 네트워크를 형성하여 활동하고 있다는 점이며, 이것은 국제적으로 확산되고 있는 초국가적 테러리즘의 주요한 특징들과도 매우 유사한 양상을 표출하고 있다.[22] 이에 따라 국제적으로 테러리즘을 방지하고 근절하기 위한 국제사회의 노력이 확대되는 가운데 동남아 지역은 '테러와의 전쟁War on Terror' 에서 '제2의 전선the second front' 으로 인식되고 있으며, 미국을 비롯한 국제사회의 정책적 관심이 집중되고 있다.[23] 현실적으로 이슬람 분리주의와 무장투쟁을 표방하는 일부 이슬람단체들이 활동을 전개하고 있는 동남아 지역은 이들 단체들이 무장조직을 결성하여 테러리즘과 연관된 활동을 전개하는 것으로 보고되면서 동남아의 지역적 차원과 개별 국가 차원에서 테러대응정책의 강도를 보다 강화시키기 위한 국제사회의 외부 압력이 증가되고 있다.

---

20 Duncan McCargo, "Thaksin and the Resurgence of Violence in the Thai South", Duncan McCargo(ed.), *Rethinking Thailand's Southern Violence*, Singapore: National University of Singapore Press, 2007, p.64.

21 ICG, 앞의 책, 2005a.

22 Rohan, Gunaratna Arabinda Acharya, and Sabrina Chua. *Conflict and Terrorism in Southern Thailand*, Singapore: Marshall Cavendish, 2005; Abuza, 앞의 책 참조.

23 Joshua Kurlantzick, "Titling Dominos: America and Al Qaeda in Southeast Asia", *Current History*, Vol.101, No.659, 2002, p.421; Gilbert Rozman and Noah Rozman, "The United States and Asia in 2002: Needing Help against Evil", *Asian Survey*, Vol.43, No.1, 2003.

3. 국제사회의 테러대응정책 압력과 동남아의 지역적 대응

2001년 미국에서 발생한 9.11테러는 테러리즘을 바라보는 국제사회의 인식을 크게 변화시키는 중요한 계기가 되었다. 특히 미국이나 유엔UN: United Nations 등이 지니는 국제정치의 영향력은 차치하더라도 9.11테러 발생 이후 국제사회는 미국을 중심으로 테러 방지와 근절을 위한 테러대응정책의 강화와 국제 협력의 필요성을 강조하게 되었으며,[24] 그 결과 유엔을 중심으로 초국가적 테러리즘의 방지와 국가 간 협력 체제를 구축하기 위한 일련의 선언과 더불어 다양한 정책적 방안들이 모색되고 있다.[25] 특히 유엔은 지난 2001년 9.11테러가 발생한 직후 미국을 공격한 알 카에다의 테러 행위가 국제사회의 평화와 안전을 위협하는 국제적 범죄 행위임을 재확인하였으며, 유엔 등 국제사회 수준에서 테러방지와 근절을 위한 국가들 사이의 긴밀한 협력 방안을 촉구하게 되었다.[26]

현실적으로 국제사회의 다자간 질서와 협력을 주도하고 있는 미국 입장에서 테러리즘 문제는 전혀 새로운 것은 아니어서 지난 1980년대 이래 미국의 외교정책 노선을 결정하는 중요한 요인으로 작용하여 왔으며,[27] 테러리즘을 국제사회의 평화와 안전을 위협하는 범죄 행위로 간주함으로써 강력한 대응과 근절을 촉구해 온 바 있다.[28] 특히 미국은 테러리스트들이 다른 국가도 아닌 자국의 영토 내에서 9.11테러를 감행한 직후, 테러단체나 테러리스트들의 배후 세력, 이들을 숨겨주고 있는 국가들에 대해 무력적 방법의 사용과 응징을 공포하는 등 테러 방지

24 De Castro, 앞의 책, p.215.

25 Barry Desker and Arabinda Acharya, "Countering the Global Islamist Terrorist Treat", *The Korean Journal of Defense Analysis*, Vol.18, No.1, 2006, p.61.

26 *UN Security Council Resolution 1373,* 2001; *UN Security Council Resolution 1377*, 2001.

27 William D. Perdue, *Terrorism and the State: A Critique of Domination Though Fear*, New York: Praeger, 1989, pp.1~2.

28 Chaiwat Satha-Anand, "Mitigating the Success Terrorism with the Politics of Truth and Justice", Uwe Johannen, Alan Smith, and James Gomez (eds.), *September 11 & Political Freedom: Asian Perspectives*, Singapore: Select Books, 2003, p.32.

와 근절을 위한 보다 강력한 정책 의지를 천명하였다. 이에 따라 미국은 2002년 1월 발표된 부시George W. Bush 대통령의 연두교서에서 대량살상무기 문제와 연계된 이란, 이라크, 북한 등을 '악의 축 axis of evil'으로 규정하여 강력한 제재 조치와 더불어 물리적 방법까지 동원한 강제적 해체 가능성을 시사한 바 있으며,[29] 테러단체나 테러리스트들이 은둔하고 있는 지역에 대한 군사적 강제력을 동원할 것을 시사하기도 하였다. 실질적으로 미국은 9.11테러의 배후로 밝혀진 빈 라덴과 알 카에다가 은둔하고 있는 것으로 알려진 아프가니스탄을 무력으로 공격하여 이들을 찾아내기 위한 색출 작전을 전개하였으며, 테러리즘에 이용될 소지가 있는 생화학 무기를 숨겨 놓은 것으로 알려진 이라크를 공격함으로써 그들의 테러대응정책 의지를 적극적으로 과시하기도 하였다.

현재까지 미국의 초국가적 테러리즘에 대한 대응과 테러방지정책은 유엔 차원에서의 논의와 더불어 동맹국들과 국제적 협력관계를 모색하는 등 다자간 외교정책을 통한 테러 방지에 노력하는 한편, '테러와의 전쟁'에서 직접적으로 무력을 사용할 뿐만 아니라, 테러조직에 대한 정보 수집 및 테러자금의 이동 경로 추적 등 직접적으로 경찰력을 행사하는 방법까지 확대되고 있다.[30] 미국 부시 행정부는 단순히 테러리즘에 대한 사후 조치뿐만 아니라 테러리즘의 가능성이 존재하는 모든 지역과 국가들에 대해 그 경로를 원천적으로 차단하기 위한 적극적 개입정책을 추진하고 있으며, 동맹국들을 비롯하여 국제사회의 다수 국가들을 그들의 테러방지정책 협력 체제 안으로 끌어들임으로써 주요 테러단체들의 활동 경로와 자금을 조기에 차단하는 적극적 외교정책을 수행하고 있다.[31] 이에 따

29 Ramakrishna, 앞의 책, p.116.

30 Shah M. Tarzi, "The Threat of the Use of Force in American Post-Cold War Policy in the Third World", *Journal of Third World Studies*, Vol.18, No.1, 2001, p.39; Mark Beeson, "U.S. Hegemony and Southeast Asia: The Impact of, and Limits to, U.S. Power and Influence", *Critical Asian Studies*, Vol.36, No.3, 2004, p.445.

31 Desker et al., 앞의 책, p.80.

라 미국과 유럽, 그리고 유엔을 중심으로 테러방지를 위한 다자간 협력 체제가 강화되는 국제적 분위기가 조성되었으며, 특히 테러리즘의 위협이 상존하거나 국제적 테러단체들이 활동을 전개하고 있는 지역 국가들에 대한 테러대응정책에 대한 압력이 강화되어 왔다.[32]

그러나 동남아 지역에서 확산되고 있는 초국가적 테러리즘에 대응하여 동남아 지역협의체로서 그 기능과 역할을 수행해온 아세안은 역내 국가들 사이의 테러대응정책 강화와 협력 체제의 필요성을 인정하면서도, 내부적으로는 소극적이고 미온적인 태도를 벗어나지 못하고 있다.[33] 즉 인도네시아와 말레이시아, 브루나이 등 역내 이슬람 국가들이 주요한 회원국으로 포함되어 있는 아세안의 경우 회원국들 사이의 국내 정치 환경과 정치적 견해 차이가 크기 때문에 지역적으로 보다 강력한 테러방지정책의 추진이나 역내 회원국들 사이의 테러방지를 위한 협력 체제를 구축하기 어려운 실정이다.[34] 또한 현실적으로 아세안은 그 자체가 지니고 있는 제도적 특성으로 말미암아 테러방지를 위한 지역적 차원의 합의와 협력을 이끌어내기 어렵다. 이른바 '아세안 방식ASEAN way'으로 불리는 아세안 특유의 의사결정과 협력방식은 회원국들 사이의 '협의musyawarah'와 '합의mufakat'를 바탕으로 하고 있으며, 개별 국가들의 내부 문제에 관해서는 '불간섭non-interference' 원칙을 채택하여 왔다.[35] 이러한 현실 속에서 아세안은 일부 이슬람 국가들이 미국이 주도하는 국제사회의 '테러와의 전쟁' 자체를 이

32 Lyal Sunga, "US AntiTerrorism Policy and Asia's Options", Uwe Johannen, Alan Smith, and James Gomez (eds.), *September 11 & Political Freedom: Asian Perspectives*, Singapore: Select Books, 2003, p.251.

33 Concepcion B. Clamor, "The Philippine Perspective", Rohan Gunaratna (ed.), *Terrorism in the Asia-Pacific: Threat and Response*, Singapore: Eastern University Press, 2003, p.217; See Seng Tan and Kumar Ramakrishna, "Interstate and Intrastate Dynamics in Southeast Asia's War on Terror", *SAIS Review*, Vol.24, No.1, 2004, p.96.

34 Acharya et al., 앞의 책, p.75.

35 이동윤, 〈아세안ASEAN의 형성과 진화: 동아시아 공동체로의 함의〉, 《21세기정치학회보》 제17집 1호, 2007b, p.273.

슬람교에 대한 서구적 음모로 간주하여 강력한 테러방지정책의 추진을 주저하기 때문에 아세안 차원에서 테러방지 협력 체제를 구축하기 위한 국가 간 정책적 협의와 합의 자체가 어려운 상황이다.

이에 따라 아세안은 한편으로 테러 방지를 위한 국제사회의 환경 변화와 압력에 순응하여 역내 국가들 사이의 테러대응정책 강화 의지를 천명하면서도, 다른 한편으로는 그 정책적 협력 체제의 실질적 추진에 있어서 비교적 소극적이고 미온적인 태도를 표출하여 왔다. 아세안은 미국의 9.11사태가 발생한 직후 유엔의 테러방지 공동선언과 맥을 같이 하여 테러방지정책의 강화에 대한 아세안의 지속적인 협력과 공동의 노력을 선언하였으나,[36] 이러한 선언은 선언적 의미 자체를 벗어나지 못하였다. 역내에 알 카에다와 직 · 간접적으로 연계된 일부 이슬람 급진단체들이 활동하고 있는 것으로 알려진 아세안은 미국 등 국제사회로부터 테러방지 협력 체제의 구축을 위한 다양한 외부적 압력을 받아왔던 것이 사실이다. 그러나 아세안은 역내 40% 이상의 이슬람교 신자들이 거주하며, 특히 인도네시아와 말레이시아, 브루나이 등 이슬람 국가를 회원국으로 두고 있는 상황에서 지역적 차원의 보다 강력한 테러방지정책 추진이 쉽지만은 않은 상황에 직면해 있다.[37]

아세안은 2001년 10월 개최된 '초국가적 범죄에 관한 아세안장관회의AMMTC: ASEAN Ministerial Meeting on Transnational Crime'에서 테러를 포함하여 지역적 현안이 되고 있는 초국가적 범죄 문제를 해결하기 위한 협력 계획을 논의한 이래 2001년 11월에는 '테러방지에 관한 공동행동 선언Declaration on Joint Action to Counter Terrorism'을 발표하고, "아세안은 유엔의 결정에 보조를 맞추어 현존하

---

36 ASEAN Secretarit. available from world wide web@Http:www.aseansec.org/5020.htm/, 2007.9.29.

37 David Martin Jones and Mike Lawrence Smith, "Southeast Asia and the War against Terrorism: The Rise of Islamism and the Challenge to the Surveillance State", Uwe Johannen, Alan Smith, and James Gomez (eds.), *September11 & Political Freedom: Asian Perspectives,* Singapore: Select Books, 2003, pp.142~173.

는 국제 테러리즘에 맞서 회원국들 사이에 테러 방지를 위한 협력을 심화시켜 나갈 것"을 천명한 바 있다.[38] 그러나 이것은 어디까지나 미국을 비롯한 국제사회의 압력에 대응한 가시적 결과일 뿐이며, 회원국들 사이의 의사를 하나로 결집시킨 효과적인 정책 방안이 제시되지는 못하였다.[39] 아세안은 2007년 1월 개최된 아세안 정상회의에서 테러 활동에 대한 정보 교환과 자금세탁 방지를 통한 지역적 협력을 강조하는 '아세안테러대응협약ASEAN Convention on Counterterrorism'에 참여하였으나, 이것 또한 실질적 성과를 가져올 수 있을지에 대한 많은 의문이 제기되고 있다.[40]

오히려 최근 들어 동남아 지역에서는 미국을 비롯한 국제사회의 '테러와의 전쟁'에서 동남아 지역이 '제2의 전선'으로 규정된 것에 대한 역작용으로 반미·반서구적 민족주의 감정이 표출되고 있으며,[41] 이것은 오히려 역내 이슬람 무장단체들이 폭력 활동을 전개하고 초국가적 네트워크의 구성원을 충원하는 데 도움을 주고 있는 실정이다.[42] 일부 학자들은 2001년 9.11테러 이후 동남아에 대한 미국의 적극적 개입이 이 지역에서 베트남 전쟁 이후 잃어버렸던 그들의 패권을 되찾기 위한 또 다른 의지의 표현이라고 비난하고 있으며,[43] 다른 한편에서는 일부 동남아 국가들에서 강압적으로 펼쳐지고 있는 이슬람 무장단체들에 대한 군사작전과 미국의 군사·경제적 지원 활동을 비인도적 행위로 규정하여 비판하고 있다.[44]

---

38 Jonathan T. Chow, "ASEAN Conterterrorism Cooperation since 9/11", *Asian Survey*, Vol.45, No.2, 2005, p.308.

39 Abuza, 앞의 책, pp.241~248.

40 Diane K. Mauzy and Brian L. Job, "U.S. Policy in Southeast Asia: Limited Re-engagement after Years of Benign Neglect", *Asian Survey*, Vol.47, No.4, 2007, p.639.

41 Acharya et al., 앞의 책, p.88.

42 Jeremy Pressman, 앞의 책, p.71.

43 Jim Glassman, "The War on Terrorism Comes to Southeast Asia", *Journal of Contemporary Asia*, Vol.35, No.1, 2005, p.4.

44 AI, 앞의 책; Rosemary Foot, "Collateral Damage: Human Rights Consequences of Counterterrorist Action in the Asia-Pacific", *International Affairs*, Vol.81, No.2, 2005.

4. 동남아의 강압적 테러대응책과 인권침해 문제

현실적으로 초국가적 테러 방지와 국제협력을 위한 국제사회의 테러대응정책 강화 압력이 고조되는 가운데 지역적 차원에서 동남아 개별 국가들이 전개하고 있는 테러대응정책은 기본적으로 미국이 주도하고 있는 테러방지정책인 고도의 군사적 접근방법에 커다란 영향을 받게 되었으며,[45] 이에 따라 이들 국가들이 추진하고 있는 테러대응정책은 비교적 다양한 수준으로 전개되면서도 그 수행 방법의 경우 군사적 방법이 동반된 강압적 기제가 활용되고 있다. 특히 동남아의 일부 국가들의 경우 국내적으로 분리주의운동을 주창하며 국가의 통합성을 약화시켜 왔던 일부 이슬람 정치단체나 저항운동 단체들조차 테러조직으로 규정하여 탄압함으로써 미국의 강력한 테러대응정책 요구를 그들의 국내 정치적 질서유지나 정권안보 차원으로 악용하고 있다는 비난을 초래하고 있다.[46] 또한 민주화가 이루어진 일부 국가의 경우 권위주의적 통치 스타일을 지닌 정치지도자들이 그들의 정치적 기반을 공고화하기 위해 테러대응정책을 그들의 정치적 반대세력들에게 악용하는 사례까지 발견되고 있다.[47]

우선 필리핀의 경우 2001년 9.11테러가 발생한 직후 국제사회에서 미국을 중심으로 테러대응정책의 강화와 국제협력의 필요성이 강조되자, 그러한 요구에 적극적으로 동조하여 자국 내 이슬람 무장단체들을 소탕하기 위한 강력한 테러대응정책을 추진하여 왔다. 9.11테러 직후 필리핀의 아로요Gloria Macapagal Arroyo 대통령은 동남아의 지역적 협력구도 차원에서 필리핀 · 인도네시아 · 말레이시아 등 3개국 사이의 테러방지협정 체결과 이를 통한 공동감시위원회 활동을

---

45 Tan et al., 앞의 책, p.92.

46 De Castro, 앞의 책, p.229; Foot, "Human Rights in Conflict", *Survival,* Vol.48, No.3, 2006, p.114.

47 Joshua Kurlantzick, "Titling Dominos: America and Al Qaeda in Southeast Asia", *Current History,* Vol.101, No.659, 2002, p.423.

강력하게 촉구한 바 있으며, 오랜 동맹국인 미국의 테러대응정책을 적극적으로 지지하여 필리핀 남부 지역에서 활동 중인 이슬람 무장단체들을 토벌하기 위한 미국의 군사적 합동작전과 경제적 지원 등을 자발적으로 요청하기도 하였다. 또한 필리핀 정부는 2002년 3월 '돈세탁 방지법Anti-Money Laundering Act, Republic Act 9160'을 제정하여 테러단체들에 대한 테러자금의 유입을 차단하였으며, 테러 용의자들에 대해서는 영장 없는 체포와 장기간 구금이 가능한 '테러방지법'을 제정하여 실행하는 등 적극적인 테러대응정책을 추진하여 왔다.[48]

그러나 필리핀 아로요 대통령의 테러대응정책 강화는 그동안 필리핀이 장기간 지니고 있던 정치적 불안과 경제 침체를 극복하기 위한 정치적 선택이었다는 평가가 지배적이다.[49] 2002년 11월 미국을 방문한 아로요 대통령은 필리핀 국내적으로 중단 없는 테러소탕작전을 천명한 이래 미국과 5년간의 군사협정 체결과 더불어 미군이 필리핀 영토 내에서 테러대응정책을 수행하는 데 있어서 자국의 군사시설을 사용할 수 있는 조약을 체결함으로써 양국 간 군사협력을 강화하였다.[50] 그 결과 필리핀 내에서 필리핀 정부군의 테러소탕작전을 미군이 지원할 수 있는 군사활동의 법적 근거가 한시적으로 허용되었으며,[51] 실질적으로 남부 민다나오와 술루 지역에서는 미군의 군사적 지원을 받는 필리핀 정부군이 대규모 테러소탕작전을 전개하는 가운데 다양한 인권침해 사건들이 발생하고 있다.[52]

---

48 Sinapan Samydorai, "9/11 Anti-Terrorist Measure and their Impact on Human Rights in Asia", Uwe Johannen, Alan Smith, and James Gomez(eds.), *September 11 & Political Freedom: Asian Perspectives*, Singapore: Select Books, 2003, p.226.

49 이동윤, 〈필리핀의 테러리즘과 대테러정책 결정요인〉, 《한국북방학회논집》 제13권 2호, 2005.

50 사실상 필리핀에서 미군의 재배치나 군사기지 사용 문제는 지난 1987년 새롭게 제정된 필리핀 헌법에 따라 "필리핀 영토에는 어떠한 외국 군대의 주둔도 허용치 않는다"는 조항에 위배되는 것이었으나, 미군과 필리핀 정부는 소규모 미군 병력을 법률적으로 제한된 특정 기간 이전에 최소 병력을 교체하여 재주둔시키는 방법을 동원하여 법률적 제한과 야당 및 일부 시민단체들의 반대운동을 무마하였다.

51 Renato Cruz De Castro, "The Revitalized Philippine-U.S. Security Relations: A Ghost from the Cold War or an Alliance for the 21th Century?", *Asian Survey*, Vol.43, No.6, 2003, pp.980~983.

52 이동윤, 앞의 책, 2005, p.13.

반면 2002년 발생한 발리 폭탄테러를 비롯하여 연이은 테러 피해를 입은 인도네시아의 경우, 테러 사건이 발생할 때마다 테러의 배후 조직과 범인 색출을 위한 대대적인 소탕작전을 전개하였음에도 불구하고 소기의 성과를 거두지 못하고 있는 실정이다. 테러 문제와 관련하여 인도네시아 정부가 비교적 소극적이고 정책적으로도 성과를 거두지 못하고 있는 까닭은 국내적으로 강력한 지위와 세력을 확보하고 있는 이슬람 정치세력들에게 있어서 이슬람교에 대한 직접적 탄압으로 비춰지고 있는 테러방지정책의 강화는 결코 받아들여질 수 없는 사안으로 인식되고 있기 때문이다.[53] 인도네시아 정부는 2001년 9.11테러 이후 테러리즘의 발생을 방지하기 위해 테러 혐의가 있는 인물들에 대해 긴급체포권을 발동할 수 있는 '반테러법 antiterrorism action'을 제정하고자 노력하였으나, 이러한 정부의 시도는 국내 이슬람 정치세력들의 강력한 반대에 부딪쳐 법률적 제정이 지연되었다.[54] 그나마 2002년 발리 폭탄테러 이후 제정된 '반테러법' 또한 헌법재판소의 판결에 의해 그 수사권과 법률적 소급 적용이 어려운 한계에 직면하였다.[55]

다른 한편으로 인도네시아에서의 테러대응정책 강화는 국내적으로 분리주의 운동과 이슬람 독립국가의 건설을 주창하는 다양한 이슬람단체들을 테러단체로 규정하여 탄압하는 잘못된 결과를 초래하기도 하였다.[56] 예를 들어 미국이 제마 이슬라미아JI를 공식적인 테러조직의 하나로 지목하여 신속한 수사를 촉구하는 동안 인도네시아 정부는 아쩨Aceh 지역에서 오랜 기간 분리주의에 기초하여 반정부 운동을 전개해 온 자유아쩨운동GAM: Gerakan Aceh Merdeka을 미국의 테러조직 명단에 끼워넣는 데 성공하였다.[57] 뿐만 아니라 인도네시아의 술라웨시

53 이동윤, 〈인도네시아의 테러리즘과 대테러정책 결정요인: 국제 환경과 국내환경의 역학관계〉, 《한국과 국제정치》 제19권 2호, 2003, p.54.

54 *FEER Far Eastern Economic Review*, 2002.10.24.

55 *FEER*, 2002.11.7.

56 Foot, 앞의 책, 2005, p.423.

57 Anthony L. Smith, "A Glass Half Full: Indonesia-U.S. Relations in the Age of Terror", *Contemporary Southeast Asia*, Vol.25, No.3, 2003, p.465.

지역에서 종교갈등을 주도해 온 라스까르 지하드LJ나 서파푸아West Papua 지역에서 분리주의운동을 주도해 온 일부 무장단체들 또한 이들의 근본적인 속성이 초국가적 테러단체와는 거리가 먼 국내 반정부 조직임에도 불구하고, 이들 단체들을 모두 국제테러단체로 규정하여 물리적 폭력과 정치적 탄압을 전개하였다.[58]

태국의 경우 최초 2001년 9.11테러가 발생하여 국제사회의 테러대응정책 강화와 국제협력의 압력이 고조되는 와중에서도 집권 초기의 탁씬Thaksin Shinawatra 총리는 국내적으로 테러단체의 존재 여부나 그들에 의한 테러 활동 자체를 강력하게 부인한 바 있다.[59] 그러나 태국 정부는 2004년 1월 초부터 남부 이슬람 국경 지역에서 연이은 폭력 사태가 발생하자, 남부 4개 지역의 이슬람 거주 지역에 대한 부분 계엄령을 선포하고 이슬람 무장단체들에 대한 대대적인 소탕작전을 전개하였다. 태국 정부는 테러단체 색출을 위한 미국의 군사적 지원과 협력 의사를 거부하고, 자체적으로 태국 정부군을 파견하여 폭력 사태의 진압을 추진하였으며, 특히 2004년 말 추진된 '테러방지법'의 강화와 더불어 남부 이슬람 거수 지역에서 소탕작전이 전개되는 과정에서 국가 폭력에 의한 무고한 희생자들과 다수의 인권침해 사례들이 발생하기도 하였다. 남부 폭력 사태는 태국 정부군의 강경 진압과 맞물려 사회적 일탈과 혼란이 야기됨으로써 2005년 9월까지 사망한 희생자 수가 최소 1,000여 명이 넘는 것으로 추산된 바 있다.[60]

특히 태국의 인권침해 사례들은 탁씬 총리의 취임 이후 2003년부터 전개된 '마약과의 전쟁War on Drug'에서 2,500명 이상이 비사법적 방법으로 처벌된 것

58 Natasha Hamilton-Hart, "Terrorism in Southeast Asia: Expert Analysis, Myopia and Fantasy", *The Pacific Review*, Vol.18, No.3, 2005, p.35.

59 Ukrist. Pathmanand, "Thaksin's Achilles's Heel: The Failure of Hawkish Approaches in the Thai South", Duncan McCargo(ed.), *Rethinking Thailand's Southern Violence,* Singapore: National University of Singapore Press, 2007, p.71.

60 남부 폭력 사태는 태국 정부군의 강경진압과 맞물려 사회적 일탈과 혼란이 야기됨으로써 2005년 9월까지 사망한 희생자 수가 최소 1,000여 명이 넘는 것으로 추산된 바 있다. *The Standard,* 2005.10.1; Foot, 앞의 책, 2005, p.423.

을 비롯하여 남부 국경지역의 이슬람 폭력 사태에 대한 군부의 강경진압이 수많은 인권침해 사례들을 유발하고 있는 것으로 보고되었다.[61] 예를 들어 2004년 4월 발생한 '크루 쎄Krue Se' 사건에서는 이슬람 무장 세력이 경찰서와 군 검문소를 습격하자, 태국 정부군이 이슬람사원에 숨어 있던 이슬람 무장 세력을 체포하는 과정에서 경찰과 민간인, 그리고 무고한 어린이들까지 최소 112명이 사망하였으며, 2004년 10월 딱바이Tak Bai에서는 무슬림 시위대와 정부군 사이에 유혈 충돌이 발생하여 체포된 주민들을 이송하는 과정에서 78명의 무슬림 주민들이 후송 차량 안에서 질식사한 사건이 발생하는 등 테러대응정책을 빙자한 태국 정부의 비인권적 테러소탕작전이 국내외적으로 큰 비판을 받게 되었다.[62]

현실적으로 국제사회의 압력에 의해 동남아 국가들에서 강화되고 있는 테러대응정책은 그 정책적 실효성은 불문하더라도 이들 국가에서 정부와 정권에 반대하는 정치 세력들은 물론 일반 국민들의 기본적 인권조차 억압하는 효과적인 기제로 활용되고 있다. 사실상 지난 1997년의 경제위기 이후 동남아 국가들은 외부 압력에 대응하여 경제적 자유화와 정치적 민주화를 확대하는 과정에서 인권 상황 또한 점진적인 변화와 개선이 이루어진 것으로 평가되어 왔다.[63] 그러나 2001년 9.11테러 이후 각 국가들마다 테러단체들에 대한 소탕작전이 전개되면서부터 개인의 기본적 인권이 보장되어야 한다는 국가 활동의 정당화에 대한 최

---

61 Human Rights First(HRF), *Losing Ground: Human Rights Defenders and Counterterrorism in Thailand*, New York and Washington, D.C.: Human Rights First, 2005, p.326; 박은홍, 이남주 외, 〈타이의 시민사회와 민주주의: 제도와 인지〉, 《아시아의 시민사회(Ⅱ): 현재와 전망》, 서울: 아르케, 2005, p.179.

62 이에 따라 태국정부는 2005년 7월 남부 3개 지역에 발령되었던 부분적인 계엄령을 대체하는 '비상사태 행정에 관한 긴급명령Emergency Decree on Public Administration in Emergency Situation'을 공포하여 행정과 치안 권한을 군대로부터 경찰에게 이전하였으나, 이것 또한 남부 무슬림들에 대한 '살인면허 license to kill'라는 비판을 면치 못하고 있다. International Crisis Group(ICG), "Thailand's Emergency Decree: No Solution", *ICG Asian Report*, No.105, Singapore and Brussels: International Crisis Group, 2005b, p.1; Eric Biel, Neil Hicks, and Michael McClintock, *World Report*, New York: Human Rights Watch, 2005, p.6.

63 박은홍, 〈'아세안 방식ASEAN way'과 동남아시아 신흥공업국의 역할 변화: 주권 · 개발 · 인권의 갈등적 공존과 그 진화〉, 《동남아시아연구》 제16권 1호, 2006, pp.119~120.

소한의 전제 조건이 심각한 위기 상황에 직면하게 되었다.[64] 이 국가들에서는 모두 영장 없이 자의적으로 구금하거나 범죄 관련 증거가 없어도 장기 구금의 연장이 가능한 테러방지법이 제정되었다. 필리핀의 경우 이와 더불어 보안, 감시, 수색, 정보 심문에 관한 국가 권력이 강화되었고, 인도네시아 또한 초국가적 테러리즘과 관계없는 국내 정치 차원의 반정부 활동이나 평화운동조차 범죄 집단으로 규정될 수 있는 가능성이 크게 증대되었다.[65]

결과적으로 미국에서 발생한 9.11테러 직후 급격하게 확산된 국제사회의 테러대응정책 강화와 국제협력의 압력은 그것의 진정한 목적과는 관계없이 일부 국가들의 정치지도자들에 의해 악용되어 국내에 있는 자신의 반대세력을 제거하거나 권위주의적 통치 구조를 강화하는 정치 수단으로 활용되고 있다. 미국에 의해 테러와의 전쟁이 선포된 이래 대다수 동남아 국가들이 미국의 압력에 순응하여 강력한 테러대응정책을 추진하게 되었으나, 이것은 오히려 그들에게 반대하는 많은 정치집단들을 국가폭력으로 위협할 수 있는 비인권 행위들을 일반화시켜 주었다.[66] 더욱이 이들 국가들에서 미국의 압력에 의해 제정된 테러방지법에 기인하여 강압적 테러대응정책이 지속적으로 수행되고 있음에도 불구하고, 테러 사건들이 줄어들지 않고 끊임없이 재발하고 있다는 사실은 이들이 전개하고 있는 테러대응정책이 근본적인 해결책이 될 수 없다는 점을 입증해 주고 있다.

---

64 Maznah Mohamad, "Towards a Human Rights Regime in Southeast Asia: Charting the Course of State Commitment", *Contemporary Southeast Asia*, Vol.24, No.2, 2002, p.231; Foot, 앞의 책, 2005, p.413; 이동윤, 〈동남아 국가들의 인권 현황과 인권정책 비교〉, 《인권평론》 제1권 2호, 2007a, p.104.

65 조너선 바커 저, 이광수 역, 《테러리즘, 폭력인가 저항인가?》, 서울: 이후, 2007, pp.210~211.

66 Foot, 앞의 책, 2006, p.109.

5. 동남아 테러리즘에 대한 인식의 전환과 시민사회의 역할

최근 들어 국제사회에서는 초국가적 테러리즘에 대응한 국제사회의 테러방지 정책 강화와 일부 국가들에서 인권침해를 유발하는 강압적 테러방지정책의 문제점들을 또 다른 시각으로 인식하고 이해하고자 하는 논의들이 새롭게 등장하고 있다.[67] 그것은 테러리즘 자체를 단순히 선악善惡 개념으로 규정하는 것이 아니라 상대적인 관점에서 근본 원인을 파악하고 재조명하려는 분석 시각을 반영한 결과다. 이러한 인식의 변화와 새로운 노력은 동남아 국가들도 예외가 아니다. 이 국가들에서는 테러방지와 근절을 빙자하여 발생하고 있는 인권침해 문제를 심각하게 비판하고, 동남아 테러리즘과 테러대응정책에 대한 근본적인 인식의 전환을 촉구하는 다양한 논의들을 제시하고 있다.

우선 첫 번째로 동남아 지역에서 발생하고 있는 테러리즘에 대한 국제적 인식 오류를 시정하고자 하는 노력이 그것이다. 사실상 2002년 10월 발리 폭탄테러가 발생하기 이전까지 동남아의 이슬람교, 특히 인도네시아의 이슬람교는 중동이나 남아시아의 이슬람교와 대비되어 근본적으로 차이가 있는 보다 세속적이고, 비폭력적이며, 온건한 교리와 노선을 취하고 있는 것으로 알려져 왔다.[68] 그러나 발리 폭탄테러 이후 동남아 지역은 이슬람 근본주의와 지하드jihad를 주창하는 극단주의자들이 무장조직을 결성하고 폭력을 통해 이슬람교의 확산을 추진하는 초국가적 테러리즘의 온상인 양 치부되었다.[69] 필리핀의 경우 국제테러리스트들에게 제3세계에서의 테러작전을 수행하기 위한 성역이자 도약의 발판으로 인식되었으며, 필리핀의 이슬람 무장단체들은 직·간접적으로 그들의 테러 목적을

67 Landman, 앞의 책; Foot, 앞의 책; Pressman, 앞의 책.

68 Gershman, 앞의 책, p.63.

69 Carlyle A. Thayer, "Radical Islam and Political Terrorism in Southeast Asia", Terence Chong (ed.), *Globalization and Its Counter-Forces in Southeast Asia*, Singapore: Institute of Southeast Asian Studies, 2008, p.257.

위해 이용되거나 동맹관계를 맺고 있는 것으로 발표되기도 하였다.[70] 인도네시아의 아쩨 지역이나 서파푸아 지역, 그리고 태국의 남부 국경지역에서 발생하고 있는 폭력 사태와 분리주의운동 또한 이슬람 과격단체나 무장단체들에 의해 자행되는 초국가적 테러리즘으로 묘사되기도 하였다.

그러나 이러한 인식의 기저에는 동남아를 초국가적 테러리즘의 '제2의 전선'으로 규정하고 있는 미국의 의지가 반영된 것이며, 특히 동남아에 대한 미국의 정책적 개입 강화는 최근 이 지역의 테러단체나 활동 범위에 관한 다양한 보고서와 언론 보도들이 취하고 있는, 약간은 과장된 논조가 그대로 반영된 결과다.[71] 미국의 부시 대통령이 언명한 "우리와 함께 하는 것이 아니면 우리의 적"이라는 접근 방식은 동남아 지역에서 커다란 반향을 불러일으켰으며,[72] 결과적으로 동남아 지역에서 발생한 이슬람 폭력 사태나 테러 사건들에 대한 분석에 심각한 오류를 초래하였다. 현실적으로 동남아의 테러리즘에 관한 수많은 논의들은 이들 지역의 폭력 사태를 선택적이고 근시안적인 접근 방법을 통해 분석함으로써 진실의 왜곡과 과장을 불러일으켰다.[73] 동남아 국가들에서 발생한 대다수 폭력 사태는 국제적 범죄 행위로 규정되고 있는 초국가적 테러리즘과 근본적인 차이가 있는 국내 문제임에도 불구하고, 이들 정보기관의 연구자들이나 실무자들은 인종 분리나 이슬람 교리에 입각하여 독립국가의 건설을 주장하는 이슬람 정치단체들조차 초국가적 테러단체로 분류하여 발표하였다.[74]

특히 이슬람 정치단체나 공동체를 명기하면서 붙여진 '급진적radical', '근본주의적fundamentalist', '무장한 militant' 등의 수식어들은 마치 이들 단체와 공동체들이 '테러리즘'을 수행하는 단체로 인식하게 치명적인 오류를 범하였으며,[75]

---

70 Clamor, 앞의 책, p.203.

71 Gershman, 앞의 책, p.61.

72 Mauzy, 앞의 책, p.635.

73 Hamilton-Hart, 앞의 책, p.304.

74 Foot, 앞의 책, 2006, p.113.

일부 군사·안보 전문가들에 의해 인용된 대부분의 부정확한 정보와 자료들 또한 동남아의 수많은 이슬람 정치단체와 분리주의 운동단체들을 테러단체로 왜곡하는데 일조하였다. 이에 따라 이들 단체에 대한 인식의 오류는 궁극적으로 동남아 지역을 알 카에다와 연계된 '제2의 전선'으로 인식하는 국제 시각의 오류를 유발하였으며,[76] 또한 이러한 인식의 오류와 강압적 테러대응정책에 대응하는 동남아 지역의 주민들, 특히 이슬람교 주민들이 '테러와의 전쟁'을 '이슬람에 대한 전쟁war against Islam'으로 받아들여 적대적 감정을 표출하게 하는 부작용을 초래하였다.[77]

두 번째로 초국가적 테러리즘의 방지와 근절을 위한 국제사회의 테러대응정책 강화와 국제협력의 압력이 일부 국가의 정치지도자들에 의해 국내 정치적으로 그들의 위기 상황을 극복하고 정권을 강화하기 위한 정치적 기제로 악용되었다는 사실이다. 분리주의운동을 비롯하여 동남아 국가들에서 발생하고 있는 대다수 갈등과 폭력 사태들은 비교적 오랜 연원을 지니고 있으며, 그들 국가의 통합성을 저해할 수 있는 위협 요인임에 틀림이 없다. 그러나 이러한 갈등과 폭력 사태들은 최근 들어 확산되고 있는 초국가적 테러리즘과 무관하게 국내 정치 요인에 기인한 현상임에도 불구하고, 일부 국가들의 경우 이 단체들을 초국가적 테러단체로 규정하고 강압적 테러대응정책에 입각하여 물리적 방법을 동원한 정치적 탄압을 자행함으로써 다양한 인권 유린과 침해 문제를 유발하고 있다.[78] 최근 들어 이들 국가에서는 인권 존중과 보호를 주창하는 일부 인권단체나 인권활

75 Hamilton-Hart, 앞의 책, p.310.

76 현실적으로 동남아 국가들에서 활동하는 대다수 이슬람 정치조직들은 테러조직이라기보다는 활동가조직으로 분류되며, 각 국가들에서 분리주의 운동을 전개하고 있는 이슬람 무장단체들 또한 알 카에다와 연계된 테러단체라기보다는 종교적·민족적 정서를 달리하는 무장조직 정도로 이해할 수 있다. David Wright-Neville, "Dangerous Dynamics: Activists, Militants and Terrorists in Southeast Asia", *The Pacific Review*, Vol.17, No.1, 2004, p.32; Hamilton-Hart, 앞의 책, pp.305~306; Acharya et al., 앞의 책, p.79; David, 위의 책, p.28.

77 Mauzy, 앞의 책, p.638.

78 Foot, 앞의 책, 2005, pp.418~419.

동가들조차 테러단체의 전위조직이나 테러리스트로 지목되어 각종 규제를 받음으로써 인권의 사각지대를 형성하고 있다. 필리핀의 경우 다수의 인권단체 활동가들이 테러조직을 옹호하는 지지자로 지목됨으로써 정부 관리에 의해 고소당하기도 하였다.[79]

실질적으로 국내 정치 차원에서 필리핀의 아로요 대통령은 그녀가 부통령이던 2001년 초 에스트라다Joseph E. Estrada 대통령의 퇴진으로 정치권력을 전격적으로 인수하게 되었으나, 2001년 5월 에스트라다를 지지하는 도시 빈민들의 '폭동사태'와 지속적인 경제 침체 등으로 인해 그녀 자신의 정치적 입지가 크게 약화되어 있었다. 또한 끊임없이 제기되던 군부의 쿠데타설과 남부 지역에서의 크고 작은 분쟁, 경제 문제를 둘러싼 사회 내부 갈등 등도 2004년 차기 대통령 선거를 앞두고 그녀가 재임 기간 중 조속히 해결해야 할 커다란 과제로 대두되었다.[80] 이러한 상황에서 아로요 대통령은 2004년 대통령 선거의 재선을 도모하기 위해 국제사회의 테러대응정책 강화 분위기에 편승하여 미국으로부터 협조 요청이 공식적으로 접수되자, 수적으로 소수 집단이면서도 지속적으로 분리주의 운동을 전개하여 필리핀 남부 지역의 정치·사회적 불안을 조장하여 왔던 이슬람 반군세력들에 대한 대대적인 토벌작전을 자연스럽게 추진할 수 있었다.

태국 또한 2001년 초 탁씬 총리와 태국애국당Thai Rak Thai Party이 정치 권력을 장악한 이래 야당인 민주당Democrat party의 지지 기반인 남부 지역에서 실질적 지배 권력을 형성하기 위한 일련의 정책들을 추진하는 과정에서 이슬람 폭력 사태가 발생하였다. 탁씬 정부는 2002년 4월 남부국경지역 행정센터SBPAC: Southern Border Provinces Administrative Center를 폐지하고,[81] 지역 치안에 관련

79 필리핀의 경우 다수의 인권단체 활동가들이 테러조직을 옹호하는 지지자로 지목됨으로써 정부 관리에 의해 고소를 당하기도 하였다. Foot, 앞의 책, 2005, p.422.

80 이동윤, 앞의 책, 2005, p.15.

81 태국의 남부국경지역행정센터SBPAC는 1981년 2월 총리령 제8호(Prime Minister's Order No.8/1981)에 의해 설치되었는데, 일명 "시원한 그늘 속의 남부South in the cool shade"라는 일종의 융화정책으로써

된 모든 권한과 업무를 제4지역 방위군으로부터 경찰로 이전하였는데, 이것은 기존의 민주당 세력들로부터 이슬람교 주민들의 정치 진출과 정책적 의사전달 통로를 차단함으로써 지역 불만이 증폭되는 결과를 초래하게 되었다.[82] 2004년 1월부터 남부 국경지역의 이슬람 폭력 사태가 확산되자 탁씬 정부는 군대를 동원하여 강력한 진압정책을 전개하였으나, 이것은 결과적으로 남부 지역 주민들의 강력한 반발을 초래하여 오히려 폭력 사태를 장기화하는 역효과를 불러일으켰다.[83]

결국 9.11테러 이후 동남아 국가들은 테러방지와 근절을 위한 국제 압력과 미국의 정책적 요구에 부응하여 강압적 테러대응정책을 추진하게 되었다. 2004년 필리핀 대통령 선거에서 아로요 대통령이 승리한 것에 뒤이어 2004년 의회선거에서 과거 수하르또 대통령의 독재정치를 위한 기제였던 골까르당Golkar Party이 제1당이 되었으며, 태국에서도 2001년 의회선거에 뒤이어 2005년 의회선거에서도 탁씬 정부가 재집권하는 등 권위주의적 정치행태를 표방하는 정치세력들이 재집권에 성공하는 결과가 초래되었다.[84] 그러나 이들 국가들에서 정치적 위기 상황의 극복과 정치권력의 강화를 위한 일련의 정치과정이 진행되는 와중에 강압적 테러대응정책은 수많은 인권 탄압과 침해 사례들을 유발하였으며, 궁극적으로 이들 국가들의 민주주의와 인권 수준 또한 크게 퇴보하는 상황이 표출되었다.

마지막으로 동남아 국가들의 강압적 테러대응정책을 통해 수많은 인권침해 사

그동안 남부 이슬람 주민들의 행정적 불만과 불편사항을 접수하여 해결해 주는 주요한 역할을 수행하였다. Wuttikorn, 앞의 책, pp.95~96; McCargo, 앞의 책, pp.9~41.

82 Wuttikorn, 앞의 책, p.95.

83 남부 폭력 사태를 테러리즘으로 규정하는 대부분의 연구자와 전문가들은 남부 지역의 폭력 사태를 지역적 혹은 세계적 차원으로 전개되는 지하드jihad의 변형 정도로 논의하고 있지만, 서구 중심적 시각을 비판하고 현지조사와 지역연구 차원의 인식을 강조하는 또 다른 연구자들은 태국의 남부 사태에 대한 국내 정치적 요인을 강조하고 있다. Gunaratna, 앞의 책, 2005; Pathmanand, 앞의 책.

84 Jim Glassman, "The War on Terrorism Comes to Southeast Asia", *Journal of Contemporary Asia*, Vol.35, No.1, 2005, p.24.

례들이 발생하는 가운데 국가인권기관과 시민단체들 사이의 유기적인 협력 관계를 강화하고, 아시아 시민연대를 통한 시민사회의 역할을 강조하는 유기적 협조체제의 필요성이 크게 증대되었다. 비록 동남아 국가들의 인권위원회는 정부기관으로서 정치적 독립성과 역량이 크게 부족한 것으로 평가되고 있지만,[85] 필리핀의 인권위원회Filipino Commission on Human Rights[86]와 인도네시아의 국가인권위원회Komnas HAM: Komisi Nasional Hak Asasi Manusia,[87] 태국의 국가인권위원회National Human Rights Commission[88] 등은 독립적 헌법 기관으로서 그들 국가 내에서 발생하는 인권 문제의 개선을 위해 나름대로 최선의 노력을 전개해 왔다.

다른 한편으로 1986년 창설된 '필리핀 인권주창동맹PAHRA: Philippine Alliance of Human Rights Advocates'이나 지난 1971년 수하르또Soeharto 집권 시기부터 창설되어 법과 인권, 민주화와 관련된 '구조적 법률지원structural legal aid' 활동을 전개해 온 '인도네시아 법률지원기구LBH: Lembaga Bantuan Hukum' 등은 그들 국가의 대표적인 인권단체로 자리매김하고 있다.[89] 또한 동남아의 지역적 연대 활동 차원에서 태국 방콕에 자리 잡은 '포럼 아시아Forum-Asia: Asian Forum for Human Rights and Development'는 아시아 지역의 인권과 개발을 위

85 이동윤, 앞의 책, 2007a, pp.112~113.

86 필리핀의 인권위원회는 1986년 민주화와 더불어 아끼노Corazon Aquino 대통령의 대통령령에 의해 대통령 직속으로 인권위원회Presidential Commission on Human Rights가 설치되었다가, 1987년 새로운 헌법이 제정된 이후 독립적인 헌법기관으로 새로운 국가인권위원회를 구성하였다. 이내영 · 박은홍, 《동아시아의 민주화와 과거청산: 한국 · 필리핀 · 태국의 비교연구》, 서울: 아연출판부, 2004, p.24.

87 인도네시아의 인권위원회는 권위주의체제인 수하르토 대통령 시기의 1993년에 대통령령으로 설치되었으며, 민주화 이후에는 1999년 대통령령 제50호에 의하여 국가인원위원회의 위상과 권한이 크게 강화되었다. 루디 리키 저, 〈인도네시아: 민주화 이행과 인권〉, 김용철 · 김영기 · 김경학 편역, 《동남아시아의 민주주의와 인권》, 서울: 경인문화사, 2003, pp.71~74.

88 태국의 국가인권위원회는 1997년 태국 정치사상 가장 민주적이라고 평가받는 '인민헌법'의 제정을 통해 설치되었으며, 출범 초기에는 그 재정적 취약성에도 불구하고 개혁성과 독립성이 매우 강했던 것으로 평가된 바 있다. 이동윤, 앞의 책, 2007a, p.113.

89 Renato G. Mabunga 면담(면담일: 2005.2.8); Poengky Indarti 면담(면담일: 2005.6.18).

한 국가 간 협력사업과 연대 활동을 활발하게 주도하고 있으며,[90] 태국 소재의 '인권교육을 위한 아시아·태평양 자원지원 센터ARRC-HRE: Asia-Pacific Regional Resource Center for Human Rights Education', 태국과 필리핀 등에서 활동하고 있는 '여론 개진을 위한 동남아위원회SEACA: Southeast Asian Committee for Advocacy' 등은 지역적 차원에서 국제사회와 연계하여 동남아 국가들의 인권과 민주화, 경제·사회·환경 문제 등과 관련된 주창 활동과 연대 방안을 모색하고 있다.[91]

그러나 인권운동과 관련된 이들 인권위원회와 시민단체들은 저마다 인권 문제 개선을 위한 일련의 활동들을 활발하게 전개하고 있지만, 국가인권위원회와 시민단체 사이의 상호 유기적인 협력 관계가 제대로 형성되어 있지 못하고, 국가 간 지역 간 연대 활동도 크게 부족한 것으로 평가되고 있다. 현실적으로 동남아 지역에서 개별 국가 차원의 강압적 테러대응정책이 강화되고 있는 상황에서 일부 국가의 인권단체들은 테러조직을 지원하는 전위조직으로 지목되어 정치적 탄압과 인권보호 활동의 제약을 받게 되었으며, 초국가적 테러리즘과 무관한 일부 정치조직이나 반정부단체들 또한 테러조직으로 간주되어 자의적 체포와 구금, 불공정한 재판 등을 통해 인권 유린과 침해를 당하고 있는 실정이다. 이에 따라 이러한 국가 차원의 정치적 탄압과 폭력, 그리고 그 근본적인 원인을 제공하고 있는 비인권적 테러대응정책을 시정하고, 인권 문제를 해소하기 위해서는 국가 내부적으로 헌법 기관인 국가인권위원회와 인권시민단체들 사이의 유기적인 협력 체제가 형성되어야 하며, 국가 간 지역 간 시민단체와 조직들 사이의 포괄적인 연대 활동 방안을 모색해야 할 필요가 있다.

---

90 포럼 아시아는 지난 2005년 사무총장이 교체되는 과정에서 외부 인사가 영입되어 구조조정이라는 명목 아래 기존의 토착 활동가들을 몰아내고 새로운 활동가들을 영입하면서 크고 작은 혼란과 반발을 초래하기도 하였다. Somsri Hananuntasuk 면담(면담일: 2005.4.10).

91 이동윤, 앞의 책, 2007a, p.108.

6. 초국가적 테러대응정책 모색

오늘날 테러 문제는 과거 특정 국가나 한정된 지역에서 특정한 정치적 · 이념적 목적을 달성하기 위해 발생하는 국내 테러리즘의 성격을 벗어나 범세계적으로 불특정 다수의 민간인들을 테러 대상으로 삼는 국제 테러리즘의 성격을 강하게 표출하고 있다. 테러 행위를 자행하는 테러단체들 또한 정치적 · 이념적 이념을 중심으로 국경을 초월한 국제적 연계망을 형성하며 조직화됨으로써 다국적인 테러 행위가 각 국가들 사이에서 동시다발적으로 발생하는 초국가적 테러리즘으로 발전하고 있다. 현실적으로 테러리즘에 대한 국가 간 정보나 인식의 공유가 부족한 상황에서 국제사회는 2001년 9.11테러가 발생한 직후 미국을 중심으로 초국가적 범죄 행위로 간주되는 테러리즘을 방지하고 근절하기 위해 강력한 테러대응정책을 촉구하고 있으며, 개별 국가들 사이의 포괄적 협력 체제가 강화되고 있다.

초국가적 테러리즘에 의한 안보 위협과 테러대응정책에 대한 강화 움직임은 동남아 국가들에 있어서도 예외가 아니어서 필리핀, 인도네시아, 태국 등 개별 국가들을 중심으로 테러방지법이 제정되고 보다 강력한 테러대응정책이 실시되고 있다. 그러나 이들 국가에서 추진되고 있는 테러방지법이나 테러대응정책은 과거 이들 국가들이 민주화되기 이전까지 권위주의체제와 독재정권을 유지하기 위해 악용되었던 국가보안법이나 내란방지법 등의 복원을 초래하였으며, 특히 국가 내부에서 분리주의운동이나 반정부 투쟁을 전개하는 정치조직과 운동 단체들에게도 이러한 강압적 테러방지법이 적용됨으로써 수많은 인권 유린과 침해 사례들이 증가하고 있다.

동남아 국가들에서 테러대응정책이 초국가적 테러리즘의 방지라는 본래 목적에서 벗어나 다수 시민들의 인권침해 문제를 유발하는 정치적 탄압의 기제로 활용되고 있는 것은 일차적으로 동남아에서 발생한 테러 사건들을 알 카에다의 초국가적 테러리즘과 연계된 것으로 낙인찍고 과장하고 있는 국제사회의 인식의 오류에 기인한 결과다. 미국은 2001년 9.11테러에 연이어 발생한 2002년 발리 폭탄테러 직후부터 동남아를 '테러와의 전쟁'을 위한 '제2의 전선'으로 규정하고 동남아 지역의 각종 폭력 사태와 테러 문제에 깊숙이 관여하여 왔다. 그러나 동남아에서 발생하고 있는 대부분의 폭력 사태와 테러 문제는 민족적·종교적 분리주의운동에 기반을 둔 국내 문제이며, 따라서 미국과 서방국가들이 인식하고 있는 초국가적 테러리즘과는 어느 정도 거리가 먼 잘못된 인식에 토대를 두고 있다.

다른 한편으로 동남아 국가들의 일부 정치지도자들은 국제적으로 확산되고 있는 테러대응정책의 강화 요구를 그들의 국내 정치적 위기 상황을 극복하고 정치 권력을 공고화하기 위한 정치 수단으로 활용하고 있다. 특히 민주화 이후 크고 작은 정치 위기와 경제 문제에 직면한 필리핀, 태국, 인도네시아 등은 국제적으로 연계된 테러조직들을 소탕한다는 명목 아래 자의적 체포와 장기간 구금, 비사법적 재판과 사형을 정당화하는 테러방지법을 제정하고 강압적 테러대응정책을 추진함으로써 다양한 인권침해 문제를 유발하고 있다. 특히 민주화 이후에도 권위주의적 통치 구조를 선호하는 일부 정치지도자들은 초국가적 테러리즘과 관련 없는 정치 반대 세력이나 분리주의·반정부 운동조직까지 테러단체로 규정하여 탄압함으로써 그들의 정치적 입지를 강화하고 있다.

그렇다면 동남아 국가들에서 강압적 테러대응정책을 통해 발생하고 있는 수많은 인권침해 문제들을 해소하기 위해서는 어떤 해결책을 모색할 수 있을까. 우선 동남아 국가들에서 발생하고 있는 테러리즘의 근본적인 원인과 양상을 좀 더 정확하게 파악하기 위한 인식의 전환과 확장이 요망되며, 인권 문제의 개선을 위해 다각적인 활동을 전개하고 있는 인권단체들 사이의 유기적인 협력관계가 모색되어야 할 것이다. 특히 일부 국가들에서 헌법적 독립성을 확보하고 있는 국가인권위원회와 인권운동을 전개하고 있는 각종 시민단체들 사이의 포괄적인 협조 체제가 필요하다. 이와 더불어 국가 내부와 국가 간, 지역 간 인권운동을 전개하고 있는 인권단체들 사이의 정보 교환과 협력적 연대 활동이 활성화되어야 할 것이다. 한국의 입장에서 이들 동남아 국가들의 강압적 테러대응정책과 인권 문제를 해소하는데 동참하기 위해서는 동남아 국가들의 각종 인권단체들과 유기적인 네트워크를 형성하여 인권침해 문제에 대한 재발 방지를 촉구하는 연대 활동을 모색할 수 있으며, 다른 한편으로 동남아 인권단체들의 제반 활동에 대한 지속적인 관심과 물질적 · 정신적 지원이 요구된다.

참고문헌

국내문헌

리키 루디 저, 김용철 · 김영 · 김경학 편역, 〈인도네시아: 민주화 이행과 인권〉, 《동남아시아의 민주주의와 인권》, 서울: 경인문화사, 2003.

박은홍, 〈타이의 시민사회와 민주주의: 제도와 인지〉, 《 아시아의 시민사회(Ⅱ): 현재와 전망》, 이남주 외, 서울: 아르케, 2005.

______, 〈'아세안 방식 ASEAN way'과 동남아시아 신흥공업국의 역할 변화: 주권 · 개발 · 인권의 갈등적 공존과 그 진화〉, 《동남아시아연구》 제16권 1호, 2006.

이내영 · 박은홍, 《동아시아의 민주화와 과거청산: 한국 · 필리핀 · 태국의 비교연구》, 서울: 아연출판부, 2004.

이동윤, 〈인도네시아의 테러리즘과 대테러정책 결정요인: 국제 환경과 국내환경의 역학관계〉, 《한국과 국제정치》 제19권 2호, 2003.

______, 〈필리핀의 테러리즘과 대테러정책 결정요인〉, 《한국북방학회논집》 제13권 2호, 2005.

______, 동남아 국가들의 인권 현황과 인권정책 비교〉, 《인권평론》 제1권 2호, 2007a.

______, 〈아세안ASEAN의 형성과 진화: 동아시아 공동체로의 함의〉, 《21세기정치학회보》 제17집 1호, 2007b.

장병옥, 〈이슬람 원리주의와 테러리즘〉, 《한국중동학회논총》 제23집 1호, 2002.

조너선 바커 저 , 이광수 역, 《테러리즘, 폭력인가 저항인가?》, 서울: 이후, 2007.

해외문헌

Abuza, Zachary. *Militant Islam in Southeast Asia: Crucible of Terror*. Boulder and London: Lynne Rienner Publishers, 2003.

Acharya, Amitav., and Acharya, Arabinda "The Myth of the Second Front: Localizing the War on Terror in Southeast Asia". *The Washington Quarterly*, Vol.30, No.4, 2007.

Arabinda Acharya., and Chua Sabrina, *Conflict and Terrorism in Southern Thailand*. Singapore: Marshall Cavendish, 2005.

Beeson, Mark. "U.S. Hegemony and Southeast Asia: The Impact of, and Limits to, U.S. Power and Influence". *Critical Asian Studies,* Vol.36, No.3, 2004.

Biel, Eric., and Hicks, Neil., and McClintock, Michael. *World Report*. New York: Human Rights Watch, 2005.

Chow, Jonathan T. "ASEAN Conterterrorism Cooperation since 9/11". *Asian Survey*, Vol.45, No.2, 2005.

Chuwattananurak, Wuttikorn. "Terrorism in Thailand in the Post-Cold War Era: An Enduring Armed Separatism". *Journal of Social Science*, Vol.36, No.2, 2005.

Clamor, Concepcion B. "The Philippine Perspective". Rohan Gunaratna(ed.). *Terrorism in the Asia-Pacific: Threat and Response*. Singapore: Eastern University Press, 2003.

De Castro, Renato Cruz. "The Revitalized Philippine-U.S. Security Relations: A Ghost from the Cold War or an Alliance for the 21th Century?". *Asian Survey*, Vol.43, No.6, 2003.

______, "U.S. War on Terror in East Asia: The Perils of Preemptive Defense in Waging a War of the Third Kind". *Asian Affairs: An American View*, Vol.31, No.4 2005.

Desker, Barry., and Acharya, Arabinda "Countering the Global Islamist Terrorist Treat". *The Korean Journal of Defense Analysis*, Vol.18, No.1, 2006.

Far Eastern Economic Review. 2002.10.24.

Far Eastern Economic Review. 2002.11.7.

Foot, Rosemary. "Collateral Damage: Human Rights Consequences of Counter-terrorist Action in the Asia-Pacific". *International Affairs*, Vol.81, No.2, 2005.

______, "Human Rights in Conflict", *Survival*, Vol. 48, No.3, 2006.

Gershman, John. "Is Southeast Asia the Second Front?". *Foreign Affairs*, Vol.81, No.4, 2002.

Glassman, Jim. "The War on Terrorism Comes to Southeast Asia". *Journal of Contemporary Asia*, Vol.35, No.1, 2005.

Gunaratna, Rohan. *Inside Al Qaeda: Global Network of Terror*. New Delhi: Roli Books, 2002.

Hamilton-Hart, Natasha. "Terrorism in Southeast Asia: Expert Analysis, Myopia and Fantasy". *The Pacific Review*, Vol.18, No.3, 2005.

Human Rights First(HRF). *Losing Ground: Human Rights Defenders and Counterterrorism in Thailand*. New York and Washington, D.C.: Human Rights First, 2005.

International Crisis Group(ICG), "Indonesia Backgrounder: How Jemaah Islamiyyah Terrorist Network Operates". *ICG Asian Report*, No.83,

Jakarta and Brussels: International Crisis Group, 2002.

______, "Southern Thailand: Insurgency, Not Jihad". *ICG Asian Report,* No.98, Singapore and Brussels: International Crisis Group, 2005a.

______, "Thailand's Emergency Decree: No Solution". *ICG Asian Report,* No.105, ______, Singapore and Brussels: International Crisis Group, 2005b.

Jones, David Martin., and Smith, Mike Lawrence. "Southeast Asia and the War against Terrorism: The Rise of Islamism and the Challenge to the Surveillance State". Uwe Johannen, Alan Smith, and James Gomez(eds.). *September 11 & Political Freedom: Asian Perspectives*. Singapore: Select Books, 2003.

Keller, Simon. "On What is the War on Terror?". *Human Rights Review*, Vol.5, No.2, 2004.

Kurlantzick, Joshua. "Titling Dominos: America and Al Qaeda in Southeast Asia". *Current History*, Vol.101, No.659, 2002.

Landman, Todd. "Holding the Line: Human Rights Defenders in the Age of Terror". *British Journal of Politics and International Relations*, Vol.8, No.2, 2006.

Laquer, Walter. "Reflections on Terrorism". *Foreign Affairs,* Vol.65, No.1, 1986.

Mauzy, Diane K., and Brian L. Job, "U.S. Policy in Southeast Asia: Limited Reengagement after Years of Benign Neglect". *Asian Survey*, Vol.47, No.4, 2007.

McCargo, Duncan. "Thaksin and the Resurgence of Violence in the Thai South". Duncan McCargo(ed.). *Rethinking Thailand's Southern Violence.* Singapore: National University of Singapore Press, 2007.

Mohamad, Maznah. "Towards a Human Rights Regime in Southeast Asia: Charting the Course of State Commitment". *Contemporary Southeast Asia*, Vol.24, No.2, 2002.

Pathmanand, Ukrist. "Thaksin's Achilles's Heel: The Failure of Hawkish Approaches un the Thai South". Duncan McCargo (ed.). *Rethinking Thailand's Southern Violence.* Singapore: National University of Singapore Press, 2007.

Perdue, William D. *Terrorism and the State: A Critique of Domination Though Fear.* New York: Praeger, 1989.

Pressman, Jeremy. "Rethinking Transnational Counterterrorism: Beyond a National Framework". *The Washington Quarterly*, Vol.30, No.4, 2007.

Ramakrishna, Kumar. "The US Foreign Policy of Praetorian Unilateralism and the Implications for Southeast Asia", Uwe, Johannen., and Alan, Smith., and Gomez, James(eds.). *September11 & Political Freedom: Asian Perspectives*. Singapore: Select Books, 2003.

Rozman, Gilbert., and Rozman, Noah. "The United States and Asia in 2002: Needing Help against Evil". *Asian Survey*, Vol.43, No.1, 2003.

Samydorai, Sinapan. "9/11 Anti-Terrorist Measure and their Impact on Human Rights in Asia". Uwe, Johannen., Alan Smith., and Gomez, James(eds.). *Septembe 11 & Political Freedom: Asian Perspectives*. Singapore: Select Books, 2003.

Satha-Anand, Chaiwat. "Mitigating the Success Terrorism with the Politics of Truth and Justice", Uwe, Johannen., Alan, Smith., and Gomez, James(eds.). *September 11 & Political Freedom: Asian Perspectives*. Singapore: Select Books, 2003.

Smith, Anthony L. "A Glass Half Full: Indonesia-U.S. Relations in the Age of Terror". *Contemporary Southeast Asia*, Vol.25, No.3, 2003.

Sunga, Lyal. "US Anti-Terrorism Policy and Asia's Options". Uwe, Johannen., Alan, Smith., and Gomez, James(eds.). *September 11 & Political Freedom: Asian Perspectives*. Singapore: Select Books, 2003.

Tan, Andrew. "The 'New' Terrorism: How Southeast Asia Can Counter It". Uwe, Johannen., Alan, Smith., and Gomez, James(eds.). *September 11 & Political Freedom: Asian Perspectives*. Singapore: Select Books, 2003.

Tan, See Seng., and Ramakrishna, Kumar. "Interstate and Intrastate Dynamics in Southeast Asia's War on Terror". *SAIS Review*, Vol.24, No.1, 2004.

Tarzi, Shah M. "The Threat of the Use of Force in American Post-Cold War Policy in the Third World". *Journal of Third World Studies,* Vol.18, No.1, 2001.

Thayer, Carlyle A. "Radical Islam and Political Terrorism in Southeast Asia". Terence Chong (ed.). *Globalization and Its Counter-Forces in Southeast Asia*. Singapore: Institute of Southeast Asian Studies, 2008.

The Nation. 2006.1.9.

The Standard. 2005.10.1.

UN Security Council Resolution 1373. 2001.

UN Security Council Resolution 1377. 2001.

Van Bruinessen, Martin. "Genealogies of Islamic Radicalism in Post-Suharto Indonesia". *South East Asia Research*, Vol.10, No.2, 2002.

Wilkinson, Paul. *Terrorism Versus Democracy: The Liberal State Response*. London: Frank Cass, 2000.

W. K, Che Man. *Muslim Separatism: The Moros of Southern Philippines and the Malays of Southern Thailand*. Singapore: Oxford University Press, 1990.

Wright-Neville, David. "Dangerous Dynamics: Activists, Militants and Terrorists in Southeast Asia". *The Pacific Review,* Vol.17, No.1, 2004.

기타 자료

Amnesty International(AI). *Annual Report*. London: Amnesty International, 2005.

ASEAN Secretarit. available from world wide web@Http://www.aseansec.org/5020.htm/, 2007.9.29.

면담 자료

Hananuntasuk, Somsri. 자유선거를 위한 아시아 네트워크ANFREL 코디네이터(면담일: 2005.4.10).

Indarti, Poengky. 인도네시아 '임빠르시알Imparsial' 조사부장(면담일: 2005.6.18).

Mabunga, Renato G. 필리핀 '인권주창동맹PAHRA' 사무국장(면담일: 2005.2.8).

제6장

이주의 시대를 살아가는 아시아 사람들

김이선

김이선 金怡宣

2003년 서울대학교에서 인류학과 박사 학위를 취득하고, 현재 한국여성정책연구원 연구위원으로 재직 중이다. 지은 책으로는《여성결혼이민자의 문화적 갈등 경험과 소통 증진을 위한 정책과제》(2006),《다민족 · 다문화사회로의 이행을 위한 정책 패러다임 구축(I): 한국사회의 수용 현실과 정책과제》(2007),《다문화사회로의 이행을 위한 문화정책 현황과 발전방향》(2008) 등이 있다.

이주의 시대를 살아가는 아시아 사람들

1. 변화하는 아시아 사회

'아시아'에 대한 한국사회의 시선이 빠르게 변화하고 있다. 몇 년 전까지만 해도 '아시아' 하면 유럽이나 미주 등지와 무엇인가 다른 역사와 문화를 지닌 곳, 서구가 주도하는 세계 질서 속에서 사회·경제·정치·문화적으로 상대적으로 낮은 위치에 있는 사람들을 연상케 했다. 아시아의 범위와 그 지역에 사는 사람들 간의 공통점과 차이점에 생각이 미치기 이전에 이미 자신을 그러한 아시아의 일원으로 당연시하는 경향이 강했다. 이처럼 막연한 동질성의 대상이었던 아시아가 최근 몇 년 사이 빠른 속도로 일상의 공간으로 들어오고 있다. TV를 켜면 '러브인 아시아', '놀라운 아시아' 등을 통해 아시아를 바라볼 수 있으며 여러 공간에서 '아시아인'임을 실감할 수 있는, 흔히 '이주민'이라고 불리는 이들을 어렵지 않게 만날 수 있게 된 것이다. 그런데 일상의 한가운데 등장한 아시아와 아시아인이 더 이상 동일한 대상이 아니라 구분할 대상으로 탈바꿈하고 있다. 여기에는 이주를 둘러싸고 아시아 사람들 사이에 벌어지는 새로운 관계가 중요하게 작용하고 있다.

2. 아시아 지역의 이주: 구조와 동향

사실 아시아에 대해 일반적인 이야기를 한다는 것은 불가능하다고 해도 과언이 아니다. 세계 인구의 60% 정도가 거주하는 아시아 대륙은 지리적 위치나 대외 개방성 등에서 천차만별인 국가를 포괄하고 있다. 아시아인들은 국가를 초월한 이주와 관련해서도 결정적인 영향을 미치는 경제 발전이나 인간 안전 수준면에서 세계적으로 최고 수준에서부터 최하 수준까지 분포되어 있기 때문에 일반적 논의는 불가능하다. 더욱이 최근 이주 추세를 보면, 아시아인들의 공통점보다는 차이와 차별성을 찾는 것이 생산적인 방향의 논의임을 간파할 수 있다.

2003년 UN의 보고에 따르면, 전 세계적으로 국경을 넘은 이주자 중 아시아 출신자는 14%를 차지한다.[1] 세계 전체 인구 중 아시아 인구가 차지하는 비중에 비하면 이주자의 수적인 면에서 아시아의 비중은 다소 낮은 수준인데, 이는 지역 내에서 외부로부터의 아시아인 유입에 대한 경계가 팽배해 있었기 때문이다. 높은 인구밀도와 동일시 되어오던 아시아 지역 내에서는 최근까지 이주 자체가 상당히 제한되어 있었을 뿐 아니라, 세계적으로 이민에 대해 개방적이라 평가받고 있는 국가에서도 아시아인의 유입은 공포의 대상이었다. '황색 공포' 속에서 호주가 1960년대까지 견고한 백호주의를 택한 것은 널리 알려져 있는 사실이며, 중국인 이민자에 대한 미국의 제도적 제약 역시 아시아인에 대한 경계의 발로였다.

아시아인의 유입에 대한 경계는 달리 보면 이민자 배출 지역으로서 아시아의 위력을 반증하는 부분이기도 하다. 아시아 국가 가운데에서도 특히 인구 대국인 인도와 중국 출신 이민자는 각국의 인구 지형을 바꾸어 놓을 만큼 수적인

1 IOM, *World Migration 2005*, Geneva: International Organization for Migration, 2005, p.103.

면에서 다른 지역의 이민자를 압도했으며, 방글라데시, 스리랑카 등 남아시아 국가, 필리핀, 인도네시아, 태국, 미얀마 등 동남아시아 국가 역시 결코 무시할 수 없는 수준의 이민자 송출국이었다. 이외의 아시아 국가들 역시 이민 구조에 있어 다른 국가로부터 이민을 받아들이기보다는 다른 국가로 이민을 보내는 경향이 현저한 송출국으로서의 위상을 부여받았다. 호주와 캐나다에서는 전체 이민자의 3분의 1 기준, 미국에서는 24% 정도가 아시아 출신이라는 사실은 이주민 배출 지역으로서 아시아의 위치를 분명히 보여준다.

미주, 호주, 유럽 등지에서 아시아 출신 이민자에 대한 관심이 뜨거워지는 가운데에서도 아시아 지역 국가 간 이주는 별 다른 관심거리가 되지 못했다. 근접성을 고려하면 지역 내 이주는 지역 외부로의 이주보다 용이한 측면이 있다. 근대국가 형성 이전에 중국인의 이주가 동남아시아의 역사를 바꾸어놓는 계기가 되었던 점[2]은 지역 내 이주의 규모와 영향력을 여실히 보여주고 있다. 그러나 근대국가의 형성으로 인위적인 경계가 그어지고 국경 통제가 시작되면서 국경을 넘는 대량 이주는 제약되기 시작했으며, 이에 더해 아시아 지역에서도 냉전구조가 형성되면서 국경의 폐쇄성은 더욱 강화되었다. 물론 국경 통제의 한계 속에서 지리적으로 인접한 국가 간, 특히 대륙에서 국경을 맞대고 있는 지역 간에는 여전히 국경을 일상적으로 오가는 사람들이 존재하기는 하지만,[3] 서구 이민 국가나 중동 지역 등 지역 외부로의 이주에 비해 아시아 국가 간 이주는 제한되었다.

20세기 말부터 초국가적 인구 이동과 자본, 상품, 문화의 흐름이 전 세계적으로 일반화되면서 이주의 지형은 급격히 변화하고 있다. 선진국을 중심으로 WTO가 설립되고 각국의 시장개방을 위한 협상이 진전되는 동시에 정보통신

2 13세기 중국인의 남하로 동남아시아의 인구 구성이 전면적으로 변화하였으며, 17세기부터 19세기까지 중국인의 동남아시아 이주는 동남아시아의 경제적, 사회적 구조에 혁명적 변화를 가져왔다.

3 예로 동남아시아 대륙부 산악지역의 고산족 등을 들 수 있다.

기술이 비약적으로 발전하면서 인구, 자원과 상품, 자본, 지식과 문화의 이동은 그 규모와 성격 면에서 이전과는 비교할 수 없는 완전히 새로운 단계에 접어들었다. 인간과 물건, 정보의 이동 규모가 비약적으로 증대했을 뿐 아니라, 국가 간 이동이 특정 단위들 간에 간헐적으로 일어나는 부수적인 현상을 넘어서 그 자체가 일상의 일부이자 사회 전체의 역동성을 구현하는 근본적인 요인으로 자리 잡게 된 것이다.

이른바 '초국가적 세계'가 형성되면서 민족국가 nation-state에 기초한 사회질서는 급격히 변화하고 있다. 개별 국가는 여전히 기능하고 있으나, 일개 민족국가의 주권 범주를 넘어서는 현상이 일상적으로 전개되고 있다. 무역과 금융은 물론 문화와 아이디어, 물건, 환경과 테러에 이르기까지 전 지구적 현상이 일반화되고 있는 시점에서 국경을 넘어선 인간의 이주 역시 일상의 일부로 자리잡아 가는 바야흐로 '이주의 시대'[4]가 도래한 것이다. 국제 이주자의 추이는 이러한 시대 흐름을 분명히 드러내고 있다. 1965년 전 세계적으로 7,500만 명(세계 인구의 23%)에 이르던 국제 이주자 수가 1975년 8,400만 명(21%), 1985년 1억 500만 명(22%) 수준으로 1980년대까지 이주자의 절대적 수가 꾸준히 증가하였지만 전체 인구 중 비율은 답보 상태를 보이고 있었다. 그러던 것이 1990년대 들어 초국가적 이주자가 급증하면서 2000년에는 세계 인구의 28%(1억 7,500만 명),[5] 2005년에는 전체 인구의 3.0%(1억 9,500만 명)에 달하는 인구가 국제 이주 대열에 합류하게 되었다.[6]

위와 같은 흐름과 함께 세계적 차원의 이주 구조 변화 속에서 지역 외부로 이

---

4 Stephen Castles and Mark J. Miller, *The Age of Migration: International Population Movements in the Modern World*, New York: Guilford Press, 1998.

5 IOM, *World Migration 2003*, Geneva: International Organization for Migration, 2003, p.3.

6 United Nations Department of Economic Social Affairs Population Division, "Trends in International Migration Stock: The 2008 Revision", abvilable from world wide web@http://www.un.org/esa/popultion/ migration/UN MigStock_2008.pdf/.

민을 내보내는 송출지였던 아시아의 위상은 변화하고 있다. 예전에는 상당히 제약적이었던 아시아 국가 간 이주가 증가하면서 이주에 있어서 비교적 유사한 위치에 있던 국가 간에 이주를 둘러싸고 서로 다른 입장에 놓이는 상황이 발생한 것이다. 세계적인 경제 재구조화가 진전되면서 일부 국가에서는 인구 급증에도 불구하고 국가 내부의 경제 기회가 제한되어 실업, 특히 청년실업이 만연해지고 있다. 한편 아시아의 또 다른 국가에서는 시장이 확대되면서 노동력 수요가 늘고 있지만, 인구 고령화로 인해 노동력 수요를 충족시키지 못하는 상황이 발생하고 있는 것이다.

이처럼 국경을 사이에 두고 새로운 기회를 원하는 이들과 국내의 자원 부족을 채워줄 외부 자원을 원하는 이들이 분화되는 상황은 결국 이주 확대를 가져오고 있다. 그런데 이주 확대에 있어 아시아 지역에서 보여지는 현저한 구조적 특징은 초국가적 이주의 수요와 공급이 정부나 민간 브로커 등 구조화된 산업 기제를 통해 연결되어 있다는 점이다. 이주의 수요와 공급이 증가하고 있는 상황에서도 최근 들어 극히 제한적 차원에서 이주를 개방하기 시작한 아시아 각국에서는 공식적 이주 제도가 정착되지 못한 상태다. 이러한 속에서 국경을 사이에 두고 여러 주체들이 복잡하게 연결되어 있는 구조가 발전하면서 이주 과정과 목적지에서 여러 문제를 발생시키고 있다.

표1 국경을 사이에 둔 이주의 중개 구조: 국제결혼

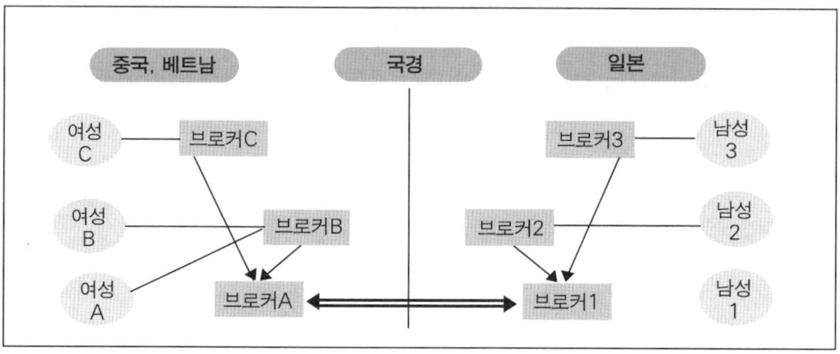

3. 일자리를 찾아 떠나는 사람들

1966년 10월 2일 김포공항. 눈물의 환송식 속에 간호사 251명이 서독행 여객기에 올랐다. 서독 각 지역으로 퍼진 한국 간호사들은 치매환자를 돌보는 일에서부터 시신 닦기까지 온갖 궂은일을 도맡았다. 20대 초반의 꽃다운 나이에 이들은 왜 이역만리에서 고생했을까. 못살고 굶주려서다. 파독 간호사들의 초임은 미화로 환산해 110달러. 원화로 2만 8,000원이었지만 당시 서울 시내 교사 봉급 1만 5,000원보다 많았다. 간호사들이 떠나기 3년 전부터는 광부들이 대거 서독으로 들어갔다. 서독이 해외 노동인력을 불러들인 이유는 '라인강의 기적'으로 전후 경제복구에 성공해 호황가도를 달리며 노동력 부족에 시달렸기 때문. 수많은 나라의 노동자들이 모인 서독에서 한국인들은 누구보다도 열심히 일했다. 법정 노동시간인 하루 8시간보다 많은 12시간 동안 일하면서도 잔업을 신청하는 한국인을 보며 독일인들은 혀를 내둘렀다. 광부와 간호사들은 몸이 부서져라 일하면서도 봉급의 대부분을 고국으로 보내 식구를 먹여 살리고 동생들을 공부시켰다.[7]

자신의 고향을 떠나는 이들 대부분은 고향에서는 가지지 못하는 경제적 기회를 쫓아 간다. 아시아 사람들의 이주 역시 이러한 점과 밀접히 관련되어 있을 뿐 아니라, 이러한 성격의 이주가 국가 차원에서 장려되기도 한다. 1960~1970년대 광부나 간호사로 일하기 위해 독일로 갔던 적지 않은 이들,[8] 1970년대 오일쇼크를 극복하기 위한 정부 시책의 일환으로 사우디아라비아를 비롯한 중동의 건설현장으로 간 한국인들이 그 예다. 이처럼 한국을 비롯한 아시아 지역 국가, 특히 경제 개발을 최우선 과제로 삼는 개발도상국들은 국가가 나서서 수십 년 동안 노동력의 해외 진출을 추진해왔다. 필리핀이나 인도네시아, 태국 출신자들은 이미 오랜 기간 세계 각지로 일자리를 찾아 떠났으며, 베트남 역시

---

7 서울경제, 2008.10.1. http://economy.hankooki.com/1page/economy/200810/e2008100117430697490.htm

8 한국은 1963년 제1차 경제 개발 5개년 계획의 일환으로 공식 해외 인력 수출 1호인 광부 247명을 3년 계약으로 독일에 파송했다. 이후 1977년까지 총 7,936명이 파독됐으며, 이들의 임금이 한국으로 송금돼 경인고속도로를 건설하는 데 기여하였다. 또한 1965년 이후 독일병원 초청 형식으로 간호사 1만여 명이 독일로 파송되었다.

개방 이후 그 수가 급격히 증가하고 있다.

그런데 일자리를 찾는 아시아 사람들의 목적지는 최근 들어 변하고 있다. 1970년대만 해도 중동 지역으로 향하는 이들이 많았지만, 최근에는 중동 지역으로 가는 이들보다는 아시아 지역 내의 다른 국가로 향하는 이들이 크게 늘고 있다. 중동 지역에는 지역 내에서 동원 가능한 젊은 노동력의 공급이 증가하고 있어 이주 노동력에 대한 수요가 상대적으로 적어졌을 뿐 아니라, 기존에 이주 노동력이 중요한 역할을 하던 대규모 건설 사업이 완성 단계에 들어간 데다가 석유 가격 하락과 빈번한 전쟁 등으로 더 이상 추가적인 노동력 수요가 발생하지 않았다. 때마침 일본과 소위 '아시아의 네 마리 용'이라고 불리는 싱가포르, 대만, 한국, 홍콩, 이외에 브루나이 등 역내 국가들의 경제가 호조를 보이면서 노동력 수요가 늘어났지만, 인구 고령화로 국내 노동력 공급이 줄어들면서 외부에서 수입해야 할 필요성이 대두했던 것이다. 이러한 수요는 주로 인도, 중국, 태국, 필리핀 등 역내 국가에서 충원되었다.

노동력 수요와 공급이 국경을 사이에 두고 이루어지고 있지만, 자국민을 보내는 측이나 외국인을 맞이하는 측이나 이에 관련된 제도에 허점이 있으며 이러한 허점이 경제적 이해관계를 가진 중개자에 의해 메워지고 있다. 결국 이주 준비 단계에서부터 사기를 당하여 '꿈'을 이룰 이국땅을 밟아보지 못하는 이들이 상당수다. 목적지에 도착해도 '외국인'이라는 이유로 노동자 보호를 위한 최소한의 제한된 보호책으로부터도 배제되어 있어 착취와 차별에 노출되는 것은 예외라기보다 오히려 일반적 상황이다. 이주 노동력 대다수가 국내 노동력이 기피하는 저숙련, 저임금 업종에 집중되어 있기 때문에 임금이나 노동 조건은 더욱 취약할 수밖에 없다.

입국이나 체류 자격이 목적지 국가의 요구에 부합하지 않는 이른바 '미등록 체류'라면 최소한의 보호마저 받지 못한 채 비위생적이고 불안전한 생활 환경에 처하고 심지어 노예화된 상태에서 신체적, 정신적 착취에 노출될 위험이 크

그림1 동남아시아 3개국(인도네시아, 필리핀, 태국) 이주 노동자의 목적지 추이

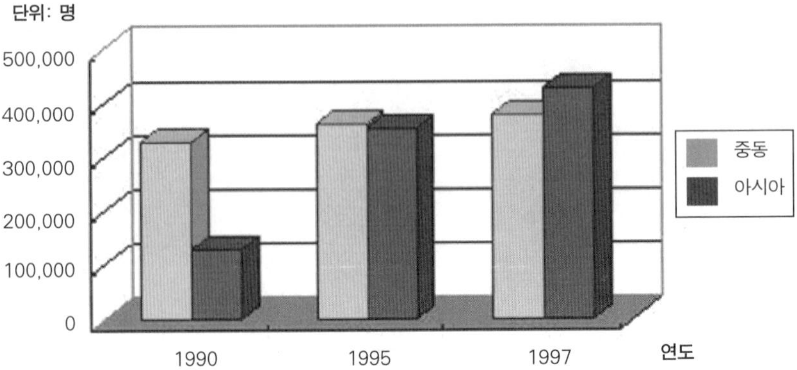

출처: Wickramasekera, 2002, p.16.

다. 그럼에도 불구하고 제도적 보호책과 지원 서비스에 대한 접근이 제한될 뿐 아니라 사회적 지원망도 결여되어 문제가 생겨도 해결할 수 있는 가능성이 낮다. 필리핀 HIV 양성반응자 중 30% 이상이 이주 노동 경험이 있다는 IOM의 보고[9]는 미등록 체류 문제의 심각성을 여실히 드러내고 있다.

이주 현상과 이주민을 둘러싼 다양한 문제 가운데 가장 심각한 문제에 직면하는 이들은 바로 미등록 상태에서 이주, 체류하는 이들이다. 그럼에도 불구하고 노동력 수요국의 제한적 노동정책과 일부 국가의 극심한 빈곤과 실업 문제, 민간 중개업체의 비행, 범죄 집단의 개입, 이주에 동반되는 높은 비용, 까다로운 이주 절차 등의 이유로 미등록 체류자는 계속 늘어나고 있다.

미등록인 만큼 정확한 규모 파악은 불가능하지만, 몇몇 통계는 그 규모를 짐작할 수 있는 기반을 제공한다. 태국의 경우에는 2005년 합법 체류자의 세 배에 육박하는 170만 명의 미등록 이주자–주로 미얀마, 캄보디아, 라오스 등 국

9 IOM, 앞의 책, 2003, p.119.

표2 노동 이주 구조에서 아시아 국가의 위치

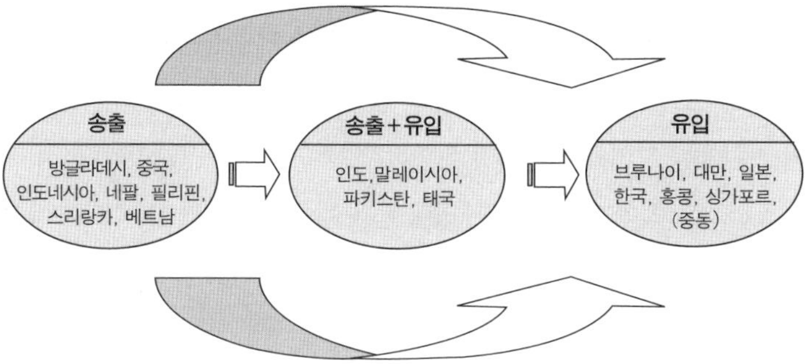

자료: Wickramasekera, 2002, p.14로부터 재구성

경을 접하고 있는 국가 출신-가 체류하고 있는 것으로 알려져 있다. 말레이시아에는 2004년 100만 명에 달하는 인도네시아, 중국, 인도 등의 국적을 가진 미등록 체류자가 있다.[10] 한국 역시 이주 노동자가 빠르게 증가하면서 국가가 허용한 체류 기간을 넘어선 미등록 체류자가 상당수 존재한다. 한때 이주 노동자 중 80%를 넘어섰던 미등록 체류자들은 최근 들어 감소세에 있지만, 여전히 이주 노동자의 절반 정도가 미등록 상태에 있는 상황이다.[11]

동남아시아 지역의 미등록 체류자들은 미얀마, 캄보디아, 라오스에서 태국으로, 동아시아에서는 북한, 베트남, 중국 등지에서 러시아, 한국, 일본 등으로 움직이고 있다. 이에 더해 동남아 국가에서 일본, 한국으로 이주하는 이들도 상당수에 달한다. 남아시아에서는 주로 네팔, 방글라데시인들이 미등록 상태에서 인도로, 다시 중동이나 유럽으로 향하고 있다.

미등록 체류는 각국 정부의 주요한 관심사이지만, 이들이 직면하는 문제에

10 IOM, 앞의 책, 2003, p.110.

11 법무부 내부 자료, 2006.

대한 대응보다는 이들의 존재 자체를 국가 체계에 대한 심각한 도전으로 인식하여 이들을 국경 밖으로 내보내기 위한 방안을 강구하는 데 열심이다. 대만에서는 미등록 노동자 비중이 높은 특정 산업 분야의 이주 노동자 수를 제한하는 조치를 취하기도 했다. 다만 인권침해에 대한 국제사회의 압력이나 해당 국가와의 외교 관계를 고려해 간헐적인 온정적 조치 수준으로 신고하거나, 사면 기회를 제공하기도 하지만 국가를 기초로 한 체계에서 형식적인 제스처 이상이 되기를 기대하기는 힘들다. 한편, 자국민에 대한 보호 차원에서 송출국 역시 미등록 체류자 문제를 외면할 수 없는 상황으로 베트남에서는 미등록 이주를 제한하도록 중개 기구에 명령을 실행하고 노동법을 개정하였으며 해외에서 일하는 노동자 관리, 출국 통제 강화, 베트남인의 귀환을 위한 경제 지원 등의 조치도 고려 중인 것으로 알려져 있다.[12]

미등록 체류는 국경을 넘어선 인간의 움직임과 국경을 기본으로 하는 국가 체계 간의 모순에서 발생하는 문제인 만큼, 개별 국가 차원을 넘어선 협력이 무엇보다 중요하다. 이와 관련해 ILO에서는 회원국 상호 간의 협력을 촉진하기 위한 지역 프로그램을 추진하고 있으며, ASEAN에서도 제12차 ASEAN 정상회담에서 이주 노동자 권리 증진과 보호에 관한 아세안선언(세부선언)을 채택하면서 미등록 체류 문제를 다루려고 시도한 바 있다. 그러나 노동정책이 국가를 단위로 형성되어 있는 세계 질서 하에서 개별 국가 차원에서나 초국가 차원에서나 미등록 체류자 문제의 심각성과 대처의 필요성을 확인하는 단계를 넘어서지 못한 상태로, 근본적인 대처는 여전히 가시화되지 못하고 있다.

일자리를 찾아 고향을 떠나는 이들은 고향에서는 찾을 수 없는 새로운 기회를 얻는 대신에 고향에서 느끼는 편안함과 친근한 삶은 포기해야 한다. 제도적 제약과 차별 속에서 크고 작은 어려움에 부딪히면서도 이에 대처할 만한 제도

12 IOM, 앞의 책, 2003, p.111.

표3 세부선언의 주요 내용

공동 인식	이주 노동자는 송출국과 수용국 모두의 사회와 경제에 기여한다. 각국은 나름의 이주 노동자 관련 정책을 결정할 자주권을 갖는다.
합의	비자발적으로 미등록자가 된 이주 노동자의 문제를 해결하는 데 협력한다.
수용국의 의무	이주 노동자들이 법체계와 사법제도의 적절한 보호를 받도록 한다. 이주 노동자가 체포되거나 투옥, 구금 또는 어떤 형태로든 억류되었을 때 출신국의 영사 또는 외교기관의 영사 기능을 집행할 수 있도록 장려한다.
송출국의 의무	출신국으로의 귀환 및 재통합과 여타 측면에서 뿐만 아니라 고용을 촉진하고 해외 송출과 이주 노동자의 보호를 위한 준비 등의 정책과 절차를 만든다. 이주 노동자의 고용을 규정한 법적 제도를 만들고 촉진하며 고용상의 악습을 철폐하기 위한 기제를 도입한다.
ASEAN의 코멘트	이주 노동자의 출신국에서 인적자원 개발과 재통합 프로그램 구축 및 실행. 인신매매 및 납치, 밀매를 방지하고 억제하기 위해 벌칙을 강화하는 등의 구체적인 수단 마련. 송출국과 수용국 모두 이주 노동정책과 프로그램을 강화하기 위한 이주 노동 관련 정보자료 공유 촉진. 아세안 외부지역에서 갈등이나 위기 상황에 놓인 아세안 회원국 출신 이주 노동자에 대한 지원 확대. 아세안 공동체 형성을 위한 비전에 맞춰 이주 노동자의 권리보호 및 증진을 위한 아세안의 장치를 개발하기 위해 적절한 아세안 내 기구를 통해 업무 수행.

출처: 최호림, 2008, p.24.

적 지위는 결여되어 있을 뿐 아니라 음으로 양으로 도움을 줄 수 있는 사회 자원은 국경 밖에 두고 온 상태다. 이들이 의존할 수 있는 유일한 상대는 비슷한 처지에 있는 이주민들뿐이다. 작업장이 쉬는 주말을 이용해 서로의 외로움을 달래고 명절을 함께 쇠거나 고향을 연상하게 하는 유무형의 상징을 통해 고향

표4 ILO의 이주 노동 거버넌스 관련 프로그램

효과적 · 유기적 글로벌 네트워킹	전 지구적 '지식기반'과 연계 구축을 위해 세계의 다양한 지역센터와 협력하여 다음과 같은 경험들에 대한 정보 축적: 외국 노동자 수용을 위한 계획, 채용과 고용 규칙 제도화, 인신매매와의 전쟁, 고급두뇌 유출 방지, 노동 조건 표준화와 동등한 처우 원칙의 강화, 불법(미등록) 노동자 지위의 합법화 또는 정규화, 송금 격려, 귀환의 촉진 및 지원, 기타 경험들.
아시아 지역의 대화	이주 노동 문제를 담당하는 각국 국가기관들이 이주와 그 결과에 영향을 미치는 다양한 수단과 전략을 사용하여 그들의 경험에 관한 정보를 교환할 수 있도록 하나의 아시아 전체 지역과 세 개의 하위 지역(동아시아, 동남아시아, 남아시아) 대화 조직 예정. 예를 들면, 현재 계획된 하나의 하위 지역 대화 체계는 노동시장의 환경이 열악한 해당 국가의 기관들이 어떻게 기업들이 외국 노동자 수용을 통해 인력 부족을 해결할 수 있도록 도울 것인지에 관한 견해들을 공유할 계획.
교육 훈련	고위급 관료들이 이주정책의 계획과 집행에서의 '최선의' 관행에 익숙해지도록 훈련 세미나를 조직. ILO가 이주 노동자 관리에 관한 교육훈련을 담당할 대학 간 컨소시엄을 촉진하여 이주 노동에 관한 협력을 주요 대학의 공공정책 및 행정 관련 교육의 정규 과목으로 채택하도록 추진.
자문 서비스 및 정책연구	(ILO와 같이 이주 노동 문제와 관련된 전 세계적인 정보가 수렴되고 소통될 수 있는 기구에서) 각국의 관련 관료, 활동가들에 대한 자문 서비스와 지속적이고 체계적인 정책연구 지속적 추진.

출처: 최호림, 2008, p.26.

에 대한 향수를 달래는 것은 낯선 곳에서 무엇보다 큰 위안이 된다. 급한 일이 생겼을 때 필요한 정보나 도움을 우선적으로 구할 수 있는 상대 역시 비슷한 처지의 이주민들이다. 그러나 이주민들에게 그토록 중요한 네트워크는 흔히 주위로부터 의심과 폭력의 대상이 되며 미등록 체류자의 경우에는 사회 관계의

핵심인 네트워크를 공식적으로 인정받는 것조차 불가능하다.

친근한 사회 관계로부터의 단절은 이주자만의 문제가 아니라 고향에 남아 있는 이들에게도 많은 영향을 미친다. 고향에 남겨진 가족들은 이주민의 송금으로 경제적 사정이 나아질 수 있고 자녀들에게 보다 나은 교육 기회를 제공할 수도 있다. 그러나 어머니 혹은 아버지, 또는 부모 모두의 이주는 남은 가족들의 신체적, 심리적 안녕을 저해함은 물론 사회적 배제와 차별, 폭력에 노출되기 쉬운 상태로 몰고 갈 수도 있다. 세대와 성별을 기초로 각자의 역할이 규정되어 있던 질서를 재구성해야 하는 부담을 이기지 못하여 일상생활이 와해되고 가족관계가 해체되는 사례도 발견할 수 있다.

이러한 부담을 감수하고 이주를 결정하는 것은 흔히 '꿈'에 비유되는 경제적 기회에 대한 기대 때문이다. 본국의 가족들에게 보내는 송금은 해당 가족의 생계뿐 아니라 국가 재정에 영향을 미칠 정도로 상당한 금액이라는 것은 '꿈'이 일정 부분 실현되고 있다는 점을 반증하고 있다. 이는 또 다른 이들까지 '꿈'을 꾸게 한다.

아시아 국가 가운데서도 외국인 노동자의 수가 많은 인도와 필리핀은 세계 제2대 송금수입국가로 알려져 있다. ILO의 자료에 의하면, 아세안 국가의 경우 2005년 송금액이 216억 달러에 달한다. 국가별로는 필리핀이 133억 8,000만 달러로 가장 큰 비중을 차지하고 베트남 32억 달러, 태국 20억 3,000만 달러, 인도네시아 18억 3,000만 달러 순이다. 이는 어디까지나 공식 집계에 따른 것인 만큼, 비공식적인 채널을 통해 송금한 액수까지 포함하면 실제 송금액은 훨씬 더 많을 것이다. 그리고 이주 노동자의 증가에 따라 송금 액수도 빠른 속도로 증가하고 있다. 2005년 아세안 국가의 송금액은 1990년 30억 달러에 비해서는 일곱 배, 2000년 103억 달러에 비해서는 두 배 이상 증가한 것이다.[13]

그런데 과연 이주를 통해 벌어들인 송금이 해당 가족의 생계나 국가 재정에

표5 부모의 이주 유형별 남겨진 자녀 · 가족의 문제

	관련 지역	남겨진 아동과 가족의 문제 (연구 주제)
아버지가 이주했을 때	동아시아: 중국, 몽골 동남아시아: 캄보디아, 인도네시아, 미얀마, 태국, 베트남 남아시아: 방글라데시, 인도, 네팔, 파키스탄, 스리랑카	여성가구주의 빈곤 자녀(남아 vs. 여아) 교육에 미치는 영향 자녀(남아 vs. 여아) 건강과 복지에 미치는 영향 가구의 취약성vulnerability 생계에 있어 송금의 역할, 서비스에 대한 접근
어머니가 이주했을 때	동아시아: 중국, 몽골 동남아시아: 캄보디아, 인도네시아, 말레이시아, 미얀마, 필리핀, 태국, 베트남 남아시아: 방글라데시, 인도, 스리랑카	자녀(여아 vs. 남아)에 대한 심리적 영향 자녀의 교육 자녀의 건강과 복지 자녀 학대 가내 성역할 분업에 미치는 영향/가족 해체 가족 역할의 재구성
부모 모두 이주했을 때 조부모나 다른 친척, 비친족원이 아동을 돌보는 경우	동아시아: 중국, 몽골 동남아시아: 캄보디아, 인도네시아, 말레이시아, 미얀마, 필리핀, 태국, 베트남 남아시아: 방글라데시, 인도, 파키스탄, 스리랑카	자녀의 정신 건강 자녀의 건강과 복지에 미치는 영향 자녀 교육에 미치는 영향 조부모에게 전가되는 부담 가족 역할의 재구성

출처: Whitebead and Hashim, 2005, p.7; Brenda S.A. Yeoh and Theodora Lam, 2007, p.126으로부터 재구성

13 최호림, "동남아의 이주 노동과 지역 거버넌스", 한국동남아학회 춘계학술대회 《한국 동남아 연구의 새로운 지평-한국과 동남아의 상호연계와 지역 거버넌스 II》, 한국동남아학회, 2008, pp.18~19.

긍정적인 영향을 주는가, 이주 노동자들의 '꿈'은 궁극적으로 실현될 것인가에 대해서는 논란의 여지가 있다. 대부분의 이주 노동자들은 '꿈'과는 달리 빈곤과 열악한 생활 환경에 시달려야 하는 현실에 직면해 있다. 이러한 상황에서 인간적인 생활을 포기한 대가로 가족들에게 보내는 송금은 해당 가족이나 국가에 단기적으로는 도움이 되지만, 이는 가족과 국가의 미래를 담보로 한 것이다. 국가 차원에서나 가족 차원에서나 가장 우수한 인력이 많이 이주하니, 가족 스스로의 힘으로 국가 내부의 자원을 기초로 자생적인 발전을 도모할 가능성은 낮아지고 외부의 상황에 의해 많은 이들의 생계와 안전이 좌우되는 운명에 처할 수도 있다. 이주 노동자들이 '경제위기의 희생양'[14]이 되는 순간 우려했던 바가 불행한 현실로 다가올 것이다. 더욱이 일단 떠난 이들의 경제적 기회가 여전히 제한되어 고향으로 돌아올 가능성이 희박하다면, 경제적 불균형-인적 자원 유출 사이의 악순환의 고리를 끊기는 더욱 어려울 것이다.

4. 국경을 넘는 여성들

흔히 전통적인 이주 구조에서 여성은 남성 가족원에 동반되어 이주하는 부수적 존재로 여겨져 왔다. 그러나 정작 세계 각지의 현실을 보면, 여성 이주자 중 단신 이주자의 비율이 상당 수준에 이른다. 뿐만 아니라, 여성 이주자가 대부분을 차지하거나 남성 이주자에 비해 증가세가 현저한 이른바 '이주의 여성화' 현상이 광범위하게 보고되고 있다.

여성 이주의 증가에 있어 아시아 각국은 특히 주목할 만하다. 즐로트닉의 추

14 Piyasiri Wickramasekera, "Asian Labor Migration: Issues and Challenges in an Era of Globalization", *International Migration Papers* No.57, pp.26~28, http://pstalker.com/ilo/resources/Asian%20Labour % 20Migration%20IMP57a.pdf

표6 지역 별 여성 이주자 비율: 1960~2000

단위: %

지역 \ 년	1960	1970	1980	1990	2000
전 세계	46.6	47.2	47.4	47.9	48.8
개발 지역	47.9	48.2	49.4	50.8	50.9
저개발 지역	45.7	46.3	45.5	44.7	45.7
유럽	48.5	48.0	48.5	51.7	52.4
북미	49.8	51.1	52.6	51.0	51.0
오세아니아	44.4	46.5	47.9	49.1	50.5
북아프리카	49.5	47.7	45.8	44.9	42.8
사하라 이남 아프리카	40.6	42.1	43.8	46.0	47.2
남아시아	46.3	46.9	45.9	44.4	44.4
동아시아 · 동남아시아	46.1	47.6	47.0	48.5	50.1
서아시아	45.2	46.6	47.2	47.9	48.3
카리브	45.3	46.1	46.5	47.7	48.9
라틴아메리카	44.7	46.9	48.4	50.2	50.5

출처: Zlotnik, 2003.

산에 의하면 동아시아 및 동남아시아 이주자 중 여성 비율은 1960년도 46.1%에서 1990년 48.5%, 2000년에는 50.1%로 남성을 앞질렀다.[15] 송출국을 중심으로 보아도 이주 노동자 중 여성 비율이 2005년 인도네시아의 경우 81%를 차지한 것을 비롯해 필리핀 72%(2006년), 스리랑카 62%(2006년) 등으로 남성 이주자를 압도하고 있다.[16] 이러한 현상은 목적지 국가에서도 다르지 않다. 일본에서는 영주 외국인 중 절반 정도가 여성인 것으로 보고되고 있다. 한국에서는 1995년부터 2005년까지 외국인 입국자 증가율이 남성의 경우

15 Hania Zlotnik, "The Global Dimensions of Female Migration", Migration Information Source, 2003, www. migrationinformation.org/Feature/display.cfm?ID=109

16 최호림, "동남아의 이주 노동과 지역 거버넌스", p.23.

44.3%인데 비해, 여성의 경우 150.5%로 남성 입국자 증가율의 세 배를 넘는 증가세를 보이고 있다.

특히 일본, 홍콩, 싱가포르, 한국, 말레이시아, 태국 등을 찾는 여성들 중에는 동남아시아 출신자들이 많다. 남아시아 여성들은 아랍에미레이트, 쿠웨이트, 바레인, 오만 등 중동 국가로 진출하거나 이외에 말레이시아와 몰디브로 향하는 경우가 많다.[17]

표7 성별 외국인 국내 입국 추이: 한국

단위: %

	계	여성	남성
1996	2,923,642	905,524	2,018,118
2000	4,370,596	1,705,151	2,685,445
2005	5,179,348	2,268,389	2,911,459
(1996 대비 증가율)	(+77.2%)	(+150.5%)	(+44.3%)

출처: 통계청, http://kosis.nso.go.kr

4.1 노동 이주: 돌봄 서비스와 성 산업

여성 이주자가 현저히 늘어나는 가장 중요한 이유는 특정 국가의 특정 부분에서 이들의 노동력 수요가 늘고 있기 때문이다. 이주 여성 노동자의 수는 급증하고는 있지만, 대부분은 미숙련 노동자로서 진출하는 직종이 매우 제한적이다. 그 가운데 특히 두드러지는 부분이 가사 서비스를 위시한 돌봄 노동 분야다. 싱가포르에서는 2002년 기준으로 약 14만 명의 인도네시아, 필리핀, 스리랑카 국적의 여성이, 말레이시아에서는 2001년 기준으로 국가 총 등록 노동인력의 20%를 차지하는 약 16만 2,000명의 필리핀과 인도네시아 여성이 가사

17 IOM, 앞의 책, 2003, p.109.

노동자로 일했다. 태국의 경우에도 미얀마, 라오스, 캄보디아 등 인접 국가 여성들이 대부분 미등록 상태에서 일하고 있다. 대만의 경우에도 1992년 가정 내 돌봄 노동자 고용 허가가 이루어진 이후 여성 이주 노동자 중 95% 이상이 가사 노동자나 돌봄 노동자로 일하고 있다.[18]

이처럼 여성 이주가 급증한 것은 일부 국가를 중심으로 여성의 사회 진출이 늘어나면서 사적 영역이었던 아동 양육, 노인 돌봄, 가사 등 돌봄 기능의 공백이 발생하는 데 대해 국가 외부에서 대체 노동력을 수입함으로써 문제를 해결하고자 했기 때문에 나타난 현상이다. 즉 고정된 성별 분업 체계에서 기인한 문제를 성별 구조의 변화와 돌봄의 사회화 등을 통해 해결하기보다는, 경제 발전 수준이 앞선 국가 여성들의 재생산 역할을 개도국 출신 여성이 대체하는 식으로 국가 간 생산 · 재생산 노동 분업이 발달하고 있는 것이다. 유럽, 싱가포르, 홍콩 등 여성들의 경제 활동이 활발한 지역에서 시작된 이러한 움직임은 최근 들어 대만, 일본에서도 공식적으로 이루어지기 시작했다. 이들 국가에서 여성들은 주로 가사 서비스 분야나 의료 서비스 분야에서 일하고 있는데, 특히 영어가 가능한 필리핀 여성들은 '전 세계의 가사 노동자이자 간호(보조)사'로 동일시될 만큼 특징적인 위치를 점하고 있다. 이외에 태국, 말레이시아, 한국에서는 비공식 가사서비스 부문이 비교적 경제 발전 수준이 낮은 주변 국가 출신 여성들로 채워지고 있다.

돌봄 서비스와 함께 여성 이주에 있어 주목할 만한 부분은 성 산업 분야다. 2001년 일본으로 떠난 필리핀 노동자 중 99.6%가 성 산업과 연계될 가능성이 높은 흥행 비자를 지니고 있는데, 이 가운데 96.4%가 여성이었다.[19] 한국에서도 여성 이주의 증가세를 이끌었던 주요한 요인이 흥행 비자로 남성 노동자들

18 이선주 외, 《세계화와 아시아에서의 여성 이주에 관한 연구》, 한국여성개발원, 2005, p.72, p.99.
19 IOM, 앞의 책, 2003, p.109.

이 취업과 관련해 이주할 가능성이 높은데 비해, 여성들은 예술 흥행 분야에서 일하는 형태로 노동 이주의 성별 분화가 진행되고 있다. 일본과 한국 이외에 말레이시아, 대만 등 이른바 아시아의 4대 성 산업 지역에서는 중국, 태국, 필리핀 여성들을 쉽게 발견할 수 있다. 또한 중국, 태국, 필리핀 여성들이 떠난 자리에서는 베트남, 미얀마, 캄보디아 여성들을 발견할 수 있다.

표8 성별 체류 자격별 외국인 입국 추이: 한국

단위: %

비자 유형	년도	계	남성	여성
취업 관련 (C-4, D-3, E-5, E-7, E-8, E-9, H-1)	1995년	53,115	37,176(70.0)	15,939(30.0)
	2005년	116,127	96,707(83.3)	19,420(16.7)
예술 흥행(E-6)	1995년	1,009	664(66.8)	345(34.2)
	2005년	4,759	1,648(34.6)	3,111(65.4)
거주(F-2)	1995년	43,422	25,895(59.6)	17,527(40.4)
	2005년	88,391	20,951(23.7)	67,441(76.3)

출처: 김이선 외, 2006, p.5.

여성 이주 노동자들은 이주 노동자로서의 일반 문제를 공유하는 동시에 가사 서비스나 성 산업 등 저숙련 노동자로서, 비공식 부문 노동자로서, 여성으로서 흔히 각종 권리가 침해되거나 인신매매와 같은 심각한 상황에 봉착하게 된다. 바로 이러한 이유 때문에 여성 이주 노동자들은 이주민 가운데에서도 가장 취약한 집단으로 분류되고 개별 국가 차원에서나 국제적 차원에서나 특별한 관심 대상이 된다. 방글라데시에서는 35세 이하 미혼 여성들의 저숙련 분야 이주를 금지하였고, 파키스탄에서도 45세 이하 여성들의 가사 서비스 분야 이주를 금지한 것을 포함해 몇몇 국가에서는 특정 범주의 여성노동자 이주를 금지하는 조치

를 취하기도 했다. 그러나 이러한 조치는 실효성이 없을 뿐 아니라 오히려 비공식적인 통로로 이주를 부추겨 인신매매의 위험을 높이는 결과를 초래하기도 한다. 목적지에서도 가사 서비스 노동자에 대한 인권침해 문제가 제기되면서 싱가포르, 홍콩에서는 가사 서비스 노동자들에 대해 최저임금, 휴일 등을 명시하는 법률을 도입한 바 있으며 싱가포르에서는 가사 서비스 이주 노동자 착취에 대해 벌금을 부과하기도 하였다.[20] 그러나 작업장이 가족 단위로 분화되어 있는 현실에서 이러한 조치가 제대로 이행되기는 어려운 실정이다.

4.2 결혼 이주

돌봄이나 성과 관련된 특정 부문을 중심으로 한 노동 이주와 함께 국제결혼의 증가는 여성 이주를 이해하는 데 있어 중요한 요인이다. 위의 표가 제시하는 바와 같이 예술 흥행 분야를 제외한 노동 이주가 남성의 영역이라면 예술 흥행과 결혼을 전제로 한 이주(거주 비자)는 여성의 영역이다.

국경을 넘은 인구 이동이 일상화된 상황에서 아시아 국가에서도 국제결혼이 크게 증가하는 추세지만, 변화하는 세계질서 하에서 국제결혼을 개인의 선택에 의해 추동되는 '자연스러운' 현상으로만 보기에는 무리가 있다. 특히 아시아 지역의 지배적인 국제결혼이 일본과 대만, 한국 등 경제 개발과정에서 지역 간, 계층 간 격차가 심화되고 노동 이주가 남성 중심적으로 이루어지고 있는 국가의 남성과 경제 개발 수준이 낮은 베트남, 필리핀, 중국, 태국과 같은 국가의 빈곤 계층 여성 간의 결혼이라는 점은 주목할 필요가 있다.

일본의 경우 후생노동성의 인구동태 통계에 따르면, 1965년의 국제결혼 건수는 4,156건으로서 일본의 총 결혼 수 95만 4,852건의 0.4%에 지나지 않았던 것이 2000년에는 3만 6,263건으로서 35년 사이에 거의 9배 가까이 증가하여

20 IOM, 앞의 책, 2003, p.110.

총 79만 8,138건 중 45%를 차지하였고, 2003년에는 49%에 이르렀다. 즉, 약 24쌍 중의 한 쌍이 국제결혼을 하고 있다는 것을 의미한다. 이와 함께 이른바 일본인 여성과 구미 남성의 결혼을 중심으로 한 국제결혼이 지배적이었던 상황은 1970년대 중반에 점차 남편이 일본인인 결혼 중심으로 재편되기 시작해 2000년 부인이 일본인인 국제결혼의 건수는 7,937건으로 1965년에 비해 25배에 지나지 않는데 비해, 일본인 남성과 외국인 여성 간 결혼 건수는 2만 8,326건으로서 같은 시기 30배 이상 증가하였다. 일본인 남성과 결혼하는 외국인 여성의 국적은 2003년의 인구 동태 통계에 따르면 중국이 1만 242명으로 가장 많고, 다음이 필리핀, 한국 · 조선족, 태국 순이다.[21]

대만, 한국 등에서는 일본보다 다소 늦은 1990년대 들어 국제결혼이 급증하였는데, 그 전개 양상은 일본의 경우와 상당히 유사하다. 농촌 지역 남성, 중하층 남성들의 배우자 수요를 주로 베트남을 비롯해 경제 발전 수준이 비교적 낮은 동남아시아 지역 여성들이 채우는 방식으로 전개되고 있다.

일본인, 대만인, 한국인 남성과 결혼한 여성 이주자 가운데에는 노동이나 유학 등 기타의 목적으로 해당 국가로 이주했다가 결혼한 이들도 있으나, 대부분은 결혼을 전제로 이주한 이들이다. 그런데 여성 개인의 입장에서 노동 이주와 결혼 이주는 배타적인 대안이기보다 이주를 통해 동시에 또는 순차적으로 추구할 수 있는 경제 기회 또는 결혼 기회다. 이들을 목적지와 연결시키는 중개 구조 역시 국제결혼을 중개하는 이들과 노동 이주 브로커가 연계되어 있을 가능성이 농후해 노동 이주가 어려운 경우 결혼 이주를 홍보하는 식으로 중개가 이루어지기도 한다. 결국 여성 노동 이주의 허용 폭과 결혼 이주는 상호 밀접한 관계를 가질 가능성이 높다.

---

21 설동훈 외, 〈국제결혼 이주여성 실태조사 및 보건 · 복지 지원 정책 방안〉, 보건복지부, 2005, pp.236~241.

국제결혼과 인신매매: 베트남-중국 국경 지역 사례

중국 국경에서 몇 킬로미터 떨어진 몽카이Mong Cai라는 한 작은 마을에서는 베트남 여성들이 미화 500~600달러에 팔린다. 이러한 금액은 베트남 가구의 연간 평균 수입(2002년 USD 430)보다 많은 돈이다. 거의 교육 받지 못한 여성들은 좋은 직업과 좋은 남편과의 결혼을 약속 받고 동의하기도 하고 아예 속은 채로 팔리기도 한다. 일단 중국에 도착하면 많은 이들은 성 노동자로 다시 팔리기도 하고 새로운 가족원들로부터 착취당하기도 한다. 결국 HIV 등에 감염될 위험도 커진다. 이들에게는 집 밖의 생활이 없으며, 중국어도 하지 못하고 도움을 청할 수도 없다. 게다가 미등록 이주의 경우에는 그 상황이 더욱 처참하다.[22]

아시아 국가에서 국제결혼의 상당수는 이른바 '우편주문 신부mail-order bride'라는 인신매매 성격의 결혼으로 규정된 형태를 보이고 있다. 경제 거래를 통해 결혼관계가 성립되는 만큼, 여성들은 동등한 파트너가 아니라 인권침해가 우려될 만큼 종속적인 위치에서 남성가족에 편입될 가능성이 높다. 결국 많은 결혼이주자들은 가족관계를 맺음으로써 이주했음에도 불구하고 많은 경우 단신 이주자와 다르지 않은 상황에 놓이게 되며, 최악의 경우에는 인신매매 피해에 직면하기도 한다.

결혼과정에서부터 경제적 이익을 우선시하는 브로커로 인해 거짓 정보를 토대로 결혼을 결정하거나 사기당할 위험이 높다. 사실 이러한 문제는 가족관계 자체의 형성을 심각하게 저해하여 폭력 등 극단적 사태를 초래할 수 있는 만큼, 여성의 출신국이나 목적지 국가가 모두의 관심사다. 베트남이나 캄보디아 등 몇몇 국가에서는 자국 여성과 특정 국가 남성의 결혼을 일시적으로 금지하는 등의 조치를 취하기도 하고 대만에서는 결혼의 자유에 대한 비판에도 불구하고 배우자 비자 쿼터제를 통해 문제에 대처하고자 한다. 그러나 초국가적 이주가 일상화된 세계에서, 복잡하게 얽혀 있는 비공식적 중개 구조를 통해 이루어지는 개인 간 결혼에 대해 국가 차원의 대처가 실질적 효과를 거두리라고 기대하는 이는 많지

---

22 IOM, 앞의 책, 2003, p.112.

그림2 국제결혼 과정에서 여성 이주자가 직면하는 문제

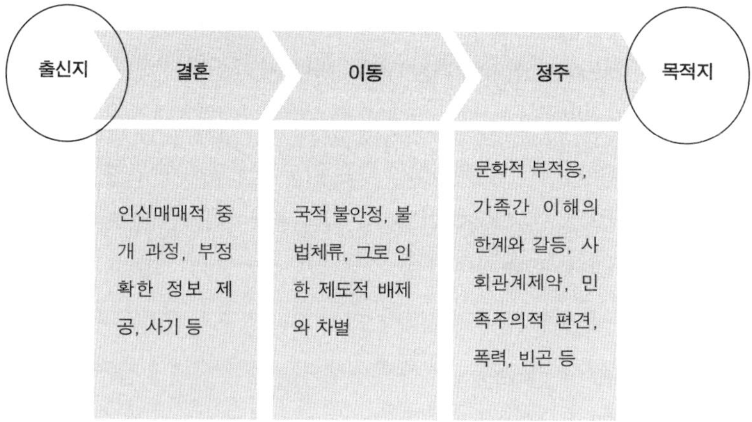

출처: 김이선 외, 2006, p.6으로부터 재구성.

않다.

국적을 기초로 경제 · 사회 · 문화적 시민권이 부여되는 질서에서 초국가적 이주는 일정 부분 시민권의 훼손을 동반하는데, 이는 결혼 이주자에게도 예외가 아니다. 물론 일본이나 대만, 한국 등 아시아의 주요 목적지 국가로 부상하고 있는 국가에서는 제한된 기간 동안 일시 체류만이 허용되는 이주 노동자와 비교하면 결혼 이주자들은 안정적인 체류 자격을 지니고 있으며 국적 취득의 가능성도 높은 것이 사실이다. 이주 노동자에게는 해당되지 않는 보호책이나 지원 서비스가 결혼 이주자에게는 제공되기도 한다. 그러나 결혼 이주자들의 체류와 국적 취득, 일부 서비스에 대한 접근은 배우자인 '국민'의 허가와 동의를 전제로 하는 만큼, '외국인'인 결혼 이주자들은 배우자인 '국민'에게 종속적 위치에 놓일 수밖에 없으며 바로 이러한 이유 때문에 착취와 폭력에 직면해도 벗어나지 못하는 경우도 있다.

더욱이 이주자들의 시민권은 단지 제도 차원 이상의 문제로 결혼 이주자를 바라보는 지배적 시각 역시 시민권을 저해하는 중요한 요인이 되고 있다. 여기에는 일본과 한국 등 아시아 국가들이 발전시켜온 동질성에 대한 믿음과 이에 기초한 이주자, 특히 개도국 출신자에 대한 지배적 편견이 개입되어 있다. 특히 주목해야 할 부분은 상업적 과정을 통해 진행되는 왜곡된 국제결혼에 대한 사회적 문제의식이 결혼 이주자, 그 가운데에서도 결혼 이주 여성에 대한 편향된 시선을 고착시키는 '양날의 칼'로 작용할 가능성이 있다는 점이다. 국제결혼에 내포된 인신매매 성격에 대한 비판은 결국 결혼 이주자가 피해자인가, 기회와 위험 사이에서 선택하는 주체인가라는 주체성과 권리에 대한 질문과 연결된다.

실제 국제결혼은 다양한 통로를 통해 진행되는 만큼, 사례별 접근이 불가피하지만, '정상 결혼'과 '비정상 결혼'을 가르는 이분법적 사고의 틀 속에서 국제결혼, 특히 아시아 국가에서 급증하고 있는 개도국 출신자와의 결혼 전반이 '비정상'에 가까운 곳에 위치한다. 그 안에서 결혼 이주자들은 국가 간 불균형한 발전과 불평등한 젠더 구조에 끌려가는 '피해자 내지 희생자' 아니면 이러한 구조를 교묘히 이용하는 '탐욕적 존재'로 부각된다. 한국에서 '사기꾼, 조선족 여성'과 '인신매매, 폭력 피해자, 동남아 여성'을 구분하는 담론이 광범위하게 유포되어 있는 것이나[23] 대만에서 동남아 '외국인 신부'에 대해 '소극적 피해자' 아니면 '탐욕적 흡혈귀'라는 대조적 이미지가 지배적인 것[24]은 이러한 우려가 현실화되고 있다는 점을 반증하는 것이다.

'피해자 아니면 탐욕적 존재'의 이중구속구조 double-bind structutre[25] 속에서 결혼 이주자들은 평범한 인간의 모습을 부여받지 못한다. 더욱이 현실의 문제를

23 김이선, 〈'가족'으로 만난 동남아 여성과 한국인 간 젠더논쟁〉, 한국동남아학회 춘계학술대회 《경계, 이동, 세계화: 변화하는 21세기의 동남아시아》, 한국동남아학회, 2007, pp.11~12.

24 Hsiao-Chuan Hsia, "Beyond Victimization: The Empowerment of Marriage Migrants in Resisting Globalization", 2007 서울대학교 여성연구소 국제학술회의 《국제결혼 이주여성, 쟁점과 전망》, 서울대학교 여성연구소, 2007, pp.28~30.

25 Hsiao-Chuan Hsia, 위의 책, p.30.

함께 고민하고 그 대안을 함께 찾아가는 사회 주체로서의 위상이나 역량 역시 인정받는 데 한계가 있다. 한편으로 자신의 삶을 결정할 최소한의 역량과 권한을 지키지 못한 결핍과 부적응의 존재로서 이들은 일방적 교육, 훈육과 지원의 대상일 뿐이다. 그렇지 않은 이들은 자신의 이해만을 극단적으로 추구해 공존의 질서를 저해하는 존재로서 사회 주체가 되기에는 너무나 위험한 것으로 받아들여진다. 이처럼 결혼 이주자를 둘러싼 일반화된 관심이 편견으로 굳어지면서 이들을 향한 배제의 논리는 강화되어 가고 있다. 사회 구성 변화에 어울리는 방향으로 시민권 개념을 재구성하고 일상적 질서를 재편하기보다는 기존의 질서 속에 결혼이민자를 편입시키는 데 주력하는 각국 정부의 정책기조 역시 결혼 이주자들의 권한이 저해되는 현 상황과 결코 무관하지 않다.

5. 잊혀지는 이주 난민

노동이나 결혼을 목적으로 한 이주는 논란의 여지가 남아 있기는 하지만, 이주자 자신의 선택이 이주 과정에 개입될 여지가 있다. 그런데, 아시아 지역의 이주자 중에는 선택의 여지 없이 고향을 떠나야 하는, 주로 무력 분쟁이나 자연재해, 개발 사업 등의 이유로 더 이상 안전하게 생활할 수 없기 때문에 고향을 떠나야 하는 이들도 상당수에 이른다.

이들 대부분은 국내 다른 지역으로 이주하기 때문에 국제적 관심사에서 흔히 제외되지만, 인도네시아, 미얀마, 필리핀, 인도, 네팔, 스리랑카, 파키스탄, 아프가니스탄 등지에서 무력 분쟁으로 인해 거주지를 떠나야 했던 이들은 상당수에 이르며[26] 아시아 지역 전체적으로는 500만 명에 이르는 것으로 추산되고 있다.[27]

---

26 인도네시아에서만 국내 난민Internally Displaced Persons: IDP이 130만 명에 이르고 미얀마에서는 100~200만 명의 난민이 발생했다. 필리핀에서는 2003년 초 정규군과 반군 사이의 무력 분쟁으로 40만 명 정도가 자신

이밖에 자연재해나 개발 사업으로 인해 비자발적으로 이주한 이들 역시 국내 난민으로 인정해야 한다는 요구가 제기되고 있다.[28]

무력 분쟁이나 자연재해, 개발 사업 등의 이유로 생활 터전을 떠나야 하는 이들 중에는 국경을 넘는 이주를 택하는 이들도 적지 않다. 남아시아에서는 10만 명 가량의 부탄 난민이 네팔 동부의 캠프에, 2만 명 가량의 티벳 난민이 네팔에 거주하고 있다. 인도에는 스리랑카 난민 14만 명, 중국 티벳 지역 난민 11만 명, 미안마 난민 5만 2,000명, 부탄 난민 1만 5,000명, 아프가니스탄 난민 1만 2,000명이 거주하고 있다. 아프간 난민 250만 명은 파키스탄과 이란 등 아프간 외부에 거주하고 있는데, 불안한 상황이 지속되고 생활터전 복구가 이루어지지 않아 고향으로의 귀환은 어려운 상태다.[29]

그런데 이들이 난민으로서의 공식적 지위를 인정받는 것이 점차 어려워지고 있다. 세계적으로 난민의 수가 증가하고 있음에도 불구하고 9.11사태 이후 주요 난민 수용국의 이주 통제로 인해 난민 신청 자체가 현저히 감소하는 추세다. 유럽 국가 난민 신청자 중 중국 난민이 4위, 인도 난민은 10위에 달하고 있으며 이

의 본거지를 떠나야 했다. 인도에서는 카슈미르 분쟁으로 35만 명 가량의 난민이 고향으로 돌아가지 못한 상태고 인도 동북부의 분쟁으로 25만 명의 난민이 발생했다. 네팔에서는 정부군과 공산주의 반군 간에 정전협정 파기로 전국적으로 수십만 명이 피난을 가야 했다. 스리랑카에서는 38만 명의 난민이 고향으로 돌아가지 못한 상태다. 방글라데시 독립 이후 파키스탄 국적을 요구하던 비벵갈계 무슬림 중 40만 명은 무국적자로 남아 있다. 아프가니스탄 사태로 인한 난민 발생규모는 18만 4,000명(유엔난민 고등판무관UNHCR)에서 34만 명(아프간 정부) 수준으로 대다수는 아프간 남부 캠프에 거주하고 있다. IOM, *World Migration 2003*, pp.116~117.

27 IOM, *World Migration 2003*, p.116.

28 방글라데시에서는 1998년 홍수 피해로 인해 3,000만 명이 재해를 피해 고향을 떠났다. 복구사업이 진행되었지만, 1999년 이상기후와 태풍으로 인해 사태는 악화되었다. 이러한 일은 매년 되풀이되어 해마다 홍수로 6만 4,000명이 피해를 입고 고향을 떠나 다카의 슬럼가로 향하고 있으며 그 결과 다카 슬럼가 주민 중 70%가 홍수로 인한 난민으로 추산되고 있을 정도다. 이밖에 파키스탄과 남부 방글라데시에서는 관개사업으로 인한 강제 이주가 오랜 동안 이어져 토지분배와 종족 인구 분포에 결정적 변화를 일으키고 있다. 남부 방글라데시에서는 1950~1960년대 초 캄타이 댐 건설로 인해 관습적으로 이 토지를 사용해왔던 소수 종족이 토지권을 상실하고 새롭게 들어온 거주자들이 그 권한을 전유하면서 이들 사이에 뿌리 깊은 갈등이 생겼고 이로 인해 소수 종족은 1980년대 중반 선조 때부터 살던 지역을 떠나 인도로 이주할 수밖에 없었다. 이러한 문제는 단지 이 지역만의 특수한 사례가 아니며 아시아 전역에서 광범위하게 발생하고 있다. IOM, 앞의 책, p.117.

29 IOM, 앞의 책, 2003, pp.117~118.

외에 스리랑카, 방글라데시, 베트남 난민도 적지 않다. 그러나 2002~2003년 사이에 아프가니스탄 출신 난민 신청자는 46%, 중국 출신 신청자는 19%나 감소한 것을 비롯해 아시아 국가 출신 난민 신청자가 줄어들어 난민 인정에 대한 기대가 낮아지고 있는 현실을 반영하고 있다. 난민 지위를 인정받기 힘든 것은 아시아의 난민 수용국에서도 마찬가지로 태국의 경우에는 27만 7,000명 이상의 미얀마 난민(이 가운데 카렌족 난민이 약 12만 5,000명 포함되어 있다)과 태국 북부 국경지대를 중심으로 1만 3,000명의 라오스 난민이 거주하고 있지만, 정부에서는 공식적으로 난민을 인정하고 있지 않은 채 불법체류로 분류하고 있으며 2003년에는 불법체류 미얀마인 수천 명의 본국 송환을 위한 협정까지 체결하기도 했다.[30]

6. 초국가적 시민사회연대의 모색

국경을 넘어선 이주가 일상화된 세계에서 전통적으로 이주민 배출 지역이었던 아시아는 배출 지역인 동시에 송출지역으로 그 위치가 변화하고 있다. 특히 노동이나 결혼을 목적으로 지역 내 국가를 오가는 이주민이 급증하고 있다는 점은 이주 현상과 관련된 제반 이슈에 접근하기 위해 주목해야 할 부분이다.

초국가적 이주를 선택한 이들은 이주의 과정에서만이 아니라 목적지에서도 상당한 위험과 다양한 문제에 노출되어 있다. 그러나 개별 국가는 이주민이 직면한 문제보다는 미등록 이주 등 국가의 기본 체계와 모순되는 양상에 집중하여 이주민의 입국과 체류 자체를 통제하려는 시도를 강화하는 데 우선 순위를 두고 있다. 뿐만 아니라 국경을 넘어 다양한 주체가 관련된 복합적 구조가 개입되어 이

30 IOM, 앞의 책, 2003, pp.117~118.

주의 구조상 개별 국가 차원의 대응에는 한계가 있다. 그럼에도 불구하고 지역 국가 사이에서도 이주를 둘러싸고 서로 다른 입장에 놓이면서 이주민과 관련된 이슈에 있어서도 입장을 달리하고 있어 형식 수준을 넘어선 정부 차원의 협력을 기대하기는 어렵다.

이주민의 기본 권리와 제도적, 사회적 위상 등 이주의 시대를 살아가는 아시아 사람들과 관련된 핵심의제에 대한 대응에 있어서는 시민사회의 역할이 무엇보다 긴요하며, 특히 초국가적 차원의 시민사회연대를 통해 아시아 지역의 이주 관련 이슈를 제기하고 실천하려는 움직임이 중요하다. 이와 관련해 아시아의 시민사회에서는 1990년대 중반부터 이미 이주 의제에 대한 연대 활동을 전개해오고 있다.

1990년 홍콩에서 열린 이주 노동자 보호를 위한 회의를 계기로 구상되고 1995년 대만에서 열린 국제포럼을 통해 공식적으로 조직된 아시아 이주 포럼(아시아 이주 노동자 포럼MFA: Migration Forum in Asia이라고도 불림)은 그 대표적인 예다. 이주 노동자의 권리 보장을 위해 활동하는 아시아 지역의 18개국과 중동지역 2개국 등 총 20개국[31]의 시민단체와 이주 노동자 노동자조합 간 지역 네트워크인 MFA는 이주 노동자에 대한 차별적 법규와 제도, 이주 여성에 대한 폭력, 부당한 거주 조건이나 실업, 이주 노동자에게 부정적 영향을 미치는 문제 등 아시아 지역 이주 노동자와 관련된 다양한 문제를 중심으로 회원 단체와 활동가 간의 연대를 조직해내고 있다. 이주 노동자의 자립적 발전을 위한 교육, 이주자를 위한 대안적 경제 모델의 방향과 실행 방안, 관련 단체 간 연계와 결속 강화, 관련 사안 해결을 위한 정치적 역량과 대중운동을 강화하는 조치 등도 포럼의 핵심적 관심사다. 한국에서는 외국인노동자대책협의회가 단체로 활동하면서 아시아 이주 노동자 포럼, 아시아 이주자 센터AMC: Asian Migrant Centre와 공동으로 국제 연대 활동을 전개하고 있다.[32]

---

31 몽고, 중국, 홍콩, 한국, 일본, 대만. 필리핀, 베트남, 캄보디아, 싱가포르, 인도네시아, 말레이시아, 태국, 미얀마, 스리랑카, 방글라데시, 인도, 네팔, 요르단, 오만.

특히 최근 들어서는 결혼 이주를 비롯한 여성 이주를 중심으로 아시아의 학계나 연구소, 국제기구, 민간 단체 등에서 관련 의제를 구체화하고 접근 방향을 형성하며 활동 목표와 실천 방안을 모색하기 위한 초국가적 연대가 활발하다. 아시아 지역 단위의 초국가적 NGO로서 학자와 활동가를 중심으로 각종 사회운동의 이슈를 발굴하고 이에 대한 비판적 시각과 담론, 새로운 비전을 발전시키는 데 초점을 두고 있는 ARENA: Asian Regional Exchange for New Alternatives에서는 결혼 이주 이슈를 핵심 의제의 하나로 다루고 있다. 2007년 11월에는 필리핀에서 '2007년 아시아 결혼 이주에 관한 지역 학교: 연구와 활동을 위한 플랫폼'을 개최해 한국이주여성인권센터, 필리핀 페미니스트 단체 Isis-International Manila, Kanlungan Center Foundation Inc 등 아시아 지역의 35개 NGO단체 활동가, 학자, 6개국(몽골, 필리핀, 한국, 일본, 대만, 베트남)의 결혼 이주자들이 참가하여 각국의 결혼 이주 및 결혼 이주자의 상황과 이주자 공동체, 인간안보, 시민권 등 이주에 관한 다양한 의제, 지역 NGO의 활동 계획에 관해 논의하는 기회를 가진 바 있다.[33]

또한 이주와 관련된 구체적 문제에 대응하기 위한 시민사회연대도 발달하고 있는데, 이러한 연대는 주로 송출지와 목적지의 관련 단체나 국제적 차원의 단체들 사이에서 전개되고 있다. 유엔여성인권정책센터KOCUN: Korea Center for UN Human Rights Policy는 유엔을 비롯한 국제사회에서 이루어지고 있는 인권 규범을 한국사회에 알리는 한편 한국사회의 인권 활동과 발전을 토대로 국제사회에

32 외노협은 1996년 아시아 이주 포럼, 아시아 이주자 센터와 공동으로 '세계 경제구조 정책에 도전하는 이주 노동자' 국제 워크숍을 개최한 것을 비롯해 MFA의 아시아 네트워크 공동조사 연구 사업에도 참여하여 '아시아 6개국 이주 노동자 교육현황에 관한 연구 보고서'를 출판하는 등 국제 연대 활동에 참가해왔다. 또한 2004년에는 아시아 이주 포럼, 아시아 이주자 센터와 공동으로 '발전을 위한 이주와 이주 노동의 여성화 과정'을 주제로 제9차 아시아 이주노동자회의를 개최하였고, 2005년에는 아시아 이주 포럼과 공동으로 '아시아 이주여성 국제포럼'을 개최하였다(한국 이주여성인권센터, 남양주 이주노동자여성센터, 외국인이주여성노동자상담소 주관). 이선주 외, 《세계화와 아시아에서의 여성 이주에 관한 연구》, 한국여성개발원, 2005, pp.63~64.

33 관련 정보는 http://www.arenaonline.org/content/view/358/158.

기여하기 위한 목적으로 2005년에 설립된 단체다. 이 단체에서는 아시아 지역에 만연한 인신매매성 결혼의 피해자로 흔히 지목되는 베트남 여성들이 막연한 기대 수준을 넘어 국제결혼의 현실과 각국의 제도나 생활에 대한 종합적이고 실질적인 정보를 획득함으로써 자신의 선택권을 확보할 수 있도록 하는 '새로운 도전, 한국 알기사업(2007)' 등의 활동을 추진한 바 있다. 이 사업은 한국과 베트남의 다양한 기관과 단체, 국제기구의 협력으로 가능했는데, 한국에서는 한국국제협력단KOICA과 사회복지공동모금회, SK텔레콤이 후원하고 여성가족부(2007년 당시)가 협력했다. 베트남에서는 국제이주기구IOM 호치민 사무소와 업무계약을 맺고 유엔인권정책센터KOCUN와 IOM에서 인원을 파견하여 활동을 전개하였다. 또한 베트남 현지에서는 베트남여성동맹, 한국에서는 이주여성긴급전화 1366센터, 푸른시민연대, 벗들의 집, 천안 모이세 이주여성의 집 등 이주여성 인권단체들과 긴밀한 협력관계가 무엇보다 주효하였다.

사업의 주요 내용은 베트남 여성들에게 한국에서의 생활 전반에 대한 일반적인 정보를 제공하고 한국에 입국한 이후 숙지해야할 체류 자격 등의 사항에 대해 소개하는 것으로 주로 자료 배포 및 교육, 동영상 시청 등을 통해 이루어졌다.[34] 여성들의 관심은 높은 편이었으나, 국경을 넘은 협력이 항상 원활한 것만은 아니었다. 자신들의 이익을 저해하는 것으로 판단한 중개업자들은 교육 진행을 방해하였다. 뿐만 아니라 반정부semi-governmental 기구 성격의 베트남 여성동맹과의 협력도 어려운 부분이었다. 이외에 한국의 여러 단체들이 동시에 관심을 보여 베트남 현지의 기구와 단체들이 혼란스러워 하는 부분도 있었다.[35]

이처럼 초국가적 이주의 구조에서 각각 송출지, 목적지 위치에 있는 국가 간

34 당일 교육으로 오전 10시부터 오후 3시까지 한국에서의 생활, 법적 권리에 대해 교육을 하고 30분 동안 동영상을 관람하는 내용으로 구성되어 있다.

35 정진성, "세계화와 이주의 젠더화: 결혼 이주를 중심으로", 2007; 서울대학교 여성연구소 국제학술회의, 《국제결혼 이주여성, 쟁점과 전망》, 서울대학교 여성연구소, 2007, pp.20~21.

연대뿐 아니라, 비교적 유사한 위치에 있는 국가 간 시민사회연대도 의미 있는 부분이다. 특히 이러한 성격의 연대는 이주민의 제도적 위상, 사회적 환경 등에 있어서 공통적으로 해결해야 할 문제들을 발견하고 그 구조적 요인을 발견하며 이를 변화시키기 위한 광범위한 실천을 모색하는 데 있어 중요하다.

아시아 지역의 이주에서 주요 목적지로 부상하는 일본이나 대만, 한국 등의 국가에서는 이주 노동자를 사회적 안전을 저해하는 위험한 존재로, 결혼 이주 여성에 대해서는 국가 간 불균형 발전과 불평등한 젠더 구조의 '피해자, 희생자' 또는 '탐욕스러운 존재'로 보는 이미지가 자리 잡고 있으며 해당 사회 구성원으로서 결정적 결격 사유를 지닌 것으로 여기는 담론이 팽배해 있다.

이처럼 이주민을 향한 지배적 편견을 극복하기 위한 실천은 이주민 자신들에게서 이미 시작되고 있으며 이를 지원하고 그 경험을 나누기 위한 연대가 발전하고 있다. 대만 남부 카오슝 인근 메이눙 지방의 동남아 출신 결혼 이주 여성들이 1995년부터 해방교육적 관점에서 조직된 중국어 강좌에 참여한 것을 계기로 결성한 단체인 남양대만자매회TASAT: TransAsia Sisters Association(2003년 결성)는 그 대표 사례다. 초기에는 대만 활동가들의 참여가 주효했으나, 점차 결혼 이주자 자신들이 단체의 주체로 성장한 TASAT에서는 이주민으로서의 경험을 담은 책《나를 외국인 신부라고 부르지 마세요》를 발간하는 등 각종 매체를 통해 자신의 경험을 표현함으로써 사회적 관심을 불러일으키고 있다. 나아가 이들은 이주민 운동 세력에서도 핵심적 역할을 하면서 대만의 이민 제도, 이민자를 향한 지배적 편견 문제 등에도 강력한 비판을 제기하고 있으며 댐 건설 등 환경 문제, 교육 문제 등에서도 적극적으로 활동을 펼치고 있다. 일부 회원들은 시민대학에서 베트남어, 인도네시아어를 가르치면서 대만인들이 동남아시아 등지의 출신자에 대해 가지고 있는 인식을 변화시키는 계기를 만들고 대만 사회에서 자신의 위상과 문화적 배경의 가치를 새롭게 정립해가고 있다.[36]

TASAT의 성장 과정에는 대만 내 다른 지역 이주 여성과의 연대와 함께 국내외

시민사회의 협력이 주효했다. 특히 홍콩의 이주민 지원 단체인 아시아태평양 이주민선교 APMM의 공동 워크숍은 조직과 연대 활동을 할 수 있는 기본 능력을 키우는 데 결정적인 계기가 되었다. 나아가 TASAT는 그간의 경험과 성과를 바탕으로 한국을 비롯한 세계 각국의 연구자, 단체 활동가와 연대를 추진함으로써 다른 국가에서도 이주민을 희생자로 인식하거나 교육이나 지원의 객체로 위치시키는 데 대한 문제를 제기하고 대안을 모색하기 위한 움직임의 발판이 되고 있다.[37] 이주자 상담을 넘어 다문화공동체 중심으로 시민사회에서 전개되고 있는 이러한 노력에도 불구하고 여전히 과제는 산적해 있다. 아시아 지역의 이주 현상은 전 지구적 위계 구조에서 아시아의 위치에 따라 그 구조가 형성되는 만큼, 세계질서와 이를 재생산하는 국제제도 차원에서 접근할 필요가 있다. 이에 대한 기본적 관점을 형성하기 위한 노력은 시민사회가 공동으로 대처해야 할 부분이다. 또한 이주 과정이나 이주자의 권리, 난민 인정 등에 결정적인 영향을 미치고 있는 개별 국가의 제도적 제약과 허점을 발견하고 대안을 찾아 실현하도록 하는 점 역시 초국가적 연대 없이는 가시적 성과를 거두기 힘들다. 이주민 문제는 초국가적 네트워크의 일부로 남겨진 가족의 문제, 귀환과 재통합의 문제 등과도 긴밀히 연관되어 있는 만큼, 이와 관련된 초국가적 연대를 발전시키기 위한 시도도 이루어져야 할 것이다. 그리고 무엇보다도 이주의 시대를 맞아 아시아 사람들의 이주, 이주민에 대한 시선과 전반적 사회 · 문화적 토양을 점검하고 재구성하기 위한 실천은 광범위한 연대를 통해서만 추진력이 형성될 것이다.

---

36 Hsiao-Chuan Hsia, 앞의 책.

37 권태선, "이주자 상담 넘어 다문화공동체 중심으로", 〈한겨레〉, http://media.daum.net/society/others/view.html?cateid=1067&newsid=20070215051110325&p=hani. 2007.2.14.

참고문헌

국내문헌

김이선, 〈'가족'으로 만난 동남아 여성과 한국인 간 젠더논쟁〉, 2007 한국동남아 학회 춘계학술대회 《경계, 이동, 세계화: 변화하는 21세기의 동남 아시아》, 한국동남아학회, 2007.

김이선 외, 《여성 결혼이민자의 문화적 갈등 경험과 소통 증진을 위한 정책과제》, 한국여성개발원, 2006.

서울대학교 여성연구소 국제학술회의 《국제결혼 이주여성, 쟁점과 전망》, 서울대학교 여성연구소, 2007.

설동훈 외, 《국제결혼 이주여성 실태조사 및 보건·복지 지원 정책 방안》, 보건복지부, 2005.

이선주 외, 《세계화와 아시아에서의 여성 이주에 관한 연구》, 한국여성개발원, 2005.

정진성, 〈세계화와 이주의 젠더화: 결혼 이주를 중심으로〉, 《국제결혼 이주여성, 쟁점과 전망 I》, 서울대학교 여성연구소 국제학술회의, 2007.

최호림, 〈동남아의 이주 노동과 지역 거버넌스〉, 2008 한국동남아학회 춘계학술 내회 《한국 동남아 연구의 새로운 지평-한국과 동남아의 상호연계와 지역 거버넌스 II》, 한국동남아학회, 2008.

해외문헌

Castles, Stephen., and Miller, Mark J (2nd. ed.). *The Age of Migration: International Population Movements in the Modern World*. New York: Guilford Press, 1998.

Hsia, Hsiao-Chuan. "Beyond Victimization: The Empowerment of Marriage Migrants in Resisting Globalization". 2007.

IOM. "World Migration Report 2003". *Geneva International Organization for Migration*. 2003.

IOM. "World Migration Report 2005". *Geneva International Organization for Migration*. 2005.

기타 자료

Wickramasekera, Piyasiri. "Asian Labor Migration: Issues and Challenges in an Era of Globalization". *International Migration Papers,* No.57, 2002. http://patalker.com/ilo/resources/Asian%20Labour%20Migration%20IMP57a.pdf

Yeoh, Brenda S.A., and Lam, Theodora. "The Costs of (Im)Mobility: Children Left Behid And Children With a Parents". *Perspectives on Gender and Migration*. UNSECAP, 2007.

Zlotnik, Hania. "The Global Dimensions of Female Migration". *Migration Information Source*, 2003. www.migrationinformation.org/Feature/display.cfm?ID=109

제7장

인터넷과 아시아연대

윤민재

윤민재 尹民載

1999년 서울대학교에서 박사 학위를 취득하고, 현재 연세대학교 연구교수로 재직 중이다. 《중도파의 민족주의운동과 분단국가》(2004), 《세계화시대 남북한통합의 방향과 과제》(2003), 《근대성 탈근대성 그리고 세계화》(2000) 등이 있다.

인터넷과 아시아연대

1. 인터넷 시대의 도래

한국의 시민사회는 1990년대 말부터 '지구화' 담론을 둘러싸고 다양한 입장과 대응방식을 보여주면서 많은 변화를 겪고 있다. 국내 사회운동도 질적으로 변화하였고, 국경을 넘어 연대 범위를 넓히고 정보통신을 주요 운동 수단으로 활용하는 모습을 보여주었다. 1990년 세계사회정상회의, 여성회의, 정주회의, 기후변화 당사국회의 등에 시민단체들이 지속적으로 참가하고 있고, 1999년 대구라운드, 세계 NGO 대회, ASEM 2000 민간회의를 주관하면서 세계 NGO들과 꾸준한 관계를 형성하고 있다. 이러한 참여를 통해 정보와 경험을 공유할 수 있었고, 이는 한국 사회의 NGO 발전에 큰 기여를 하였다.

한국의 지정학적 위치는 지구시민사회의 과제를 수행하는 데 매우 유리한 측면이 있다. 아래로부터 민주화에 성공한 국가이자 경제적으로도 세계 10위권의 성장을 이룩한 국가이기도 하다. 특히 아시아의 NGO들은 이러한 한국의 시민사회에 대해 신뢰를 갖고 있어 한국 시민사회의 경험을 공유하려고 할 뿐만 아니라 한국에 대해 적어도 아시아 지역에서의 주도적 역할을 기대하고 있다. 이를 위해서는 시민사회와 관련된 인적, 지적, 물적 자원을 최대한 동원하여 한국사회의 발전뿐만 아니라 동아시아와 아시아태평양 지역, 그리고 전 세계 차원의 발전에 어떻게 기여할 수 있는가를 심사숙고해야 할 것이다.[1] 한국 시민사회는 이러한 경험을 바탕으로 주변 국가들의 민주주의 발전과 나아가 아시아의 시민사회 건설을 위해 이 지역의 시민사회와 함께 노력해야 할 책임과 과제를 안고 있다.

제1회 역사 NGO 세계대회 선언문을 보면, 식민주의, 전쟁, 폭력, 빈곤, 차별, 인권침해 등으로 인한 역사적 상처들이 시민사회의 불신과 대립을 야기하고 있다고 보고, 이의 해소를 위해 다음과 같이 제언하였다.

> 하나, 우리는 평화와 화해를 위해 일하는 세계대회 모든 참가자 및 제 시민사회 구성원들이 화해의 과정을 위한 이어지는 모임과 기재개발을 위한 공동의 연대협력과 시민 행동망을 구축해 나갈 것을 호소한다.
> 하나, 우리는 전 지구적인 소통과 정책적 옹호 활동, 정보와 지식의 공유를 통한 역사화해 과정에 동북아 시민사회의 보다 적극적인 참여를 호소한다.
> 하나, 우리는 각국 정부들이 비판적 파트너로서 NGO에 대한 지원을 강화해 나갈 것을 호소한다.

바로 이 선언문에서 보이듯이 역사적 화해와 평화를 위해서는 무엇보다도 NGO의 활동이 중요하며 전 지구적 소통망을 구축해 연대와 협력을 강화할 필요가 있다. 최근 한국 사회운동권에는 아시아연대가 키워드로 떠오르면서 동북아와 동남아를 중심으로 실천 활동을 넓혀 나가고 있다.[2] 이 지역들을 동아시아

---

1 차명제, 〈지구화시대의 한국시민사회의 역할과 과제〉, 권혁태 외, 《아시아의 시민사회: 개념과 역사》, 아르케, 2003.

2 아시아 지역은 유라시아대륙의 중부와 동부의 전 대륙을 포괄한다. 지역적으로는 북부아시아, 중앙아시아, 서남아시아, 남부아시아, 동남아시아, 동(북)아시아가 있다. 아시아 지역과 함께 사용되는 동양이란 말은 원래 중국 상인들이 자바 해역을 지칭했던 말이었으나 서양과 대칭하는 개념으로 사용된 것은 일본이 중국의 위상을 격하시키고 스스로 아시아의 맹주로 자리매김하기 위해 이 개념을 도입하면서부터다. 일본에 의해 구성된 동양의 개념은 도쿠가와 시대 후반기 이후의 변화들을 감지한 후 중화문화권에서 벗어나 일본 중심의 포괄적인 이념 체제를 만들기 위해 도입한 개념이다. 권용혁, 〈동아시아 공동체의 가능성 모색〉, 사회와철학연구회, 《동아시아 사상과 민주주의》, 이학사, 2003.

지역으로 부르고자 한다. 동아시아는 다양한 문화와 종교, 인종으로 구성된 지역이다. 동아시아는 전 지구화, 민족주의의 폐해로부터 벗어날 수 있는 새로운 공동체다. 그것은 단순히 지리적 공동체를 뛰어넘는 새로운 연대의 공동체다. 이를 위해 동아시아 지역은 국민국가 단위로만 생각하고 행위했던 틀에서 벗어나는 문명론 차원의 변화가 필요하다. 이러한 변화를 위해서는 이 지역인들이 국경 안팎의 서로 다른 지역의 일상생활에서 자신의 삶의 자세를 반성하며 동아시아인의 삶의 문제에 관심을 갖는 감수성 계발이 필요하다.[3] 이러한 계발을 위해서는 서구에 대한 대안 문명으로서의 동아시아 실험보다는 인류의 보편 가치를 지닌 민주주의의 발전, 심화와 연계되어야 할 것이다.

이러한 현상의 반영으로써 다양한 분야의 운동 단체들이 동아시아연대 활동에 적극적인 관심을 보이면서 동아시아 현지 단체에서 일하는 활동가도 늘어나고 있다. 이러한 활동을 보면 동아시아를 단순한 담론의 대상에서 실천 영역으로 인식하고 있음을 알 수 있다.[4] 이른바 한국과 동아시아 간 자본과 인구 이동을 핵심으로 하는 사회경제적 변화는 결국 동아시아 속의 한국과 한국 속의 동아시아에 대한 성찰과 연대, 실천을 자극하고 있다. 그러나 연대에 기초한 진정한 실천 활동은 여전히 부족한 실정이다. 또한 인적, 물적 자원도 부족하다. 동아시아 운동 단체들의 기대와 희망에도 불구하고 한국은 민족주의적 성향이 강하고 타 문화에 대한 개방적인 태도도 부족하다.

이렇듯 세계화, 정보화시대에도 불구하고 동아시아는 강한 민족주의적 성향을 보여주고 있다. 이로 인해 국가 간, 시민사회 간의 상호협력관계가 약화되고 역사적 화해를 위한 기반이 침식당하고 있다. 이를 위해 역사학 측면에서 보면 국가 간의 상호관계를 통한 문화적인 혼혈을 읽어내야 하고 공유된 역사 기억의

---

3 백영서, 《동아시아의 귀환, 중국의 근대성을 묻는다》, 창작과비평사, 2000.

4 전제성, 〈한국 시민사회의 동아시아연대운동〉, 참여연대 국제연대위원회 엮음, 《우리 안의 아시아 우리가 꿈꾸는 아시아》, 해피스토리, 2008.

확산을 위한 시민사회의 활동도 필요하다.[5]

현재 아시아연대 활동은 매우 저조한 편이다. 정보 강국임에도 불구하고 인터넷을 통한 연대, 자료 제공, 소통 등도 매우 부족하다. 그렇다면 그 원인은 무엇이며 현재 실태는 어떠하며 지구화시대 인터넷을 통한 사회운동의 전개가 어떠한지, 그리고 인터넷의 사용 실태 및 이에 따른 민주주의의 발전은 어떤 관계에 있는지 검토해 보고자 한다. 아시아연대라는 주제에 대해서는 사회운동 차원에서 살펴볼 것이며 그 대상은 주로 인권문제와 관련된 NGO단체로 국한하고자 한다. 그리고 가급적 이 단체들도 한국이 중심이 되어 전개하는 초국적 운동단체나 주요 사회운동연대에 집중하고자 한다. 한국이 중심이 된 단체들을 소개하면서 한국이 중심이 되지 않은 아시아의 운동 조직 두 개를 함께 소개하여 이를 비교하고자 한다.

2. 인터넷과 사회운동

전 지구화는 지역 사회운동이 국가 경계를 넘어 국제 협력과 연대를 확장시키고 전 세계의 사회운동조직과 성원들이 공통의 관심사나 이슈를 논의할 수 있는 초국적 공론장을 만들어주고 있다. 초국적 공론장의 형성은 역으로 지역, 국가 내의 사회운동의 전략과 전술을 발전시키고 지역 정부, 국가에 대해 유용한 압력을 행사할 수 있는 기회를 만들고 있다. 그리고 국내 지역의 쟁점을 국제화하거나 국제적인 관심사나 이슈를 국내로 수용하여 운동 차원에서 이슈화하여 지역과 국가 간의 네트워크를 형성하여 문제 해결을 위한 연대를 강화할 수 있다.

첫째, 이때 운동 수단이자 주요 소통도구인 인터넷은 탈중심적이고 개방적이

5 정현백, "제국주의, 민족주의, 팽창주의 극복을 통한 역사화해", 제2회 역사NGO 세계대회개막 기조연설, 2008.10.19.

라는 장점을 가지고 있다. 이때문에 집단과 개인들의 의사소통과 그 잠재력을 높일 수 있다. 둘째, 인터넷은 전 지구적이다. 인터넷의 범위는 무한대로 팽창하고 있다. 인터넷에 기반을 둔 사회운동은 의제의 전파, 정서적 공감의 확산, 운동자원의 자발적 동원 등 긍정적인 점을 지니고 있다. 셋째, 인터넷은 기존의 통신 수단에 비해 정보가 풍부하고 그 활용 비용이 경제적이다. 인터넷은 정보전달의 신속성, 정보수집 능력, 네트워킹의 능력을 가지고 있기 때문에 기존의 형식적이고 조직적인 오프라인 상의 사회운동조직 비용을 절감시켜주고 있다. 넷째, 인터넷은 상호작용적이고 사용자가 통제할 수 있는 힘을 가지고 있다. 인터넷은 많은 사람들에게 공공의 문제에 참여하고 발언할 수 있는 기회를 제공한다. 인터넷의 개방성과 비용의 저렴성(저렴한 비용)은 대중들의 참여를 촉진하고 익명성과 비대면성은 대중들의 능동적인 자기주장과 숙의과정을 촉진시킬 수 있다. 다섯째, 인터넷은 탈중심화된 커뮤니케이션 체계로서 비위계적이고 개방적인 특성을 가지고 있다. 많은 사람들이 참여하는 인터넷에 바탕을 둔 사회운동은 수평적인 네트워크 구조를 지향한다. 이러한 점들에서 알 수 있듯이 인터넷은 운동 참여자들과 사회운동 조직들이 서로 교류하고 연대하며 정서적인 공감을 나누고 운동 자원들을 동원하고 공통의 목표를 성취하는 방향으로 나갈 수 있도록 한다.[6]

이러한 특성상 인터넷은 근대사회의 권력 중심적, 경제 중심적인 커뮤니케이션 체계를 약화시킬 것이다. 이러한 특성은 전 세계의 사회운동에도 적용된다. 또한 고도의 기술 커뮤니케이션인 인터넷의 확산은 전 지구적으로 사회운동의 잠재력과 힘을 균등하게 만들 것이다. 그렇기 때문에 사회운동조직들은 디지털 커뮤니케이션 체계를 자신들의 기능 수행을 위해 수용할 것이며, 그러한 것들은 다양한 하드웨어와 소프트웨어로 개발, 적용될 것이다. 인터넷은 지역적인 이슈를 운동에 끌어들임으로써 지역 활동가 위주의 운동을 변화시킬 것이다.

---

6 윤민재, 〈네트워크시대의 사회운동〉, 《담론201》, 한국사회역사학회, 2005.

인터넷을 통해 운동에 참여한 다양한 국가, 인종, 민족의 성원들은 유연한 정체성과 다양한 소속감을 강화할 수 있다. 이를 통해 전 지구적 이슈를 국내 정치로 유입하여 전 지구적인 차원 속에서 문제를 해결할 수 있고, 사회운동의 전략과 내용은 더 풍부해질 수 있다.

사회운동의 연대를 확장하고 운동 수준을 전 지구적으로 확대함으로써 운동의 자원을 넓히고 문제 해결을 성공적으로 전개한 몇몇 사례를 볼 수 있다. 인터넷이 중심이 되는 네트워크 시대 사회운동의 뚜렷한 특징을 보여주는 사례로 시애틀에서의 반세계화시위, 이라크 반전시위, 혹은 브라질 댐건설 반대운동, 치아파스의 사파티스타운동 등을 들 수 있다. 이 운동들은 국가 간 경계를 넘어 초국적 연대를 통해 운동을 성공시킨 대표 사례들이다. 특히 이러한 초국적 사회운동을 지향할 때 다양한 정체성과 민족, 국가에서 온 개인과 조직들이 긴장하고 갈등을 일으킬 수 있는데, 이러한 긴장과 갈등은 매우 유연한 정체성이 발전함으로써 감소할 수 있다. 이러한 운동 경험에서 보듯이 전 지구화와 인터넷의 발전은 초국적 사회운동의 중요한 조건이 되었다. 즉 정보화와 전 지구화가 그러한 운동을 전 세계적으로 발전시킬 수 있는 배경이 되었다.

3. 인터넷과 민주주의

인터넷은 사회연대의 필수 도구이자 연대를 통한 민주주의를 증진시키는 데 핵심 도구로 작용하는가. 인터넷은 민주주의 발전에 꼭 필요한 정보통신기술인가. 인터넷은 민주주의를 신장시키는 데 어느 정도 영향력을 가지고 있는가. 이러한 문제들은 간단히 답하기 힘든 매우 복합적인 문제다. 당시의 사회구조 배경, 문화 전통, 시민들의 인식과 태도 등 다양한 변수들이 결합되어 나타나는 복합적인 문제인 것이다.

시민사회의 역동성이 인터넷의 민주적인 잠재력을 만들어내는 동력이며, 시민사회의 출현이 근본적으로 제약받는 비민주주의 국가에서 인터넷의 영향력은 상당히 제한적이라는 시각이 있다. 피파 노리스 Pippa Norris 등은 정치변동이 인터넷 확산의 결정적 요인이었다고 주장하였고 니스벳 Mattew C. Nisbet 등은 TV나 신문 같은 오프라인 미디어들과 인터넷 미디어 비교를 통해 온라인 미디어보다 오프라인 미디어가 민주적 시민권을 촉진하는 데 효과적이었다고 주장한다. 베스트 Michael Best 등은 인터넷 보급률과 민주주의의 상관관계를 연구한 결과 인터넷 보급률과 프리덤하우스의 국가별 민주주의 수준에 관한 지표 사이에 의미 있는 상관관계가 존재했다는 것을 발견하였다.

최근 고경민, 송효진의 연구에 의하면 인터넷 확산 정도가 사회경제적 배경과 상관없이 민주주의 발전을 이끌어낸다고 보기는 어렵다고 주장하고 있다. 이들은 인터넷 확산과 민주주의의 발전 관계는 경제 발전 수준이 높을수록 강력하게 나타난다고 한다. 또한 국가의 교육 수준이 높을수록 인터넷 확산이 민주주의 발전과 관련해 높은 상관성을 지니고 있었다.

싱가포르에 대한 연구를 보면, 인터넷 사용의 발전을 통제하기 위해 국가가 법 · 기술 · 사회적 수단을 전략적으로 이용하고 있다. 싱가포르는 2003년 미디어 개발청을 설립해 콘텐츠를 규율하는 단일 책임기관으로 발전시켰다. 1998년 나타난 컴퓨터오용법과 전자상거래법은 경찰에게 영장 없이 컴퓨터를 압류하고 수색하며 온라인 메시지를 해독할 수 있는 권한을 부여하였고, 또한 국가보안법에 근거한 명예훼손 소송이나 사법절차 없는 구속 등의 억압 수단을 동원하였다. 반면 말레이시아는 온라인 미디어의 활동이 자유로운 편이다. IT산업을 발전시키기 위한 '비전 2020' 발전 계획을 수립한 이후 인터넷 콘텐츠의 무검열 선언을 하였고 이로 인해 개방적이고 자유로운 인터넷 환경을 구축하였다. 세계화 이후 인터넷의 세계적 확산과 세계경제의 통합이 심화됨에 따라 인터넷을 통한 자유로운 정보의 유통이 국제 투자 유치의 중요한 조건이 되고 있다. 발전 국가들은 인터넷 상에서의 자유로운 정보유통에 대한 국제 · 경제적 요구와 인터넷 통제에 대한 국내 정치의 필요 사이에서 어디에 중점을 둔 정책을 선택할 것인가 하는 딜레마에 빠진다.[7] 싱가포르는 세계 경제화 수준에서 세계 2위, 말레이시아는 48위이고 싱가포르 인터넷 보급률은 2000년 59.5%이다(〈표1〉 참조). 그럼에도 불구하고 싱가포르의 시민들은 사회적 차원에서 인터넷 이용에 관심이 적고, 인터넷을 정치적 차원으로 확대하는 데 일종의 공포심을 가지고 있다. 야당의 성격을 갖는 온라인 미디어가 거의 전무하며 이로 인해 시민사회를 대표하는 책임 있는 NGO가 부재하고 시민사회가 침체되어 인터넷이 논쟁적 담론 참여를 위한 장으로 역할을 하지 못하고 있다. 싱가포르의 시민들은 민주화, 정치적 자유보다는 일상생활의 안정을 더 우선시하고 적극적인 정부의 탈정치화 전략과 수동적 시민사회의 상호작용 속에서 지속적으로 만연한 국가의 사회통제에 대한 공포와 그로 인한 무관심이 일상화되었다.

이상과 같이 싱가포르의 경우를 보면 기술력, 인프라는 인터넷 자체의 역량이나 확산 수준에 달린 것이 아니며 시민사회의 역량과 인터넷의 정치적 영향력에 달려 있음을 알 수 있다. 반면 말레이시아는 1998년 '개혁운동' 이후 인터넷이 대안 미디어로 등장하였다. 대표적인 사이트 www.Malaysiakini.com은 개혁과정에서 시민들의 신뢰를 받았다. 이와 함께 친정부적인 오프라인 일간지의 판매 부수가 하락하기 시작하였고 정부는 이 사이트에 대항하기 위해 친정부적 인터넷 포럼을 만들기도 하였다. 또한 종족을 가로지르는 중산층 확대와 시민의 조직화 등장은 시민사회의 활성화 요인이 되었다.

결국 두 국가의 사례를 보았을 때 인터넷의 정치적 영향은 국가의 인터넷 규제에 대항하는 시민사회의 역동성 수준 차이에 의해 사회적으로 형성됨을 알 수 있다(참고로 유사한 아시아 지역인 중국, 캄보디아, 베트남의 정보 실태에 대해서

---

7 고경민 · 송효진, 〈인터넷확산과 민주주의의 관계〉, 《국가전략》 13권 3호, 세종연구소, 2007.

표1 싱가포르 정보화 수준

구분	조사 기관	순위	대상 국가 수	최근 발표일
전자정부 준비지수	UN	7	191	2005.12
e-비즈니스 준비도	EIU	6	69	2007.4
정보사회지수	IDC	4	53	2005.11
디지털 준비지수	WEF	3	122	2007.3
디지털 기회지수	ITU	5	181	2007.5
국가정보화지수	NTA	16	50	2006.7

는 부록 편의 표3, 4, 5, 6, 7, 8, 9 참조).

그러나 전 세계의 동향을 보면 민주주의를 증진시키고, 시민들의 사회참여를 늘리며, 민주주의에 대한 태도를 성숙시키기 위해서는 어느 정도의 인프라 구축이 전제 조건임을 알 수 있다. 최근 미국 인터넷 이용자들이 전 세계에서 차지하는 비율이 70%에서 38%로 하락함에 따라 인터넷의 대중화는 전 세계적 현상이 되었다. 그러나 중동부 유럽, 아시아 중동, 남아프리카는 전체 온라인 인구의 10% 미만을 차지하고 있다. 2000년의 경우 세계 온라인 대부분이 선진국에 거주(약 84%)하고 있으며, 나이지리아, 우간다, 방글라데시 같은 하위 35개 국가는 전체 인구가 5억 이상임에도 불구하고 1% 미만이 인터넷을 사용하고 있다. 미국은 인구 1,000명당 459대 컴퓨터를 보유하고 있으나 사하라 이남 아프리카는 7대에 불과하다. 한 연구에 의하면 인터넷을 확산시키고 이용을 용이하게 하기 위해선 신문과 같은 전통적인 매체 이용에 영향을 주는 소득, 여가, 문맹 교육 등의 요소도 필요하다. 즉 컴퓨터를 보급하는 처방도 중요하나 원조, 부채탕감, 투자 등의 해결책도 필요한 것이다.

각종 통계를 보면 정보통신 선진국의 경우 인터넷은 물론 신문, 라디오, 텔레비전, 컴퓨터, 일반 전화, 이동전화에서도 선두를 지키고 있다(〈표2〉 참조). 국가별 인터넷 이용률은 대부분 호스트, 전화, 개인용 컴퓨터 보급률과 상관관계를

표2 뉴미디어 및 올드미디어의 이용자 인구비율(피파 노리스, 83쪽 인용)

	뉴미디어				올드미디어				정보사회지수
	인터넷 인구 비율	주요 호스트	개인용 컴퓨터	라디오	텔레비전	일간 신문	전화	핸드폰	
	2000년	2000년	1998년	1997년	1998년	1996년	1998년	1998년	
지역									
스칸디나비아	35	11	36	112	58	45	64	47	80
북미	27	10	28	118	61	16	47	15	63
서유럽	12	3	27	79	53	21	53	24	52
중부동부유럽	3	0.3	6	45	32	13	21	4	30
아시아태평양	5	1	8	35	19	11	13	8	27
중동	3	0.2	6	39	25	11	19	8	22
남미	1	0.1	5	38	22	8	15	3	18
아프리카	0.3	1	1	17	5	1	3	0.5	6
발전 정도									
상	14	4	23	83	49	26	46	23	53
중	1	0.1	3	32	21	6	11	2	15
하	0.02	0.03	0.3	14	3	1	1	0.01	4
국가 수	169	179	125	140	139	133	179	139	101

가지고 있고, 그것은 국가별 라디오 텔레비전 보급률, 신문 구독률과도 긴밀한 관계가 있다. 국제전기통신연합의 연구에 의하면 성인문맹률, 교육 수준, 수명, 1인당 GDP를 측정하는 유엔인간개발지수를 이용하여 국가별 인터넷 호스트 수가 일반적인 사회경제적 발전 수준과 연관되어 있음을 보여주었다. 경제 발전 외에 인터넷 이용에 영향을 미칠 수 있는 다른 경제 요인들로는 국가별 기술 이용 가능성과 비용이다. 즉 컴퓨터 하드웨어와 소프트웨어 가격, 인터넷 서비스 공급자를 통한 인터넷 이용 비용, 전화 및 이동통신 서비스 보급과 이용 가능성이 여기에 포함된다.

인터넷 자체가 정치적 영향력을 산출하는 동인은 아니다. 다양한 사회·문화적, 경제적, 정치적 맥락들을 함께 살펴볼 때 인터넷과 민주주의의 관계를 잘 파악할 수 있다. 이때 인터넷의 정치적 영향력은 특히 시민사회의 역동성, 수동성에 큰 영향을 받을 것이다. 만약 시민사회가 탈정치화되고 수동적인 역할에 머문다면 인터넷은 오히려 현상 유지를 위한 수단으로 전락할 것이다.[8]

4. 인터넷을 통한 아시아연대의 사례 분석

인터넷을 매개로 한 아시아연대의 상황을 분석하기 위해 9개 사이트를 선정하였다. 7개 사이트는 한국에 기반을 둔 단체이며, 2개 사이트는 태국, 필리핀에 기반을 둔 단체다. 이 가운데 8개는 인권, 노동, 평화 등에 목표를 둔 단체이며, 나머지 1개는 개발 관련 사이트다. 오프라인 상에서 활발하게 연대를 펼치고 있는 단체들도 있지만 가급적 온라인에 기반을 두고 운동을 전개하는 단체들을 선정하였다. 이들 단체들의 연대 상태, 연대 방식, 인터넷 서비스 내용, 웹진이나 메일링 리스트, 뉴스레터의 여부 등을 중점적으로 분석하였다. 이 분석은 2008년 11월 기준으로 사이트의 전체 내용을 총괄적으로 분석한 것이다. 아래의 내용들은 이 분석 내용들을 요약한 것이다. 전체적으로 보아 한국에 기반을 둔 사이트들의 활동 내용은 매우 미약하며 운영 실태도 매우 빈약한 편이다. 또한 많은 사이트들이 한국어로만 서비스하거나 혹은 극소수의 내용만을 영어로 서비스하는 형편이었다. 무엇보다도 다양한 언어 차원의 서비스가 아쉬운 실정이다. 전반적으로 인터넷을 매개로 한 연대운동은 매우 취약하며 그 전반적인 내용들도 형식적인 것에 그치는 경우가 많았다. 오히려 태국이나 필리핀에 근거지를 둔 두 개

8 고경민, 〈국제적 압력, 시민사회의 역동성, 그리고 인터넷의 정치적 영향〉, 《한국정치학회보》 41집 2호, 한국정치학회, 2007.

의 사이트가 사이트 운영이나 내용에서 알찬 면이 있었다.

따라서 인터넷을 매개로 한 연대의 활성화를 위해서는 먼저 기본적인 인터넷 인프라 구축이 필요하다. 둘째로는 다양한 서비스의 제공이 필요하다. 셋째로 영어를 기본으로 하되 아시아 민족의 고유어 서비스도 제공되어야 한다. 넷째로 오프라인의 연대 활동 내용을 소개하는 것으로 그치는 것이 아니라 온라인 상에서 운동의 의제를 만들어나가고 이에 대해 상호 토론하며 하나의 의견을 결집시켜 나가는 장을 만들어야 한다. 다섯째로는 사회운동 관련 구성원뿐만 아니라 연대를 지지하는 일반 대중들이 쉽고 빠르게 접속하여 정보를 받아들이고 의견을 개진하며 오프라인 상으로 연대할 수 있는 방법을 개발할 필요가 있다. 여섯째로 인터넷을 통한 연대의 형태를 다양화할 필요가 있다. 기존의 연대 형태를 보면 서명, 성금 모금, 지지글 게재 등으로 매우 한정되어 있었는데 최근 우리의 촛불 시위에서 보듯이 비정치적이며 비사회참여적인 커뮤니티, 카페들이 보여준 다양한 형태의 오프라인 참여와 연대 형태 등을 참고할 필요가 있다. 일곱째로 아시아연대는 국제사회, 즉 유엔이나 국제적인 인권기구 등을 대상으로 홍보와 압력, 의견 제기, 정책 제안 등을 통해 활성화될 수 있다. 따라서 인터넷 상에서 이들 기구와 조직들에 대한 치밀한 운동 전략의 개발이 필요하다고 볼 수 있다. 마지막으로 아시아연대라는 대통합을 위해서는 '독립미디어센터'와 같은 상부조직 혹은 연대 본부 등이 필요하다. 일종의 다양한 아시아지역의 운동 단체들(노드)의 허브 역할을 할 수 있는 공간이 필요하다. 그리고 이를 위해서는 다수(노드)의 강력한 연결을 관리해주는 연결자가 나타날 필요가 있으며 이를 통해 아시아지역에서 복수의 허브들이 여러 곳에 존재하여 지방과 국가, 지역, 아시아를 연결하는 네트워크를 구성할 수 있다. 수많은 노드가 참여하며 그 가운데 활발한 연결자가 출현하고 이를 통해 상호소통을 전개하고 인적, 물적, 정서적 교류와 협력을 강화하는 성숙한 연대를 기대해 본다.

4.1 팔레스타인 평화연대 www.pal.or.kr

팔레스타인 평화연대는 두레생협, 인권연대 등의 단체들과 함께 여러 가지 활동을 하고 있다. 이들은 목표를 달성하기 위해 문화공연을 포함하여 민간 교역의 형식으로 올리브유를 보내거나 집회를 함께하고 단식을 함께하는 등의 다양한 방식으로 통합된 모습을 보이고 있다. 이러한 활동을 통해 언론에 단체와 그 활동을 알리는 효과도 얻고 있다.

타 단체와의 관계를 보면 Korean Action For Palestine, 팔레스타인을 잇는 다리, 경계를 넘어 IFIS: Imgination For International Solidarity, 미디어 참세상, The Palestine Chronicle, The Electronic Intifada, Stop The Wall 등의 7개 사이트와 링크되어 있다.

팔레스타인 평화연대는 대부분 정치적으로 진보적인 성격을 띠고 있는 단체들과 연계했기 때문에 1인 시위를 함께 이어 나가거나 후원의 밤 행사를 주최하는 등의 방식으로 연대를 하고 있다. 또한 온라인으로 배너를 달거나 게시글을 스크랩하는 등의 방식 또한 널리 사용되고 있다.

팔레스타인 평화연대는 자체적으로 '올리브 나무' 라는 웹진을 운영하고 있으며, 팔레스타인 평화연대의 홈페이지로도 사용되고 있는 것으로 보인다. 'contact us' 나 '후원 계좌' 와 같은 메뉴를 통해서도 이를 확인할 수 있다. 팔레스타인의 웹진 '올리브 나무' 는 한국어로만 서비스되고 있지만 메뉴에서 팔레스타인에 관한 사진, 만화, 그림, 동영상, 음악 등을 모두 제공하여 이용자들이 언어의 제약 없이 멀티미디어 자료 서비스를 이용할 수 있도록 되어 있다.

4.2. 티베트평화연대 http://www.peacetibet.com(http://cafe.naver.com/peacetibet)

티베트 평화연대는 포털사이트 네이버의 카페에서 운영되고 있었으며 가입 신청 후 바로 승인된다. 가입 시 확인할 수 있는 카페 소개글에 의하면 티베트 평화연대는 '한국 내 시민사회단체, 종교 단체의 티베트 항쟁 지원 연합 카페' 로서,

애초에 여러 단체의 연대적 합의를 담고 시작된 단체다.

티베트 평화연대는 많은 단체들의 뜻을 모아 만든 단체였으나 온라인 커뮤니티 상에서는 링크 연결을 찾아볼 수 없다.

티베트 평화연대 카페의 운영진이 '안부 게시판' 메뉴를 통해 어느 단체들이 연대에 함께해 주었는지 글로 남겨놓아 연대하고 있는 단체들을 확인할 수 있다. 이 단체의 구성원들은 티베트의 평화를 목표로 한목소리를 내고 있는데. 릴레이로 글을 쓰거나 연대 메시지, 지지 서명 등을 남기는데 그 내용은 다음과 같다.

> '티베트에 자유를' (비키타이)
> '티베트의 동토에 평화의 햇살이 맑게 내리비추길. 티베트의 히말라야 고지에 티베트의 깃발이 자유롭게 평화롭게 휘날리기를. 중국의 소수 민족들이 평화롭게 자유롭게 공존할 수 있기를' (해오름)
> '우연히 찾아든 인도의 산골 마을에서 티베트을 만났습니다. 그리고 그곳에서 너무 소중한 사람을 만났습니다. 언젠가 그 사람이 자신의 땅에서 노래할 수 있는 그날이 오길 바라며. Free Tibet!!!!' (오브)
> '티베트 평화를 위해 티베트를 배우고자 합니다.' (행복이네)

티베트 평화연대는 여러 단체들이 연대하여 이룬 커뮤니티라고 할 수 있다. 이들은 '오마이 릴레이 기고'라는 메뉴에 릴레이로 한목소리를 내는 글을 쓰거나 인터뷰를 하면서 연대하고 있다. 이 외에도 토론회를 하거나 후원 기금을 모으고 서명을 받는 등의 활동을 카페 게시판을 통해 알 수 있다. 이제까지 올라온 여러 글 중에 많은 이의 공감을 사는 글을 '베스트 게시물'이라는 메뉴에 넣어 더 많은 사람들이 볼 수 있도록 해두기는 했지만 따로 웹진이나 메일링 서비스는 없다.

4.3. 국제민주연대 www.khis.or.kr

국제민주연대는 2000년 2월에 창립한 단체로, 활동하는 사람들끼리 정보를 공유하고 활동 내용을 올려놓은 사이트다. 게시판은 다국적 기업 감시운동을 다룬 다섯 개의 게시판, 미얀마 가스개발 대응을 다룬 5개의 게시판, 미얀마 관련 소식 게시판 2개, 자료실 2개가 있다.

타 단체의 홈페이지로 갈 수 있는 링크는 설정되어 있지 않고, 모든 게시판의 내용은 국제민주연대의 활동 내역과 관련 소식, 활동 사진들로 이루어져 있다.

웹진으로는 〈버마가스 개발과 인권〉이 존재한다. 하나의 게시판 형태를 갖추고 있으며 12개의 웹진이 업로드되어 있었다. 이 사이트는 주로 자신들의 활동과 소식을 업로드하는 사이트다. 다른 사이트와의 링크는 찾을 수 없으며 자신들이 하는 활동과 비슷한 성격의 연대들과 소통하는 모습도 찾을 수 없다.

주요 활동으로는 다국적기업, 특히 해외에 투자한 한국기업에 의해 일어나는 각종 반인권, 반노동, 반환경적인 행위들을 고발하고 기업의 태도를 바꾸기 위한 운동을 하고 있다. 베트남전쟁 기간 동안 한국군에 의해 저질러진 민간인 학살의 진실을 규명하고 전쟁으로 인해 필연적으로 일어나는 인간성과 삶의 파괴에 주목함으로써 평화의 소중함을 전달하는 운동을 전개하고 있다. 그 외에도 한국에 체류 중인 난민들과 이주 노동자들에 대한 지원 활동을 전개하고 있으며, 다양한 인권, 평화 운동의 영역에서 국내외 단체들과 함께 연대하고 있다. 또한 방문 회원이나 지지자들로부터 후원을 받고 있다.

4.4. 아시아 · 태평양 노동자 연대 http://apwslkr.nodong.net

아시아 · 태평양 노동자연대 사이트를 검색한 결과, 아시아 · 태평양 노동자연대 한국위원회의 홈페이지만 찾을 수 있었다. 한국위원회 사이트는 활성화되어 있지 않았으며 타 단체와의 링크는 물론이고 아시아 · 태평양 노동자연대 홈페이지 또한 찾아 들어갈 수 없다. 링크가 걸려 있을 것이라고 생각되었던 '추천 사이트'라는 게시판은 게시판 링크조차 되어 있지 않아서 아무런 자료를 확인할 수 없다.

국제회의를 종종 갖는 것으로 보이지만 얼마나 자주, 그리고 총 몇 회를 진행했는지 알 수 없다. 그러나 각종 연대 활동으로 필리핀 방문, 한국합섬노동조합과 인도네시아 수라바야 지역 노동조합의 자매결연, 인도네시아 방문 등 여러 연대 활동을 진행했다는 것을 확인할 수 있으며, 사진 자료를 통해 여러 연대 활동 또한 확인할 수 있다. 하지만 이번 조사의 가장 중요한 부분인 인터넷을 통한 연대 강화에 대해서는 거의 알 수 없다. 한국위원회의 사이트밖에 찾지 못해서 그런 것으로 추측되는데 여러 아시아 태평양 국가들의 위원이나 회원들이 올린 글은 거의 찾아볼 수 없고 다른 루트를 통한 연대를 알리는 효과만 알 수 있다. 아시아 태평양 소식 게시판 내의 영문 자료실에 가면 호주에서 온 이메일이 열람되어 있는 정도만 인터넷을 통한 연대 활동으로 보인다.

홈페이지에서 확인할 수 있었던 연대 활동의 방식은 총회와 다른 국가의 방문, 노동자들끼리의 연대, 노조들 간의 자매결연 등이다. 하지만 이를 통해 아시아 · 태평양 노동자 연대 내부의 연대 활동은 알 수 있지만 다른 단체들과의 연대 활동은 확인할 수 없다.

아시아 · 태평양 연대의 한국위원회 홈페이지는 인터넷 서비스의 양과 질이 활동에 비해 매우 미흡하다. 게시판도 소개와 활동, 아시아 · 태평양 소식, 연대 자료, 자유 게시판 등의 분류뿐이고 각 게시판의 게시물 또한 수가 너무 적다. 영문 자료의 경우 '아시아, 태평양 소식' 이라는 게시판에 10여 개 정도뿐이며 최근 자료가 2007년 10월 1일 정도로 업데이트도 드물었다.

4.5. 아시아평화인권연대 www.sopra21.org.

아시아 평화 인권연대의 홈페이지에는 관련 사이트 링크라는 카테고리에 일반, 이주노동자 지원 단체, 외국 단체 및 언론, 인권단체, UN기구, 평화라는 분류별로 다른 홈페이지로 연결할 수 있도록 나누어져 있다. 일반 링크 창에는 성인사이트나 결혼 연결 사이트와 같은 광고로 가득 차 있는 것으로 봐서 누구나 홈페이지 연결을 할 수 있도록 해놓은 것으로 보이며, 관리 또한 안 한지 오래되어 보인다. 이주 노동자 지원 단체 창에는 주로 지역 외국인 근로자 센터와 이주여성인권 센터와 같은 홈페이지가 연결되어 있다. 외국 단체 및 언론 창에는 여러 외국 인권단체와 국제인권연맹과 같은 사이트가, 인권단체 게시판에는 한국 앰네스티와 평화인권연대 그리고 각 지역 인권운동연대가 링크되어 있으며, UN기구에는 유니세프와 UNHCR, UN의 홈페이지가 링크되어 있다.

아시아평화인권연대에서는 주로 아시아에 사는 경제적으로 어려운 사람들에게 후원 활동을 많이 하며, 이주 노동자 단체와의 연대도 활발한 것으로 보인다. 그리고 후원금제도로 아시아 여러 국가에 지원을 하는데 인터넷이 일상화되면서 자신이 돕고 싶은 분야에 자신의 성금이 어떻게 사용되는지도 열람할 수 있게 해주어 연대의 대중화를 이끌 수 있을 것으로 예상된다. 홈페이지에 대한 홍보만 적극적으로 이루어진다면 많은 사람들의 호응과 지지를 얻을 수 있을 것이다. 그리고 자료집을 책으로 출판하거나 머그컵을 팔아서 수익금을 얻는 활동이 종종 진행되는 것으로 보이는데 이러한 수익 활동도 인터넷을 매개로 해서 이루어지는 측면이 강했다. 이외에도 후원 활동 후기나 사진들을 업데이트하고 있다.

웹진이나 메일링 리스트를 찾아볼 수 없으며, 타 단체와의 강한 연대 활동은 찾아볼 수 없으나 인터넷 서비스의 내용은 아시아 · 태평양인권연대 한국위원회와 견주어서는 상당히 양과 질이 좋다. 아시아평화인권연대의 활동도 꾸준히 이루어지고 있으며 그에 대한 자료 업데이트도 빠르게 진행되는 것으로 보인다. 활동 게시판에도 2008년 11월자의 글이 여러 개 있으며 활동과 수입 · 지출을 정리해서 알려주고 있다. 홈페이지 내에 검색창이 마련되어 원하는 콘텐츠를 찾아서 확인할 수 있다.

4.6. 나와 우리 www.nawauri.or.kr

97년 11월 준비모임 후 98년에 개소하였다. 해외로는 인도, 네팔, 일본, 베트남 등으로 답사 및 피스보트 타기 등과 연대 활동을 하고, 국내에서는 이주 노동자들과 장애우, 일본군 위안부 할머니들과 답사, 여행 등의 활동을 하고 있다.

기획 강좌(차별과 배제 논리에 대해 성찰) 및 분과 활동(세상 밖으로-국내 답사, 버마 민주화를 위한 모임-버마 문제 고민, 베트남과 친구 되기-한국군의 베트남전 참전과 민간인 학살 문제) 등이 그 예다.

2004년 이후, 〈나와 우리〉는 '베트남과 친구 되기' 분과 활동 고민의 연장에서 더 깊은 관심과 참여 활동을 하고, 한국인들에게 베트남을 알리기 위해 베트남어 수업도 하고 있다. 관심의 중심은 베트남으로 옮겨갔으나, 버마 문제에도 꾸준히 관심을 보이고 있다. 사이클론 피해 때도 관련 활동에 나섰고, 9월 샤프론 민주 활동 1주년 기념 NGO 토론회 등에도 참석하고 있다(참석 NGO가 정확히 어떤 단체였는지는 제시되어 있지 않음).

버마 연대 활동은 한국에 있는 버마 망명자들과의 연대 활동 및 항의 집회이지만, 버마 현지와 직접적인 연대 활동은 그리 활발하지 않다. **베트남 연대 활동**은 주로 현지의 인민위원회나 우정 연합회 등과의 직접적인 연대 활동이 이루어지고 있다. 통역 및 코디네이션을 하는 곳은 굿 윌이라는 곳으로 베트남 현지 시민단체다. 주로 베트남 전쟁에서 피해를 입은 사람들을 지원하며, 베트남전 생존자들의 증언기록을 홈페이지에서 서비스하고 있다. 위령비 및 병실 건립 사업, 유치원 짓기 등이 진행된 것으로 보인다. 〈나와 우리〉는 주로 이에 소요되는 기금을 모아 베트남 측에 전달하고, 사업 진행 사항을 체크하는 것으로 보인다.

이들이 가장 의의를 두고 있는 부분은 생존자 및 희생자 가족들의 인터뷰를 기록한다는 점이다. 직접적인 소통을 통해 한국과 베트남의 화해를 도모하려 노력하고 있다.

소식지 게시판에 있는 내용은 동숭동레터와 뉴스레터 두 가지로 나뉘어 있다. 뉴스레터가 2007년 10월 이후로 발행되지 않았고, 동숭동레터가 2007년 11월부터 발행되고 있어 이름이 바뀐 것으로 보인다. 현재 동숭동 E-letter가 운영되고 있다.

외국어 서비스는 따로 제공하지 않고, 자료실에는 문서 자료를 제공하고 있다. 동영상 및 사진은 촛불집회, 문화제, 총회 등의 사진 자료가 제공된다. 동영상 자료는 서비스하지 않는다.

4.7. 동북아평화연대 www.wekorean.or.kr

동북아평화연대는 주로 중국, 러시아, 일본의 한국 동포를 돕는 활동에 중점을 두고 있다. 즉, 한국인 및 재외동포들 사이의 평화로운 연대구축이 제1 목표며, 이를 바탕으로 동북아의 평화를 구축해가자는 것이 사실상의 설립 취지다.

이 단체가 중국 동포와 처음 연대 활동을 시작한 것은 1996년이다. 조선족 사기 피해 문제 해결을 위한 범시민대책위원회 설립과 중국 현지 담당자 파견으로 재외동포활동을 시작했다. 러시아 동포와 연대는 1997년 시작했다. 구소련 동포 중앙아시아 강제이주 60주년을 맞아 '회상의 열차' 운행으로 러시아 고려인 동포와의 활동을 시작했다. 일본에 있는 활동가들과 언제부터 연대 활동을 시작했는지는 확실하지 않다. 이 단체는 11개 사업으로 구성되어 있고, 지역별로는 중국, 일본, 러시아 3개 지역의 동포들과 연대 활동을 하고 있다. 다음은 11개 사업 내용이다.

활동 내용을 살펴보면, 정책포럼은 국내에서 매월 동북아 한민족과 동북아 지역 주제를 가지고 개최하고 있다. 동북아 지역 한국인의 공동 현안에 대해 함께 논의하고, 동북아 평화에 기여할 수 있는 한국인의 역할을 모색하는 회의다. 그동안 4회에 걸쳐 매년 한 · 중 · 일 3개 국가에서 개최해왔으며, 2006년부터는 동북아 20개 지역의 네트워크를 통해 회의를 진행하고 있다.

동북아 코리안네트워크 국제회의는 중국, 러시아, 일본동포학자, NGO 활동가들이 상호 이해와 신뢰의 구축, 동북아 코리안 네트워크의 비전과 실천을 도모하고 있다. 동북아 경제공동체를 지향하며 경제인 간의 교류, 동북아 다자간 경제협력을 모색하고 한반도 평화를 위한 동북아 코리안 경제인들의 협력 방안을 모

표3 동북아평화연대 11개 사업

인도적 지원 활동	자매결연과 재활지원사업
	조선족 사기 피해자 돕기와 피해자 산업 연수생 지원
	법률 지원
의료 지원 위원회	동북아 의료협력을 위한 네트워크
	의료지원 협력사업
농업 위원회	고려인 정착촌 '우정 마을'
	크레모바 지역 농업지원 희망농장 캠페인
교육 위원회	도서 지원사업
	중국교육 교류사업
	KTF 민족교육 지원사업
	문화 위원회
문화 위원회	고려인 문화의 날
	원코리아페스티벌
	아리랑 가무단 후원
	동북아 현장투어
정책 비전 위원회	정책 포럼
	조사 연구 사업
	출판
청년 위원회	평화 오름
140주년 기념관	—
민족학교 살리기	—
연해주 물결운동	—
운영위원회	—

색하고 있다. 두만강 유역의 경제 교류를 통한 동북아 경제 네트워크의 접근, 동북아 에너지, 식량, 철도 문제 등에 관한 내용으로 매년 한 차례씩 동북아 각 지역에서 개최하고 있다.

동북아 평화투어는 한국캠프, 러시아캠프, 중국캠프를 순차적으로 방문하여, 3개국 청년들이 한데 모여 서로 다른 환경에 대해 이해하고 인적 교류를 나누며,

다문화, 다민족을 느끼는 청년프로그램이다. 연해주 농활은 연해주 우정마을에서 한국청년들이 주축이 되어 우정마을의 일거리인 농작물 일손 돕기 등과 함께 고려인과 연해주에 대한 체험학습을 함께 진행하고 있다.

동북아 현장 투어는 러시아 및 중국 동포 사회의 삶의 중심지이자 동북아의 지역적 거점이 될 연해주와 연변 지역을 방문하여, 고려인, 조선족 동포 사회와의 만남과 이해를 높이고, 각국의 지역 현장을 둘러보며, 21세기 동북아시대의 다민족 · 다문화, 공생의 미래를 모색하는 현장 투어다.

의료 지원은 연중 의료봉사를 실시하고 있는 우수리스크 의사단과 협력하고 있으며, 러시아 한인 이주 140주년 기념관 안에 세워질 외래병원사업 지원을 실시하고 있다. 법률 지원은 러시아 고려인 국적 취득 사업을 지원한다.

동북아평화연대의 기관지 이름은 '미르'로 2005년 4월 창간되었다. '뉴스레터' 카테고리를 클릭하면 동북아 웹진이라는 게시글들이 뜨는데 1호는 찾을 수 없고, 2호는 2001년 9월 4일에 서비스된 것으로 기록되어 있다. 인터넷에 정확히 서비스되어 있지 않아 미르와 뉴스레터가 같은 것인지, 기존의 뉴스레터가 '미르'라는 이름으로 바뀐 것인지 아니면 미르와 동북아 웹진이라는 뉴스레터가 따로 서비스되고 있는지 알 수 없다. 동북아 웹진이 마지막으로 올라와 있는 자료는 50호로 2006년 4월 4일 발행된 것이다.

인터넷 서비스는 따로 외국어 서비스가 없고, 일반자료실에는 한국동포 관련 신문, 방송 기사들이 스크랩되어 있으며, 정책 자료집, 포럼 자료집이 서비스되고 있다. 동영상 및 사진은 최근까지의 활동 내용이 동영상 서비스로 제공되고 있다. 주로 청년캠프 혹은 후원의 밤 동영상이다. 2008년 10월 31일 현재 17건이 올라와 있다. 사진은 약 500건이 소개되어 있는데 2003년부터 2008년간의 활동 내용까지 서비스하고 있으며, 해외 동포 돕기 봉사활동 및 캠프, 토론회 사진 등을 서비스하고 있다.

4.8. 아시아자유선거네트워크 ANFREL

아시아자유선거네트워크ANFREL: Asian Network for Free Elections는 아시아 최초의 시민사회 조직의 지역적 네트워크로서 1997년 설립되었다. 이 조직은 아시아의 국가적, 지역적 수준에서 민주주의를 증진시키고자 노력하고 있다. 특히 스리랑카, 네팔, 태국, 말레이시아, 캄보디아, 파키스탄, 방글라데시, 동티모르, 인도네시아와 같은 국가들의 민주주의를 강화하는 데 기여하였다.

이 조직은 다음과 같은 목표를 가지고 있다. 첫째, 선거의 비정상적인 행위들과 선거와 관련된 인권유린행위 등을 줄이고 선거과정의 투명성을 증진시키는 데 기여하고자 한다. 둘째, 총선거와 관련된 이슈들에 대한 분석과 공정하고 정확한 정보의 제공, 그리고 민주발전을 위한 전망 등에 대한 분석을 실시한다. 셋째, 민주주의에 대한 대중들의 열망을 실현하고 자유선거의 행위를 위한 환경 요인들을 보장하는 시민사회조직의 역량을 향상시킨다. 넷째, 참여국가들 가운데 시민사회 활동을 강화시킨다. 다섯째, 선거 감시 임무라는 지역적, 국제적인 참여자들을 위해 임무의 결과들을 증진시킬 수 있는 정보 수집활동, 자료교환 활동, 조직화 활동 등 선거 감시기구들의 지역적 네트워크를 강화시킨다. 여섯째, 임무의 완성에 대한 보고서를 출판한다. 이 보고서는 선거 과정에 대한 권고 사항과 함께 총선거 감시팀의 임무의 결과를 강조하는 데 목표를 두고 있다. 이 보고서는 임무보고서로 활용될 것이고 참여 주체들과 기구들에 배포될 것이다.

감시 임무의 목표는 해당 국가에서 전개되고 있는 정치, 선거 과정의 공정한 상황들을 시민, 선거 관료, 정부 관료, 국제공동체에 제공하는 데 있다. ANFREL은 방글라데시, 인도, 캄보디아, 인도네시아, 일본, 파키스탄, 한국, 스리랑카, 태국 등으로 구성되어 있다. 1997년부터 지금까지 ANFREL은 선거 감시, 시민 교육, 선거 개혁, 바람직한 민주통치를 위한 대중의 인식 등과 관련된 이슈들에 대해 회원국이나 비회원국의 역량을 높이기 위해 적극적인 활동을 해왔다.

ANFREL은 아시아의 선거법의 비교연구세미나와 훈련을 조직하는 데 기여하였다. 선거 개혁, 민주주의, 바람직한 통치에 대한 연구 활동은 몇몇 국가의 시민사회조직과 함께 실시하였다. 1998년 11월 인도네시아의 선거법에 관한 워크샵이 개최되었고 특히 아시아 국가들의 선거 전문가들이 참여하였다. 워크샵의 비평과 권고 사항들은 선거법을 재정지원하기 위해서 인도네시아 당국에 제출되었다.

2008년 12월 방글라데시 국회의원선거, 2009년 8월 아프가니스탄 대통령선거, 2009년 4월 인도네시아 국회의원선거, 2009년 6월 인도네시아 대통령선거 등에서 활동하였다.

4.9. 아시아NGO연대 ANGOC(for Agrarian Reform and Rural Development, 필리핀 퀘존)

아시아 NGO연대 ANGOC: Asian NGO Coalition는 20개 아시아 국가의 NGO 네트워크와 지역 네트워크를 포괄하고 있다. 식량 안보, 농업 개혁, 지속가능한 도시와 농촌의 발전과 연관된 프로젝트를 수행하고 있다. 이 네트워크는 약 3,000개의 NGO들로 구성되어 있다. ANGOC는 아시아 가치들과 전망의 표현뿐만 아니라 농촌빈민의 열망 등을 접합시키기 위한 포럼을 구성하여 다양한 시민사회 조직들과 복잡한 아시아 현실들에 대한 답을 찾고 있다.

아시아 농촌빈민공동체가 자신들의 참여적인 발전의 권리를 행사하도록 하고 자신들의 자원에 대한 통제와 접근을 가능하게 하고 지속가능한 생계유지를 가능하게 하는 정책과 사회 환경을 만든다. 그리고 ARSARDAgraian Reform Sustainable Agriculture and Rural Development에서의 대안적인 발전 경험을 증진시키고 아시아대중행동네트워크를 강화하고 공고화함으로써 아시아의 풍부한 정신적 · 문화적 전통으로부터 배울 수 있는 정책과 사회 환경을 만든다.

ANGOC는 현재 식량 안보, 지속가능한 농업과 자원 관리, 농업 개혁과 자원 관리, 참여적인 지역 정부 등 4개의 프로그램을 가지고 있다.

1980년대 ANGOC는 아태농촌개발센터CIRDAP: Cnetre on Integrated Rural Development for Asian and the Pacific와 7개의 남동아시아 국가들의 농업 개혁과 발전에 관한 GO-NGO 논쟁에 참여하도록 농촌공동체를 지원하였다. 그리고 GO-NGO-Donor 관계를 공고히 하는 새로운 프로그램을 시도하였다.

1990년대에는 ANGOC는 자원 관리, 지속가능한 농업, 지속가능한 라이프스타일과 연관된 이슈들을 주장하고 사람중심적인 지속가능한 발전과 제도들을 변화시키기 위해 아시아발전포럼ADF을 결성하였다. 또한 FAO-RAP: FAO-Regional Office for Asia and the Pacific와 함께 1996년 'Asia-Pacific Cinsultation of NGOs on the World Food Summit'을 포함하여 몇 개의 식량정상모임과 식량모임을 조직하였다.

25년 동안 ANGOC는 100개가 넘은 지역, 국가별 컨퍼런스, 워크샵, 훈련 과정을 조직하였다. 이를 통해 경험, 사상, 지식과 정보를 교환할 수 있는 지속적인 포럼을 조직화 하였다. 그리고 약 82개의 이슈를 다루는 시리즈, 100권이 넘는 출판, 200개가 넘는 미간행된 내부 연구를 수행하였다. 이들 연구와 출판물들은 ANGOC 네트워크를 통해 공급되었다.

ANGOC는 최근에 캄포디아, 인도네시아, 필리핀, 태국으로부터 농업 개혁과 관련된 시민사회 조직들의 프로필과 데이터베이스를 구축하였다.

시민사회 조직들 사이에서 지역적, 국제적인 네트워크를 형성하고 있다. 정치 주창자의 일부로서 ANGOC는 국제발전공동체에서 농업 개혁과 도시 발전의 중요성과 필요성에 초점을 맞춘 다양한 형태의 지역적, 국제적인 컨퍼런스를 주도하고 있다. 1999년 10월에는 국제토지동맹으로부터 지원을 받아 농업 개혁과 도시 발전을 위한 세계컨퍼런스WCARRD를 조직화하였다. 이 워크샵은 1979년 FAO(WCARRD 후원)의 프로그램을 재검토하였고, 토지가 없는 3억 5,000만 명이 있다면 20년 전에 그랬던 것처럼 오늘날에도 그 목표와 행위가 비슷하게 나타날 것이라고 결론 내렸다. ANGOC는 필리핀의 농업 개혁 부서의 후원으로 농업 개혁과 도시 발전을 위한 국제컨퍼런스를 2000년에 조직화하는 데 도움을 주었다. 이 컨퍼런스는 농업개혁과 관련된 개인과 집단들을 연계시킬 수 있는 기회를 주었고 동시에 귀중한 최신 자료와 통찰력을 제공하였다.

글로벌 활동으로는 새로운 농업 개혁 전략들을 현재의 도전들을 극복하기 위해 적용시키는 일, 지역공동체 권한 부여 시설물 활용, LAND 파트너쉽, 웹사이트 운영Land Watch Asia 등이 있다.

5. 인터넷을 통한 아시아연대 도모

한국의 사회운동은 1978년 이후 비약적으로 발전하였지만 대외적 차원에서의 국제 연대 활동은 매우 미약한 편이다. 그 이유는 첫째, 여론 주도층에서 인권, 전쟁과 폭력, 기아, 환경 등 국제 문제에 대한 관심이 부족하다는 점이다. 둘째, 민족주의 경향이 강하다는 점이다. 셋째, 대중적 기반과 시민적 연계가 매우 취약하다는 점이다.[9] 넷째, 국제 연대를 활성화하고 그것을 홍보, 선전하며 이슈를 개발하고 대중의 관심을 집중시켜 대중의 자발적 참여를 증진시킬 수 있는 인터넷의 활용 수준이 미약하다는 점이다.

한국의 아시아연대 활동은 사회운동에 의한 '아래로부터'의 참여와 영향력 행사는 실현되지 않고 있다. 이 점에 있어서는 동남아의 사회운동이 우리보다 앞서 있다. 아세안을 상대로 한 압력과 교섭의 경험을 갖고 있기 때문이다. 한 아시아연대운동 실무자의 말처럼 "한국에서 아시아연대는 담론이고 동남아에서는 현실"인 셈이다. 한국시민사회의 아시아연대운동은 역사가 짧고 인적·물적 자원이 부족하다. 그럼에도 불구하고 아시아의 이웃 국가들로부터 연대 활동에 대한

9 서남포럼, 《동아시아연대운동단체백서》, 아르케, 2006.

요구는 늘고 있다. 한국이 서구에 비해 지리적으로 가깝고 한국 사회운동의 목표와 과제가 자신들과 유사하다고 보고 있기 때문이다. 이를테면 인도네시아 사회운동가들은 2004년 총선 시기에 한국의 낙천낙선운동을 '수입'하여 조직적인 캠페인을 전개한 바 있다. 그들은 양국 활동가의 교류 방문이나 연수 기회 확대를 요청하고 있다.

아시아연대운동은 우리 것을 알리고 고수하는 것을 넘어서 우리가 배워나가고 변할 것을 요구받는 쉽지 않은 작업이다. 서로 배우려 하지 않으면 연대운동은 발전하기 어렵다. 상호신뢰와 존중, 도덕적 연대, 그리고 결과에 대한 상호책임에 근거한 연대를 형성해야 한다. 장기적으로는 인권운동단체와 관련 재단이 아시아연대 전문가를 육성하기 위하여 유기적인 협력을 모색할 필요가 있다. 보다 효과적이고, 구체적으로 이러한 일들을 실현하기 위해서는 다양한 정보통신기술과 인터넷을 확산할 필요가 있으며 이것을 민주적으로 활용하고 상호신뢰에 바탕을 둔 수평적이며 성찰적인 연대의 구축을 하는 데 사용할 필요가 있다. 구체적으로는 시애틀 반세계화시위 당시 독립미디어센터가 인터넷, 라디오, 방송 등을 통해 여론을 조성하고 자신들의 주장을 널리 알리며 세계 전 지역의 사회운동가, 이론가들을 하나로 묶어 초국적 사회운동을 발전시키는 데 기여한 측면을 되새겨볼 필요가 있다. 아시아 지역의 각 단체들 가운데 일부가 독립미디어센터에 참여하고 있으나 한국에는 독립미디어센터지부도 없고 아시아 지역의 지역적regional차원에서 이를 활용하여 연대를 실천하는 사례도 찾아보기 힘들다. 이제 아시아, 혹은 동아시아 지역의 미디어센터를 구축할 필요가 있다. 특히 경제적, 정보·산업적으로 앞서 나가고 있는 한국과 일본이 중심이 되어 평화와 인권을 사랑하는 동아시아의 사회운동단체들이 국경과 이념을 초월한 연대를 모색할 시점이 왔다.

인터넷 등과 같은 정보통신기술이 사회운동의 성공을 보증하는 열쇠는 아니지만 최소한 소통을 가능하게 하고 정보를 쉽게 공유할 수 있으며 주장을 널리 확산시키는 도구라는 측면에서 인터넷에 대해 새롭게 인식하는 자세가 필요하다고 본다. 인터넷이 민주적 장치가 되고 타자와의 연대를 위한 통로가 되기 위해서는 보편적 접근권이 보장되어야 한다. 인터넷이 민주화에 기여하고 평화와 인권을 사랑하는 집단들의 수단이 되기 위해서는 인터넷 전파가 무엇보다도 필요하다. 즉 국가별, 지역별 정보 불평등이 줄어들어야 한다. 인터넷의 도래, 확산은 사회참여를 촉진하고 아시아의 공중 담론에 민주주의 사상을 고취하여 정치적 지배 집단을 여과할 수 있는 가능성을 제시하고 있다. 이는 물론 개인들의 적극적인 참여를 전제로 한다. 이러한 것들은 결국 사회운동과 국내외의 다양한 연대에 긍정적인 역할을 할 것이다.

참고문헌

국내문헌

고경민, 〈국제적 압력, 시민사회의 역동성, 그리고 인터넷의 정치적 영향〉, 《한국정치학회보》 41집 2호, 한국정치학회, 2007.

고경민 · 송효진, 〈인터넷확산과 민주주의의 관계〉, 《국가전략》 13권 3호, 세종연구소, 2007.

권용혁, 〈동아시아 공동체의 가능성 모색〉, 사회와철학연구회, 《동아시아사상과 민주주의》, 이학사, 2003.

권혁태 외, 《아시아의 시민사회: 개념과 역사》, 아르케, 2003.

노리스 피파 저, 이원태 외 역, 《디지털시대의 민주주의》, 후마니타스, 2007.

배진수 · 강성호, 《세계분쟁해결과 NGO 네트워크》, 동북아역사재단, 2008.

백영서, 《동아시아의 귀환, 중국의 근대성을 묻는다》, 창작과비평사, 2000.

서남포럼, 《동아시아연대운동단체백서》, 아르케, 2006.

안드라짓 바네지 저, 황용석 역, 〈인터넷과 아시아의 민주주의에 관한 비판적 고찰〉, 《아시아의 인터넷, 정치, 커뮤니케이션》, 커뮤니케이션북스, 2005.

윤민재, 〈네트워크시대의 사회운동〉, 《담론201》, 한국 사회역사학회, 2005.

정현백, "제국주의, 민족주의, 팽창주의 극복을 통한 역사화해", 제2회 역사 NGO 세계대회 개막기조연설, 2008. 10.9.

차명제, 〈지구화시대의 한국시민사회의 역할과 과제〉, 권혁태 외, 《아시아의 시민사회: 개념과 역사》, 아르케, 2003.

참여연대 국제연대위원회 엮음, 《우리 안의 아시아 우리가 꿈꾸는 아시아》, 해피스토리, 2008.

통계청, 《국제통계연감》, 통계청, 2007.

부록

표3 중국의 정보화 수준

중국, 베트남	조사 기관	순위	대상국가 수	최근 발표일
전자정부준비지수	UN	57	191	2005.12
e-비즈니스준비도	ETU	56	69	2007.4
정보사회지수	IDC	43	53	2005.11
디지털준비지수	WEP	59	122	2007.3
디지털기회지수	ITU	77	181	2007.5
국가정보화지수	NIA	40	50	2006.7

표4 중국의 인터넷 이용자 수 및 PC 보유 대수 현황

(단위: 천 명, 천 대, %)

구분		2002	2003	2004	2005
인터넷	이용자 수	59,100	79,500	94,000	113,163
	보급율	4.57	6.12	7.19	8.60
PC	보유 대수	35,500	50,410	52.990	-
	보급율	2.75	3.88	4.05	-

표5 중국의 유선전화 및 이동전화 가입자 현황 구분

구분		2002	2003	2004	2005
무선전화	가입자 수	214,222	262,747	311,756	350,433
	보급율	16.58	20.21	28.83	26.63
이동전화	가입자 수	206,005	269,953	334,824	393,428
	보급율	15.95	20.76	25.60	29.90

표6 베트남 정보화 수준

구분	조사 기관	순위	대상국가 수	최근 발표일
네트워크준비지수	WEF	82	122	2007.3
e-비즈니스준비도	EIU	65	69	2007.4
디지털기회지수	ITU	126	181	2007.5

표7 베트남 인터넷 이용자 현황

(단위: 명, %)

연도	이용자	인구	보급율	출처
2000	200,000	78,964,700	0.3	ITU
2005	1,071,100	83,944,402	12.8	VNNIC
2007	15,760,702	85,031,436	18.5	VNNIC

표8 캄보디아 정보화 수준

구분	조사 기관	순위	대상 국가 수	최근 발표일
네트워크준비지수	WEF	106	122	2007.3
디지털기회지수	ITU	149	181	2007.5

표9 캄보디아의 주요 정보통신 지표(2005년)

유선전화 가입자수	유선전화 보급율	무선전화 가입자 수	무선전화 보급율	설치PC 대수	PC 보급율	인터넷 가입자 수	인터넷 보급율
40,000	0.3	9,000,000	6.4	50,000	0.4	15,000	0.1